나를 찾아가는
운명의 내비게이션·命理

성공할 **사주**, 실패할 **팔자**

황충연   지음

초판 제1쇄 인쇄일 2020년 10월 10일
초판 제1쇄 발행일 2020년 10월 20일

펴낸이   김영훈
펴낸곳   생각굽기
출판등록   2018년 11월 30일 제 2018-000070호
주소   (07993) 서울 양천구 목동로 230 103동 201호
대표전화   02-2653-5387
팩스   02-6455-5787
이메일   kbyh33@naver.com

이 책의 내용은 저작권법의 보호를 받는 저작물이므로
무단 전제와 무단 복제를 금합니다.
ISBN 979-11-968168-3-4
이 도서의 국립중앙도서관 출판예정도서목록(CIP)은 서지정보유통지
원시스템 홈페이지(http://seoji.nl.go.kr)와 국가자료종합목록 구축시
스템(http://kolis-net.nl.go.kr)에서 이용하실 수 있습니다.
(CIP제어번호 : CIP2020037484)

나를 찾아가는 운명의 내비게이션
命·理

성공할 **사주**
실패할 **팔자**

차례 C·O·N·T·E·N·T·S

1장 명리와 과학
1. 명리는 종교가 아닌 학문이다 ·16
2. 명리는 미래를 내다보는 학문이다 ·17
3. 명리는 운명(運命)을 살피는 학문이다 ·23

2장 자연의 이치(理致) 속에 명리가 있다
1. 우주와 만물을 상징하는 기호들 ·31
2. 생명과학, 하도낙서(河圖洛書) ·33
3. 오행의 상생(相生)과 상극(相剋) 작용 ·39

3장 하늘과 땅, 천간(天干)과 지지(地支)
1. 천간과 지지의 음양 구분 ·41
2. 천간과 지지로 엮어 만든 60갑자 ·42
3. 시간의 길이를 나누다 ·44
4. 태양의 길, 24절기 ·46

4장 사주의 두 축, 천간(天干)과 지지(地支)
1. 하늘의 기운, 천간(天干) ·50
2. 땅의 기운, 지지(地支) ·66
3. 생로병사의 12단계, 12운성(運星) ·75
4. 지지의 형충회합(刑沖會合) ·78
5. 하늘의 기운을 품은 땅, 12지지의 지장간(支藏干) ·84

5장 일간(日干)과 육친(六親), 십성론(十星論)
  1. 일간(日干)의 신강(神强)과 신약(神弱) ·88
  2. 육친(六親), 친족관계를 포함한 사회적 위치 ·90
  3. 육친의 의미와 작용 ·91

6장 사주(四柱)의 구성
  1. 사주의 구성요소 ·108
  2. 사주 세우는 법 ·108
  3. 대운 세우는 법 ·115
  4. 대운의 대운수(大運數) 정하는 법 ·118

7장 사주를 간명하는 저울, 격국(格局)과 용신(用神)
  1. 사주를 간명하는 핵심적 주체, 격국(格局) ·120
  2. 격(格)의 종류 ·122
  3. 격국 정하는 법 ·124
  4. 격국을 완성시키는 용신(用神) ·132

8장 내격(內格), 격국을 대표하는 10정격
  1. 식신격(食神格) ·135
  2. 상관격(傷官格) ·145
  3. 편재격(偏財格) ·152
  4. 정재격(正財格) ·158

5. 편관격(偏官格) ・162

　　6. 정관격(正官格) ・166

　　7. 편인격(偏印格) ・172

　　8. 정인격(正印格) ・176

　　9. 양인격(羊刃格) ・179

　　10. 건록격(健祿格)과 월지겁재격(月支劫財格) ・184

9장 외격(外格), 오행의 세력이 만드는 격

　　1. 종격(從格) ・189

　　2. 일행득기격(一行得氣格) ・197

　　3. 종화격(從化格) ・204

　　4. 기타의 격 ・210

10장 운명을 관통하는 유성(流星), 신살론(神殺論)

　　1. 삼기(三氣) ・212

　　2. 천을귀인(天乙貴人) ・212

　　3. 월덕귀인(月德貴人) ・213

　　4. 천덕귀인(天德貴人) ・214

　　5. 공망(空亡) ・214

　　6. 원진살(元嗔殺) ・216

　　7. 귀문관살(鬼門關殺) ・217

　　8. 괴강살(魁罡殺) ・217

　　9. 문창귀인(文昌貴人) ・219

　　10. 양인살(羊刃殺) ・220

    11. 백호대살(白虎大殺) ·220
    12. 홍염살(紅艶殺) ·221
    13. 십이신살(十二神殺) ·221
    14. 삼재(三災) ·231

11장 질병론(疾病論)
    1. 건강은 음양과 오행의 중화(中和) ·233
    2. 오행의 작용 ·233
    3. 오행의 응용과 인체의 오장(五臟) ·234
    4. 건강과 질병 ·238
    5. 오행의 질병판단 ·240

12장 운명 감정, 실전에서 배운다
    1. 대운 간명법(大運 看命法) ·248
    2. 세운 간명법(歲運 看命法) ·260

13장 여성만을 위한 사주풀이
    1. 남편의 복, 내 사주에 숨어 있다 ·263
    2. 자식 운 ·268
    3. 결혼 시기 ·269
    4. 자신의 사주로 배우자를 판단할 수 있다 ·270
    5. 미혼 또는 이혼하는 여성 ·271

부록 – 일주(日柱)별 특성과 성품 ·277

들·어·가·는·말

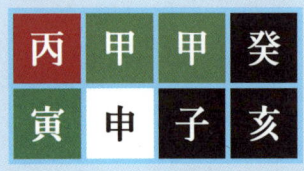 乾命

"누구나 죽지만, 아드님 사주를 살펴보니 지금은 때가 아닌 것 같습니다."

　내가 사주명리(四柱命理)를 처음 접한 것은 1980년 5월 늦봄이다. 그때 남녘의 광주에서는 시민들이 민주주의를 위해 군부정권에 맞서 처절한 저항을 하고 있었다. 광주민주항쟁 당시 공무원으로 재직하면서 대학에 다니던 큰형님이 항쟁 발발 이후 10여 일이 지나도록 집으로 돌아오질 않았다. 어머니는 큰아들의 행방을 찾아 곳곳을 수소문하며 찾아다니셨지만 생사조차 확인할 길이 없었다. 가족들과 함께 애만 태우시던 어머니는 지푸라기라도 잡는 심정으로 사주 보는 집을 찾았다.
　형님의 사주를 앞에 놓고 한참 동안 형님의 운명을 풀이하던 역술인이 무겁게 말문을 트자 안도의 한숨을 토해내시던 어머니의 모습이 아직도 생생하다. 역술인의 그 한마디는 절망의 나락으로 떨어진 우리 가

족에게 안정과 희망을 주었다. 바로 천사의 목소리와 다를 바 없었다. 말 한마디가 그렇게 큰 힘이 될 수 있다는 것에 새삼 놀라지 않을 수 없었다. 그리고 한 달 뒤, 군 기무사에서 연락이 왔다. 당시 이름만 들어도 오금이 저리던 곳에 형님은 초췌한 모습으로 구금되어 있었다. 이후 세상살이에 바빠 사주명리는 나의 관심 밖에 있었다. 40년이 흘러 나를 바라보니 어느새 명리의 세계에서 노닐고 있었다. 이 또한 나에게 주어진 운명이라 생각한다.

"지금껏 맘 고생이 컸지만 1년만 더 기다려 보시게."

대기업에 근무하는 후배는 명문대를 졸업하고 회사에서 업무능력도 매우 뛰어났다. 윗사람에게 인정 받는 인재였지만 해마다 승진에서 누락되었다. 어느덧 계급정년이 다가오자 승진을 포기한 채 회사를 떠나야 할 상황이었다. 깊은 실의에 빠져 있는 그가 풀리지 않는 자신의 처지를 하소연했다. 그의 사주(四柱)를 살펴보고 자포자기 상태이던 그에게 건넨 나의 충고였다.

내가 살펴본 그의 사주 흐름은 어둡고 차가운 긴 겨울을 지나 이제 막 봄의 기운을 맞을 참이었다. 새순이 돋아나 싱그러운 잎새를 드러낼 때가 된 것이다. 직장 입사 연도와 나이로 본다면 아쉽게도 꽃피는 봄날이 너무 늦게 찾아오는 운이었다. 그는 반신반의했지만 나의 조언대로 사직서를 내지 않고 1년을 더 버텼다. 이듬해 회사에서는 흔치 않은 사례를 만들어 그가 원하는 직책에 승진시켰다. 그의 동기나 후배들보다 훨씬 늦은 승진이었지만, 감내하며 때를 기다린 덕에 자칫 놓칠 뻔한 기회를 잡았던 것이다.

필자가 수많은 상담 사례를 통해 확인해온 바도 그렇거니와 때를 알고 그 때에 맞춰 나아가거나 물러설 줄 안다면 감히 운명을 들여다볼 수 있다고 말할 수 있을 것이다. 명리학(命理學)은 '때'를 살피는 학문이다. 아무리 좋은 운이라 할지라도 본인의 의지가 가미되지 않으면 꿈을 펴지 못하고, 또 때를 알지 못하면 그 의지와 노력이 아무리 크다고 하더라도 좋은 결과를 얻지 못한다. 영웅호걸도 때를 만나야 그 뜻과 기개를 펼칠 수 있는 것이다.

"정말 명리(命理)를 통해 인간의 운명(運命)을 알 수 있을까?"

내가 시쳇말로 명리학(命理學)에 '필'이 꽂혀 밤낮없이 미친 듯 공부에 매진하고 있을 때, 지인들로부터 숱하게 받았던 질문이자, 나 자신에게도 수시로 묻고 또 되물었던 질문이다. 이 명제(命題)는 명리학을 공부하는 내내 나의 의식을 지배했던 화두(話頭)였다. 어쩌면 나의 공부는 이 질문에 대한 답을 찾아가는 과정이었다.

이러한 짙은 의구심과 더불어 공부에 매진하던 나를 더욱 더 혼란스럽게 했던 것은 "명리학은 예언(豫言)하는 학문이 아니다."라며 과학적 지식과 합리성을 앞세워 장광설을 늘어놓거나, "예지력이나, 신기(神氣)를 지녀야만 한다."며 종교적, 주술적 색채를 입히려고 하는 이들의 주장이었다. 이들의 주장이 어떻든 간에, 명리는 동양에서 수천 년 동안 인간의 다양한 삶의 경험치가 켜켜이 쌓인 축적태를 바탕으로 분석하고 연구해온 결과물로 그 이치(理致)가 전승되면서 앞날의 길흉을 예측하고, 때를 알아가는 학문이라는 것에는 이견이 없을 것이다.

하지만 언제 어디서나 우리의 지대한 관심과 함께 격한 논쟁을 촉발시키는 것은 '운명이란 태어날 때부터 이미 정해진 것인가?'라는 결정론이다. 운명이란 게 세상에 태어나면서 예외없이 개인에게 낙인처럼 찍혀 정해진 것이라면, 좋은 때를 얻기 위해 다시 태어날 수도 없고, 예정된 인생의 항로를 자신이 원하는 대로 수정할 수도 없다.

그렇다면 뜻을 세우고 그걸 이루고자 하는 인간의 의지와 노력은 아무런 의미도 없는 걸까? 이미 확고하게 정해진 불변의 '운명'이라면 인간의 노력과 의지와는 전혀 상관없이 얻을 것은 얻고, 잃을 것은 잃을 수밖에 없는 것인가? 인간의 운명과 자유의지에 관해 생각해본 사람이라면 누구라도 이런 의문을 갖게 될 것이다.

나 역시 '운명'이란 단어에 깊은 회의를 품은 채 명리에 대한 공부를 계속 이어갔다. 공부를 계속하면서 "도대체 명리학은 왜 이렇게 장구한 세월 동안 우리의 곁에서 사라지지 않고 꿋꿋이 이어져온 것일까? 그리고 이런 학문이 몇이나 될까?" 하는 생각이 꼬리를 이었다.

막스 베버(M. Weber)는 그의 명저 《직업으로서의 학문》에서 "학문의 경우는 자신의 업적이 언젠가는 시대에 뒤떨어지게 된다는 것을 누구나 알고 있다. 이는 학문이 갖고 있는 공통된 운명이다. 학문의 실질적인 기능은 언제나 다른 작업에 의해 대체되는 것이다."라고 설파했다.

시대에 뒤떨어져서 우리의 삶과 연관성이 없거나 쓰임새가 없어서 활용할 가치가 떨어지면 언제든지 다른 지식에 자리를 넘겨주고 사라지는 것이 학문의 운명이다. 학문뿐 아니라 인간이 활용하는 도구나 기술, 제도, 관습, 종교까지도 버려지고 외면당하며 자연스럽게 도태된다. 즉, 현실의 쓰임에 가장 유용하고 적응력이 뛰어난 것만이 살아남아 오늘날 우리와 함께 하는 것이다.

그렇다면 명리학은 인간의 삶에 어떤 유용함과 쓰임을 주었기에 장구한 세월 동안 간단없이 계승, 발전되어 온 것일까? 그건 한마디로 명리학이 '인간의 운명(運命)을 다루는 학문'이기 때문이라고 생각한다. 오랜 세월 동안 명리의 이치가 우리에게 주어진 앞날의 행로를 내다볼 수 있는 나침반 역할을 해주었고, 주술적 혹은 종교적 신비주의가 아닌, 다른 지식으로 대체할 수 없는 학문으로서 그 가치를 인정받았기에 오늘날까지 살아남아 전해지고 있는 것이라는 결론에 이르렀다. 이런 판단이 나를 명리의 세계로 이끄는 이유가 되었다.

공부가 제법 깊어져 명리에 조금씩 눈을 뜨게 되자, 명리가 인간의 운명뿐 아니라 예로부터 내려온 동양의 우주론에서 출발하여 인간의 신체 장부에 이르기까지 긴 세월 동안 여러 학자들에 의해 집대성된 정교한 통섭학문임을 깨달았다. 그러하기에 때로는 경탄을 하며 손으로 무릎을 치기도 하고, 때로는 옷깃을 여미며 경건하고 숙연한 마음으로 그 웅대함과 완벽함에 새삼 경외(敬畏)심을 표하기도 했다. 그리고 명리의 이론을 근거로 행했던 임상을 통해 그 사람의 성품과 능력, 건강, 성공 여부뿐 아니라 길흉의 때까지 예측할 수 있음을 확인하면서 새삼 명리를 확립시킨 선인들의 혜안에 놀라움을 금할 수 없었다.

공부하는 내내 머릿속을 떠나지 않았던 "운명이란 무엇인가? 운명을 논하는 것이 삶의 결정론을 주장하는 것인가? 운명이 정해진 게 아니라면 삶의 모든 것이 인간의 노력이나 의지만으로 이루어진 것이라 볼 수 있는가?" 등등... 끝없는 회의와 의문에 대해서도 마치 안개가 걷히고 맑은 하늘이 드러나듯 그 답을 찾을 수 있었다.

빈센트 반 고흐와 함께 우리에게 잘 알려진 후기인상파의 폴 고갱(Paul Gauguin)이라는 화가가 있다. 고갱은 여러 걸작을 남겼지만, 그

가운데 존재의 근원에 대한 의미를 묻는 작품이 있다. '우리는 어디서 왔고, 우리는 무엇이며, 우리는 어디로 가고 있는가?(Where do we come from? What are we? Where are we going?)'라는 철학적인 제목의 그림이다. 이 그림은 그가 건강 악화와 가난, 어린 딸의 죽음 등으로 가장 힘들고 버거웠던 시기에 그린 자신의 대표작이다. 자신에게 주어진 운명에 대해 고뇌에 찬 이와 같은 물음은 고갱뿐 아니라 우리 모두가 한 번쯤은 생각해 봤을 화두이다.

    명리는 이처럼 해답을 찾고자 하는 이에게 가야 할 방향을 제시하는 '운명의 내비게이션' 역할을 한다. 내가 명리를 배우고 익힌 기간이 결코 짧지는 않지만 여전히 그 큰 뜻을 헤아리기에는 턱없이 부족하다는 것을 깊이 통감한다. 하지만 운명의 여정에서 길을 잃고 헤매는 이에게는 등대 같은 길잡이가 되고 싶은 소망이, 그리고 인생길에 지친 나그네의 목마름을 축여주는 한 바가지의 물이 되고 싶은 열망을 억누를 수 없었다. 감히 펜을 들어 명리의 한 조각을 풀어 세상에 내놓을 용기는 오로지 이 간절함에서 비롯되었다. 더불어 많은 상담을 하면서 느꼈던 명리의 이론과 실제의 엄밀한 일치에 전율했던 감동 또한 독자와 함께 나누고 싶은 바람이 컸다.

    이 책이 제시하는 운명 결정론에 대한 논지가 독자의 기대에 어긋나거나 부족한 부분이 있을 수도 있고 나의 도발적인 시각에 대한 독자의 호된 꾸지람과 비판이 있을 수 있지만, 이를 마다하지 않고 겸허히 수용하여 정진의 밑거름으로 삼겠다.

    이 책을 이미 운명을 달리하신 사랑하는 나의 어머님께 바친다.

- 2020년 10월 밤나무골에서 무경(武勁)

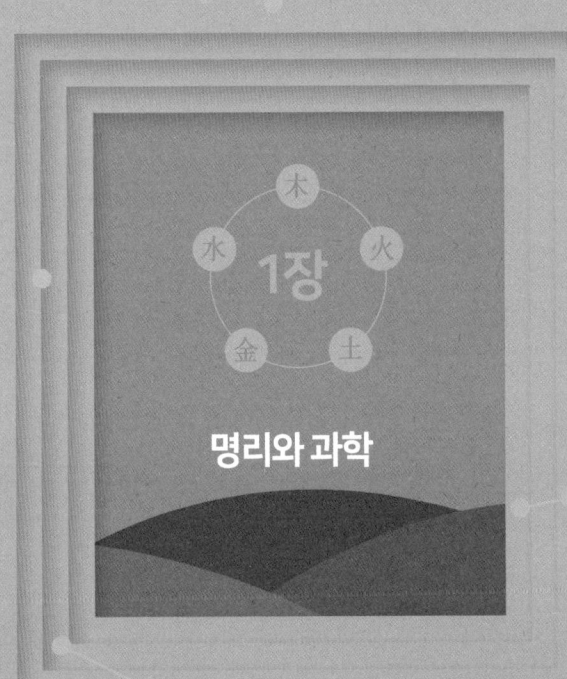

1장

명리와 과학

1. 명리는 종교가 아닌 학문이다

"오직 믿음으로 구하고 조금도 의심하지 말라… 두 마음을 품어 정함이 없는 것이다" 성경 야고보서 1장 구절의 일부이다. 종교는 굳건한 믿음의 기둥 위에 올려진 지붕이다. 그러므로 믿음에 의심이라는 이물질이 섞이면 서서히 균열이 생기고, 그 틈새는 더욱 벌어져 결국 종교라는 건축물은 무너지고 만다. 신앙인이 마음에 의심을 품는다는 것은 자신이 믿는 신에 대한 부정이다. 한 마음에 의심이 스며들어 두 마음을 품게 되면 마음이 혼탁해져서 정(精)함이 없다는 것이다. 오직 믿고 또 믿으며, 터럭만큼이라도 의심하지 말라는 가르침이다.

바로 이 '의심(疑心)'에 종교와 학문의 차이가 있다. 종교는 한 치의 의심도 허용되지 않는 무오류(無誤謬)의 세계다. 종교는 이 세계에 대한 절대적 믿음을 신도에게 강요한다. 오류를 인정하는 순간, 종교는 그 세(勢)를 잃기 때문이다. 그러나 학문은 오류(誤謬)의 세계다. 당대에 정(正)이라 여겼던 밭을 후학자가 새로운 반(反) 영농기법으로 갈아엎고 회의(懷疑)의 씨앗을 뿌려 더 알찬 열매를 얻기 위해 노력한다. 이러한 시도는 다시 또 다른 후학자에 의해 되풀이되며 시대를 거쳐 반복된다. 학문의 경작지에는 아무도 손대지 않은 처녀지(處女地)는 있어도 무오류의 경작지는 존재하지 않는다.

명리학도 학문이기에 이와 마찬가지다. 매서운 의심의 눈초리와 살점을 파고드는 채찍과 같은 냉혹한 비판을 성장과 발전의 동력으로 삼아 수천 년 동안 오류를 바로잡으며 오늘에 이른 것이다. 그런 노력이 오늘날에도 후학자들에 의해 계속 이어지고 있음은 여타 학문과 같이 당연하다.

2. 명리는 미래를 내다보는 학문이다

우리는 지금 바로 이 순간에 존재한다. 이 순간 이후는 누구도 알 수 없는 시간이다. 일면식도 없는 누군가와 잠깐 스쳤는데 큐피트의 화살을 맞은 듯 사랑에 빠질 수도 있고, 주머니에 달랑 남은 5천 원으로 구입한 복권이 1등에 당첨될 수도 있다. 열심히 일했는데 느닷없이 해고 통지를 받을 수도 있고, 길을 걷다 갑자기 뇌졸중으로 쓰러질 수도 있으며, 자신이 지나가는 다리가 아무런 예고도 없이 순식간에 무너져 내릴 수도 있다.

그래서 우리는 매순간 걱정과 불안을 껴안고 산다. 이 순간 이후의 시간은 1분 1초도 내다볼 수도, 알 수도 없기 때문이다. 그러기에 인간들은 걱정과 불안을 극복하고 대비하기 위해 미래를 앞서 살펴보고자 애썼다.

선사시대의 인류는 무리의 생존을 위해 반드시 얻어야 할 먹이감이 어디에 가야 있으며, 어떤 수를 써야 얻을 수 있는지, 사냥에 나서기 전에 지혜를 모았는데 이는 사냥감 획득을 위한 예측 행위라 할 수 있겠다. 농경사회에 들어서는 모두가 배불리 먹을 수 있게 풍년이 들 것인지, 이웃 나라와 벌어진 전쟁에서 이길 수 있는지, 과거시험에 합격하여 입신양명을 할 수 있는지, 기르는 개의 밥그릇도 도자기로 만들 정도로 부귀영화를 누릴 수 있는지, 그리고 저 세상으로 떠나는 원웨이 티켓은 언제 발급되는지도 알고 싶어 했다.

오늘날에 들어서면 미래를 내다보고자 하는 노력은 더욱 적극적이고 광범위하다. 이 같은 노력 가운데 우리가 쉽게 접할 수 있는 것은 '일기예보'다. 고기압과 저기압, 기압골, 바람의 흐름, 구름의 생성, 지형 등 과거부터 축적된 기상 조건들을 분석하고 이를 기반으로 하여 하루뿐 아니라 일주일, 또는 한 해의 날씨를 예측하여 전한다. 더 나아가 자연에 대한 인간의 무자비한 수탈과 약탈로 인해 빚어진 환경 변화 때문에 발생하는 예기치 않은 자연의 역습(홍수, 가뭄, 이상고온 같은 자연재해뿐 아니라 최근 전 세계를 펜데믹으로 몰고간 바이러스 코로나19까지), 지구촌(村)이라 불릴 정도로 나라와 지역의 경계가 사라진 현실 속에서 글로벌 정치나 제도, 경제가 미치는 경제활동의 변화, 부(富)의 이동, 생존과 삶까지도 미리 내다보고자 하고 있다. 최근엔 빅데이터나 에이아이(AI)와 같은 과학적 분석의 틀을 빌려 주식시장, 경제성장률, 소비행태와 이를 토대로 한 판매 전망, 선거에서의 당선 여부 등, 각 분야에서 보다 정밀하고 정확한 예측들을 시도하고 있다.

이러한 현대과학의 노력들도 인간의 안녕과 행복을 위한 것들이고, 이는 명리학이 수천년 간 추구해 왔던 노력과 같다고 할 수 있을 것이다.

물질의 근원을 규정함에 있어서도 과학과 명리학의 개념은 서로 상반되지 않는다. 과학에서는 물질(體)의 고유한 성질을 가지는 가장 작은 단위 입자를 분자라고 규정한다. 그 분자를 분해하면 원자와 전자, 그리고 중성자로 구성되어 있고, 원자를 더 잘게 쪼개면 몇 개의 미립자로 구성되어 있는데, 그 미립자는 에너지 형태로 존재한다고 밝힌다.

동양에서는 물질의 근원을 기(氣)라고 규정하고, 기는 음양(陰陽)으로 구분되며, 오행(五行)이라는 에너지를 발산하는데, 그것이 형상화된 것을 체(體)라고 개념화시켰다. 비록 명리학과 과학이 서로 출발점도 다르고 용어도 다르지만 결국 에너지와 기(氣)라는 유사한 개념에서 서로 조우한다.

과학은 특정 원인에 대한 동일한 결론(정해진 결론)을 얻고자 하는,

즉 보편적 진리의 발견을 목적으로 하는 체계적 지식 행위이다. 이것은 자연을 지배하는 힘이나 법칙을 찾고 증명하는 시도들이며, 그런 노력으로 우리의 일상을 지배하는 많은 법칙들을 발견해냈다. 실험실의 화학식이든, 수학이든, 물리학이든 정해진 규칙과 법칙을 토대로 똑같은 결론을 얻는 것인데, 그 법칙에 한 치의 오류라도 존재한다면, 대기권에 떠 있는 우주선의 우주인이 미리 설정된 안전한 바다에 안착하지 못하고, 빌딩숲을 이룬 뉴욕의 중심가인 맨허튼에 떨어지는 끔찍한 재앙이 발생할 수 있다. 그러기에 과학은 1+1=2와 같은 확고부동하고도 엄밀한 결론에 이르러야만 한다.

명리학이 추구하는 바는 더욱 거시적이고 통합적이다. 우주의 운행법칙(질서)이 지구라는 푸른 별에게 끼치는 영향과 그런 환경 속에서 땅을 딛고 살아가는 변화무쌍하고 복잡다단한 인간의 행위를 들여다보면서 인과관계를 추출하고, 이론으로 증명해가며 이어져 왔다.

동양의 선인들은 태어남과 운명적 죽음 사이를 빽빽이 채우고 있는 크고 작은 사건들을 들여다보고자 했다. 그 사건들 속에는 인간이 파악하기 어려운 우연들이 붉은 속살 속의 까만 수박 씨처럼 수없이 박혀 있다. 길을 걷다가 우연히 눈에 띄어 길거리 캐스팅을 당하는 행운도 맞이할 수 있고, 잊지 못할 첫사랑을 시청역 지하철 입구에서 우연히 만나거나, 돈 떼먹고 도망친 채무자를 골목길에서 우연찮게 맞닥뜨리는 등….

그러나 이런 사건들은 우연이 아니다. 이 말은 생면부지의 A와 B가 만나 미친 듯이 사랑에 빠지게 된 게 우연한 만남으로 엮어진 러브스토리가 아니라, 운명적으로 만날 수밖에 없고, 출신과 계급을 뛰어넘어 서로를 사랑할 수밖에 없는 어떤 운명적 필연에 의한 것일 수 있다는 것이다. 이처럼 태어남과 죽음 사이를 채우고 있는 크고 작은 사건들이 만들어낸 인과관계들을 도식과 공식으로 형식화하여 해석하려고 시도

했던 결과물이 바로 명리학이다.

그러므로 명리학은 마치 운명을 풀어내는 방정식과 같다. 그렇다고 해서 명리학을 기상천외하고 신비스러운 학문으로 여길 것도 아니다. 명리가 말하고자 하는 것은 현대 과학이 추구하는 것처럼 시간과 공간 속에서 이뤄지는 모든 사건들은 일정한 규칙을 갖고 진행된다는 전제 하에, 그 규칙의 비밀을 풀어 그에 맞게 예측하고자 하는 것이다.

19세기 이후 서구는 산업혁명과 과학적 성취를 통해 세계를 지배했고, 그 서구의 가치와 과학문물은 지금까지도 세계를 움직이는 중심축으로 작동하고 있다. 서양의 위력에 강제로 무릎을 꿇은 동양 세계는 그 동안의 가치와 문물을 낡고 쓸모없는 것으로 여기며, 서구의 가치와 문물만을 습득하고 모방함으로써 열세(劣勢)를 극복하고자 했다. 그런 영향으로 인해 우리는 어릴 적부터 비합리적인 것은 비과학적이고, 비과학적인 것은 미신이라는 등식을 서구식 교육을 통해 주입 받았다.

우리는 이제 모든 현상을 서구화된 사고로 파악하고 이해하고 있으며, 동양의 경험론적 인식론이나 역사적, 선험적 인식 방법을 통해 세상을 이해하는 훈련은 받지 못했다. 즉, 실증적 과학 이론으로 증명이 가능하지 않는 음양오행 이론을 이해하고 인정하기란 쉽지 않다는 뜻이다.

예를 들어 자신의 의지와 아무런 상관없이 결정되는 탄생의 순간을 생각해 보자. 자신이 세상에 태어나는 것을 스스로 선택한 적 없고, 자신의 의지로 성별을 선택할 수도 없으며, 자신이 태어날 곳(나라, 민족, 지역 등)이나 부모, 형제 역시 선택할 수 없다. 태어나면서부터 결정되어 버린 앞의 조건들과 신체적 특징, 성품, IQ, EQ, 인내심, 승부욕, 지구력, 체력, 판단력, 임기응변력, 순발력, 이기심, 이타심, 성욕 그리고 어쩌면 못된 성질머리까지 이미 주어진 것이고, 그렇게 주어진 조건 속에서 자신의 삶을 살아가는 것이다. 이와 같이 각 개인에게 주어진 제 조건을 명리학에서는 명(命)이라고 하고, 그 명의 이치(理致)를 연구하는 학문을 명리(命理)라고 했다. 과학이 어떤 주장을 하든, 지구상에 태어나는 생물체는 자신의 선택이 아닌 운명적으로 주어진 조건과 환경 속에서 생몰(生沒)을 맞이하는 것이다.

乾命 남성의 명은 건명(乾命), 여성의 명은 곤명(坤命)이라고 한다.

⇧ 이 여덟 자는 아무개의 연월일시이다. 이 여덟 자 속에는 그가 태어날 당시의 우주의 운행과 기운이 고스란히 담겨 있다. 이를 한 개인에게 주어진 명(命)이라 한다. 가축의 엉덩이에 찍힌 낙인처럼 이 여덟 자에는 그가 가진 속성이 평생 지워지지 않는 명(命)으로 새겨져 있다. 그가 세상의 문을 박차고 나올 때, 태양계의 행성들은 어느 위치에 있었고 어떻게 운행하였는지, 태양과 달의 위치, 그리고 지구의 자전 각도, 기온과 습도, 낮과 밤, 시간 등이 이 여덟 자 속에 녹아 있는 것이다.

이를 상품에 찍힌 바코드로 이해하면 빠를 것이다. 바코드에는 상품을 생산한 생산자와 생산일자, 상품의 유통기한, 가격, 상품을 구성하는 각종 재료의 종류와 함량 등 많은 정보와 이력이 담겨 있듯이, 사주팔자에는 그가 부여받은 명(命)이 고스란히 간직되어 있는 것이다. 성품과 성격, 총명함, 인내심, 의지력, 건강, 미모, 공감능력, 측은지심, 호승심, 자존감, 수치심, 호기심, 이기심, 이타심, 잔인성 등 그가 자신의 삶을 살아가면서 시도하거나 겪을 모든 일에 반영될 천성(天性)들은 선천적으로 부여받은 명인 것이다.

  자신이 부여받은 천성이 개입하여 얻은 결론들은 이미 그의 자유의지와 노력이 반영된 것이다. 하지만, 함께 사는 세상이라 그 일에 경쟁자가 없을 리 없으며, 그 경쟁자의 운명과 뒤섞여서 예상치 못한 결론에 도달할 수 있는데, 이것을 운(運)이라고 한다. 운이란 그에게 영향을 주는 사람들과 그에게 주어진 환경 조건이다.

  사주팔자의 명(命)은 삶의 궤적을 따라 운행하면서 영향을 끼치는 모든 조건들과 만나 변화하는 삶을 살아갈 것이다. 명리학은 필연적으로 주어진 명(命)과 우연적으로 만나는 운(運)을 여덟 자의 비밀코드로 제시함과 동시에 푸는 열쇠도 함께 제공한다.

  이처럼 각자에게 주어진 명과 운으로 삶의 궤적을 살아가는 동안 어떤 이는 부귀영화와 성공신화를 쓰고, 어떤 이는 처절한 좌절과 실패의 쓴 맛을 본다. 우리가 골프선수 타이거 우즈나 축구선수 리오넬 메시보다 더 열심히 노력을 한다 해도 그들과 같은 선수가 될 수 없음은 쉽게 인정할 것이다. 그것은 그들이 그 분야에 있어서는 남다른 특출한 재능과 천재성을 지니고 있음을 알기 때문이다. 하지만 이런 특출한 재능과 천재성을 갖고 있다 하여도 어떤 조건이나 시기가 돼야 꽃피울 수 있는지는 또 다른 영역에 속한다. 전자가 선천적으로 타고난 명(命)이라면, 후자는 후천적인 환경 또는 때(시간)가 개입된다. 즉 아무리 뛰어난 불세출의 선수라 해도 역병으로 올림픽이 개최되지 못하면 자신의 진가를 보여줄 기회가 없다. 그리고 4년 후 열리는 올림픽에서 더 뛰어난 후배 선수들이 등장한다면 메달 획득은 실패하고 말 것이다. 앞의 예에서 알 수 있듯이 성공은 선천적 재능(명)과 그 재능이 발현될 수 있는 기회(때)를 만나야만 가능하다.

타고난 명을 바꿀 수는 없을 지라도 결정의 순간에 나아가거나 물러설 때를 정확히 아는 것만으로도 실패의 절반을 줄이고 성공의 절반을 손에 쥔 것과 다름없을 것이다. 우리가 사주팔자를 통해 자신의 명과 운을 알고자 하는 것은 다름 아니라 나의 미래에 펼쳐질 길흉화복을 내다보고 이를 예비하고 싶은 욕망과 절실함 때문이다. 그건 누구나 품고 있는 인간의 원초적 욕망이다. 성공하고 싶은 자! 먼저 자신에게 부여된 명을 숙지하고 앞으로 펼쳐질 운세를 살펴, 그 때를 파악하고 지혜롭게 처신하면 뜻한 바를 얻을 수 있을 것이다.

3. 명리는 운명(運命)을 살피는 학문이다

물질의 이치를 밝히는 학문이 물리학이라면, 명(命)의 이치를 밝히고자 하는 학문을 명리학이라 했다. 명에 관하여 언급한 중용(中庸)의 문구를 보면 "천명지위성(天命之謂性) 솔성지위도(率性之謂道) 수도지위교(修道之謂敎)"라 했다. 이는 하늘이 명(命)한 것을 일러 성(性)이라 하고, 성을 따르는 것을 도(道)라 하고, 도를 닦는 것을 일러 교(敎)라 한다. 덧붙여 말하자면, 사람과 사물은 태어남에 각기 부여받은 성(性)이 달리 있으니, 그 성을 따르는 것이 중용의 도요, 우주의 만물 이치는 곧 하늘의 명이다.

"도는 항상 함이 없으면서도 늘 하지 않음이 없다(道常無爲而無不爲)." 알다시피 자연은 스스로 완벽하다. 스스로 때를 맞추어 해와 달이 뜨고 지며, 바람이 불고, 꽃이 피고 지며, 비가 내려 그 열매를 튼실히 하니, 이와 같은 대자연의 운행을 도(道)라고 했다. "명리란 이런 이치를 통하여 궁극에 다다르는 것이다." 라고 말할 수 있다. 이렇듯 명리는 인간의 인위적 보탬과 작위적 해석을 거부하고, 자연의 이치에 천착하여 얻은 지혜를 명리학의 근간으로 삼았다. 사주팔자란 이런 심오한 자연의 이치를 법칙과 이론으로 밝혀 사람마다 상징적인 여덟 자를 부여한 것이다.

乾命

⇧ 위에 제시한 표의 여덟 자의 비밀을 풀어보면, 사주의 주인공은 품성이 인자하고 명예를 중시하며, 신뢰와 의리를 지니고 있다. 누구보다 강한 의지와 무엇에도 굴하지 않는 도전정신을 지녔다. 또한 한 번 결정을 하면 머뭇거리지 않고 두려움 없이 앞장서는 리더십, 판단력이 뛰어난 총명한 두뇌, 학자적 탐구심, 상대를 설복시키는 유려한 언변은 그의 삶의 동력이다. 이런 명(命)을 가진 사람은 위대한 지도자, 큰 사업가 또는 대학자로 크게 공명을 떨칠 수 있다. 그러나 완고한 성격, 반항적, 반골적 기질과 운에 따라 흉(凶)함이 있을 수 있으니 그의 삶이 평탄하게만 이어지지는 않을 것이다. 좋은 사주를 가졌음에도 운(運)에 따라 본인 자신과 가정에 흉액이 있을 수 있지만, 이를 극복하고 나면 성공과 행복이 드라마틱하게 전개될 수 있는 명을 가지고 있다. 시간의 흐름에 따라 꽃피는 봄날 같은 시기가 있는가 하면, 세찬 비바람과 강풍에 몸이 으스러지는 세월을 품은 운명이다.

실제로 주인공은 어릴 적부터 또래 아이들보다 총명하고 뛰어났다. 뭍에서 뱃길로 서너 시간이나 가야 도착하는 작은 섬에서 태어났으나,

운명처럼 이 곳을 벗어나 험난한 인생역정을 겪고, 죽을 고비를 수차례 넘기며 오뚝이처럼 다시 일어서 마침내 지존의 위치에 올랐다.

  이 주인공은 남과 북, 주변 열강들의 격한 대립과 긴장으로 세계의 화약고로 불리는 한반도에 전쟁으로 인한 민족 공멸의 뇌관을 제거하고 평화로운 공존을 정착시키기 위해 노력한 공로를 인정받아 한국인 최초로 노벨평화상을 수상한 故 김대중 대통령의 사주 명식이다. 그의 품성은 인애(仁愛)가 바탕이고, 불의에 굴하지 않는 성격은 많은 동지들이 믿고 따르는 리더십으로 어어졌으며, 시련과 고통을 이겨낸 의지는 마침내 말년의 화려한 영광으로 이어졌다.

  명(命)은 배와 같고 운(運)은 파도가 넘실대는 바다와 같다고 하였듯이, 사주 여덟 글자를 부여받은 명은 파란만장한 인생의 운로(運路)를 따라 긴 항해를 한다. 명(命)이 시간 여행을 하는 운로(運路)에는 대운(大運)과 세운(歲運 또는 연운), 그리고 월운(月運)과 일운(日運)이 있다. 흔히 "오늘 일진이 사납다." 라고 말할 때나 신문에 연재되는 '오늘의 운세'는 일운을 말하지만, 전적으로 재미를 위한 것이며 정식으로 일운을 간명하는 것이 아니라는 점을 일러두고 싶다.

  명리학에서 운(運)이라 말하는 것은 대운과 세운을 이른다. 대운은 명(命)에서 파생되는데 사람마다 맞이하는 대운은 다르며 10년마다 작용을 하고, 세운은 모든 사람이 같은 운을 맞으며 1년간 운으로 작용한다. 대운은 주인공이 처한 환경이며 세운은 그 환경에서 벌어지는 구체적인 사건 또는 발생하는 일이다. 대운은 10년 단위로 변화하지만 변화하는 시점은 사주에 따라 0세부터 시작하거나 1세, 11세, 21세 31세 등 1세 단위부터 9세 단위까지 시작점이 다를 수 있다.

  위 사주의 대운을 예로 들어 살펴보겠다.

김대중 전 대통령의 명(命)과 10년 동안 영향을 미치는 대운(大運)을 대입하여 그 기간의 길흉화복을 살펴서 간명할 수 있다. 이 사주의 대운은 0세부터 10년 단위로 주인공이 사는 날까지 움직이며 새로운 변화를 주도한다. 세운(歲運)은 올해는 경자(庚子)년, 내년은 신축(辛丑)년으로 모두가 같은 해를 맞는다. 세운은 주인공이 겪는 사건, 사고 또는 좋은 일, 시험의 합격, 직장에서 승진 등을 간명할 수 있다.

대운을 대입하지 않고 명(命)으로만 간명(看命)하면 상징적인 단어들로 나열되지만, 대운과 세운을 대입하여 간명하면 구체적인 사건 위주로 더 자세하게 해석할 수도 있다.

위 사주의 사례는 우리가 익히 아는 위대한 정치인의 지난 과거의 삶을 해석하였기에 마치 '해답을 보고 그대로 풀이한 것이 아니냐'라고 말할 수 있다. 그래서 요즘 정가에서 주목 받는 한 정치인의 사주를 바탕으로 그의 미래를 살펴볼까 한다.

乾命

정관	편인	정인	비견	겁재	식신	상관	편재
癸	甲	乙	丙	丁	戊	己	庚
巳	午	未	申	酉	戌	亥	子
비견	겁재	상관	편재	정재	식신	편관	정관

大運

⇧ 2개의 표를 제시하였는데, 처음 8글자가 담긴 표는 주인공이 태어나면서 부여받은 명(命)이고, 다음 두 줄로 길게 늘어선 표는 그의 운(運)이다. 그가 하늘로부터 부여받은 명(첫 번째 표)은 철길 같은(두 번째 표) 운로(運路)를 따라간다. 운(運)은 이 사주의 주인공에게 주어진 환경이며, 또한 구체적인 사건들을 담고 있다. 이것을 우리는 운명(運命)이라 말한다고 앞서 얘기했다.

위에 제시한 사례는 유력한 대통령 후보로 거론되는 더불어민주당 이낙연 의원의 사주다. 사주에 나타난 특성을 보면 남다른 총명함을 지니고 있고, 그늘이 없는 밝은 성격이라는 것을 알 수 있다. 때론 불같이 급한 성격이지만 뒤끝이 없는 회끈함이다. 그리고 언뜻 봐서는 평범한 사주인 듯하지만, 신기하게도 운로가 너무 좋다. 마치 순풍에 돛을 단 격이다. 그 좋은 운이 2022년 대선 때까지 곧게 이어진다. 2022년 대선은 아직 시간이 남아 누가 후보로 뽑힐지 알 수 없지만 후보가 된다면 상대 후보는 이 사주를 꺾을 수 있는 대단한 명과 운을 가진 자여야만 대적할 수 있을 것이다.

사실 나는 이낙연 의원을 만나보기는커녕 가까이서 본 적도 없고, 살아온 삶을 자세히 알지도 못하지만 그가 태어나면서 부여받은 명을 풀이하여 그에게 부여된 운명을 가늠할 수는 있다. 필자가 그에 대한 세간에 떠도는 소문이나 평가만 접한다면, 아무래도 선입견으로 인한 편고된 생각이 그의 명운풀이에 조금이라도 더해질 것이다. 모든 일에는 이런 오해나 편견 또는 억측이 생길 수 있음으로, 주역의 계사상전(繫辭上傳)에서 공자가 이르기를 "글로는 말을 다하지 못하고, 말은 그 뜻을 다 담지 못하니, 글과 말로 담아내지 못하는 것을 형상(形象)으로 나타낸다."고 했다.

성인의 뜻을 전달함에 있어서 오롯이 전달되지 못함을 염려하여 주역의 괘상으로 전달한다는 의미다. 명리학에서는 사주 여덟 글자와 운로가 주역의 괘의 형상으로 보여주는 것과 같은 의미가 될 것이다. 실제로 어떤 사람에 대해서 평가할 때, 평소 잘 아는 지인이라면 평가하는 사람의 개인적 감정이 개입되고, 평가 대상인 사람과의 관계 등이 편견으로 작용할 수 있다. 만약 평가 대상이 전혀 모르는 사람이라면 평가의 결과는 크게 다를 수도 있다. 뿐만 아니라 글이나 말로 평가를 할 경우 단어 선택의 차이나 언어의 추상성으로 인해 전하는 사람의 뜻과 다르게 이해될 수 있다. 이런 연유로 사람의 명(命)을 형상(形象)인 사주팔자로 나타내는 것이 보다 더 객관성을 담보하고 더 엄밀한 평가를 할 수 있는 여지를 갖게 된다.

일상에서도 이와 같은 형상을 쉽게 자주 접할 수 있는데 가장 대표적인 것으로 '태극기'를 들 수 있다. 국기는 그 나라의 정치제도, 역사, 인종, 민족성, 문화, 관습 등 그 나라가 지닌 특성을 함축적으로 표현한다. 사주 또한 이와 마찬가지로 한 사람의 파란만장할 인생 정보를 여덟 개의 글자 형상으로 표시한 것과 다름없을 것이다.

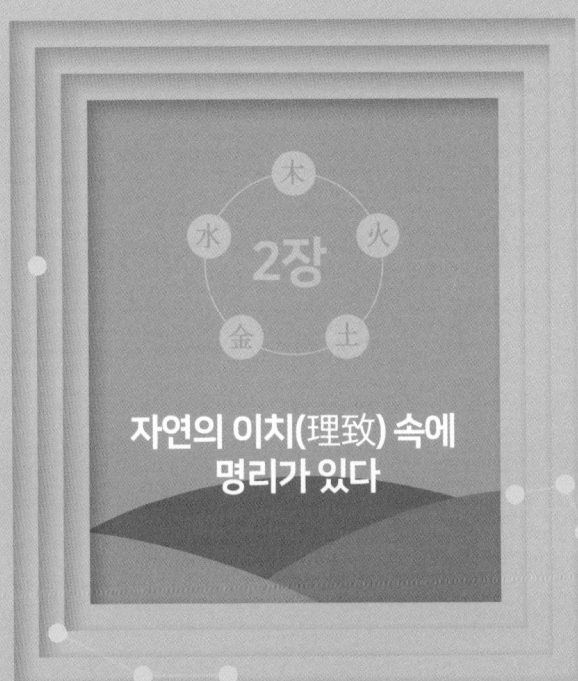

명리학을 처음 접하는 사람은 내가 그랬듯 그 입구를 찾는 데 어려움을 겪는다. 앞서 기술한 것처럼 명리의 기본 원리를 자연의 이치(理致)로 이해하는 것이 왕도이며 지름길이다. 명리학을 시작하는 학인들 중엔 단편적 지식들을 순서가 없거나 경중(輕重)이 없이 습득하여 사주를 풀려다가 막막하여 좌절하고 포기하는 경우를 여럿 봤다. 운명을 감정하는 단계에 이르기 위해서는 명리학 이론을 체계적으로 배우고 자연의 이치를 성찰하여 이 둘의 관계를 깊이 있게 생각해보고 분별하려는 자세가 필요하다. 이런 면에서 이미 수천 년 전부터 명리에 천착한 학자들의 업적과 축적된 경험은 뒤를 이어 익히는 후학들에게 든든한 디딤돌이 됐다.

명리의 출발은 약 4천 년 전 또는 그 이상으로 여겨진다. 현 시점에서 그 출발점을 찾는 것은 불가하나, 현존하는 기록들과 당시 쓰여진 저서들에서 그 장구한 역사를 엿볼 수 있다. 중국의 전국시대에 이미 귀곡자, 낙록자(戰國時代 BC 350~?) 등이 이 학문을 연구하여 상당히 엄밀한 수준에 도달하였고, 한·당 나라 시대를 거치면서 더욱 체계화되어 1,000년 전 송나라 때에 이르러 서자평(북송)이란 학자가 오늘날의 명리학의 신법체계를 완성했다. 이후 서대승(남송)이 자평의 신법체계를 이어받아 《연해자평(淵海子平)》이란 이론서로 집대성했다. 《연해자평》은 그 이전 연구들이 집적(集籍)된 결과물이라고 할 수 있는데, 그 이후에도 《연해자평》을 토대로 《적천수》, 《자평진전》, 《궁통보감》 등 여러 명리 연구서들이 저술됐다. 이 많은 저술들의 기본 원리는 자연의 법칙에 기반한 것이다. 지구의 공전과 자전이 만드는 자연 이치와 지구를 둘러싼 각 행성들의 운동원리를 명리의 이론으로 체계화하였다. 이론적 체계를 갖추는 과정에서 수천 년간의 관찰 경험과 선험적 지식 그리고 학문적 비판을 거치며 더욱 체계화됐다. 그럼 명리학의 이론 체계가 형성된 당시의 우주와 자연에 대한 지식과 관점을 살펴볼까 한다.

1. 우주와 만물을 상징하는 기호들

동양의 선인들은 우주가 탄생하기 이전의 상태, 즉 공간도 시간도 없는 상태를 무(無)라고 정의하고 이를 무극(無極)이라고 칭했다. 무극이란 공간도, 시간도 없고, 일 점의 氣(에너지)도 없는 그야말로 공백의 상태를 말하지만, 동시에 모든 가능성을 담고 있는 무한의 세계로 보았다. 물리학자 스티븐 호킹 박사는 "빅뱅 이전은 시간이 존재하지 않았을 뿐만 아니라 빅뱅 이전은 원인도 인과(因果)도 없다. 따라서 시간이 없는 곳에는 신(神)도 없었다."고 주장했다.

　이는 무극(無極)이 뜻하는 바와 하등 차이가 없다. 현대 과학이 우주 탄생의 기원을 빅뱅으로 설명하고 있다면, 고대 동양에서는 "무극에서 어느 순간 일기(一氣)가 생겼다."고 표현했다. 여기서 기란 에너지로 표현할 수 있는데(사실 기는 에너지보다 더 복잡한 의미를 담고 있지만), 빅뱅 이후 우주는 아직 물질을 이루지 못하고 에너지만 충만한 우주였을 것으로 추정한다. 이후 우주가 팽창하면서 이에 따라 온도가 떨어지고 식어가면서 수소와 헬륨 같은 물질의 기초단위들이 생성되었다. 그러므로 물질의 근원은 에너지라는 것을 알 수 있다. 물질이란 에너지가 만든 형체이고 에너지가 곧 물질인 것이다. 이것을 두고 수천 년 전 고대 동양 천문학에서는 "우주 만물은 氣로 이루어졌다."라고 했다. 이것은 곧 "모든 물질은 에너지로 되어 있다."는 아인쉬타인의 명제보다 수천 년 앞선 것인데 중국 송나라 장재(張載 1020~1077)의 우주 물질이론과 비교해도 1,000년을 앞선 것이다. 태양계가 만들어지고 현재의 지구가 탄생할 때까지는 약 138억 년의 시간이 필요했다. 명리학 체계를 완성한 중국의 서자평은 우주생성을 다음과 같이 서술한다.

> 무극의 상태에서 "**일기**(一氣)가 응결하여 수(水)를 낳고, **태초**(太初, 기는 있으나 형체가 없는 것)가 화(火)를 낳고, **태시**(太始, 형체는 있으나 성질 없는 것)가 목(木)을 낳고, **태소**(太素, 성질은 있으나 형체가 없는 것)가 금(金)을 낳고, **태극**(太極, 형체와 성질이 이미 갖추어진 것)이 토(土)를 낳았다. 수(水)의 숫자는 1이며, 화(火)의 숫자는 2이고 목(木)의 숫자는 3이고 금(金)의 숫자는 4이고 토(土)의 숫자는 5이다."

서자평은 우주의 생성을 태역, 태초, 태시, 태소, 태극의 시간적 물질적 변화로 서술하고 있다. 또한 오행의 생성 순서도 현대물리학과 다르지 않다. 水(수소) ▶ 火(별) ▶ 木(팽창) ▶ 金(수축) ▶ 土(생성)의 순서로 우주가 진행되었다고 본 것이다.

甲乙丙丁戊己庚辛壬癸(갑을병정무기경신임계)라는 상징체계는 우주의 탄생과 팽창, 수축, 압축, 폭발 그리고 행성이 만들어지는 과정과 결과를 반영한 것이다. 글자의 상징성을 살펴보면, 마지막 글자인 계(癸)는 파발머리 변(癶)에 하늘 天의 조합으로 이뤄지는데 이는 하늘이 폭발하는 형상을 나타낸 것이다. 그리고 갑을(甲乙)은 중력을 거스르고 성장·팽창하는 속성을 나타낸다. 따라서 우주가 폭발한 이후 끝없이 팽창하는 기운이다. 병정(丙丁)은 오행 가운데 흩뿌려지는 기운으로 기가 뭉쳐 생겨나는 수많은 별의 탄생을 의미하고, 경신(庚辛)은 끝없이 팽창하던 우주가 어느 시점에 이르러 팽창을 멈추고 다시 수축하며, 임계(壬癸)는 응결, 수렴 그리고 다시 폭발하는 과정을 형상하고 있다고 해석한다.

하늘을 상징하는 甲乙丙丁戊己庚辛壬癸는 우주의 탄생과 팽창, 그리고 지구를 위시한 태양계의 생성과 소멸을 담고 있다. 지구상의 모든 생명체도 이와 같이 탄생과 성장, 발전과 소멸 그리고 또 다른 탄생이라는 과정을 반복한다. 이처럼 하늘을 상징하는 기호들을 일러 명리학은 천간(天干)이라 한다. 이런 우주의 운행질서와 우리가 땅을 밟고 서 있는 지구의 자연환경의 법칙들을 탐구하고 심층 분석하여 만든 이론서가 바로 하도낙서(河圖洛書)이다.

2. 생명과학, 하도낙서(河圖洛書)

하도낙서(河圖洛書)의 의미를 풀어보면, 먼저 하도(河圖)는 태양을 중심으로 운행하는 태양계의 여러 행성들과 달이 지구를 공전함으로써 생기는 현상을 연구한 천문학이다. 그리고 낙서(洛書)는 지구의 자전으로 인해서 나타나는 자연현상을 연구한 지구과학이라고 할 수 있는데, 즉 계절과 기후의 변화, 낮과 밤, 지리적 특성 등을 연구한 학문이다.

송나라에 이르러 하도와 낙서의 이론을 보다 시각적이고 구체적인 그림으로 형상화하였는데 이게 바로 태극(太極)이다. 그럼 태극은 무엇을 어떻게 형상화시킨 것일까? 그건 제멋대로 해석하고 창작해서 만든 게 아니라, 고도의 천문적 지식을 습득하고 이를 활용한 인간의 과학적인 탐구와 분석의 소산이다. 그러기에 태극의 문양이 만들어진 과정을 살펴보는 것도 좋겠다.

관찰자는 평평한 땅에 막대(表) 하나를 세우고 햇빛에 비친 막대의 그림자를 살펴봤다. 그리하여 하루 가운데 막대의 그림자가 가장 짧은 때를 정오(正午)라 정했고, 이때를 태양이 남중(南中)했다고 말하며, 태양이 하루 중 가장 높은 위치에 있음을 알았다.

　태양이 남중하는 때를 관찰해보니 날짜가 지나감에 따라 막대의 그림자 길이가 하루하루 달라져 길어지거나 짧아지는 것을 알았다. 그 그림자의 길이를 매일매일 기록하고 보니 처음 관찰한 막대 그림자의 길이가 다시 원래의 그림자 길이와 똑같아지는 데 365일이 걸리는 것을 알았다. 그래서 365일을 1년으로 삼았다.

　그리고 태양이 남중했을 때 1년 중 막대 그림자가 가장 긴 날을 살펴보니 이날은 밤의 길이가 가장 길고 또한 낮의 길이는 가장 짧아 겨울의 중심인 동지(冬至)로 삼았다. 동지를 지나면 막대의 그림자는 차츰 짧아지기 시작하여 가장 짧아지는 날이 오는데 이날은 낮의 길이가 가장 길고 반대로 밤의 길이는 가장 짧은, 여름의 중심인 하지(夏至)가 된다.

　동지에서 하지까지 막대 그림자 길이의 끝을 이어가면 반원의 곡선이 그려지고, 또 하지를 지나면서 막대 그림자가 다시 길어지기 시작하여 동지에 이르는데 그 그림자 길이의 끝을 이어가면 반대 모양의 반원의 곡선이 그려진다.

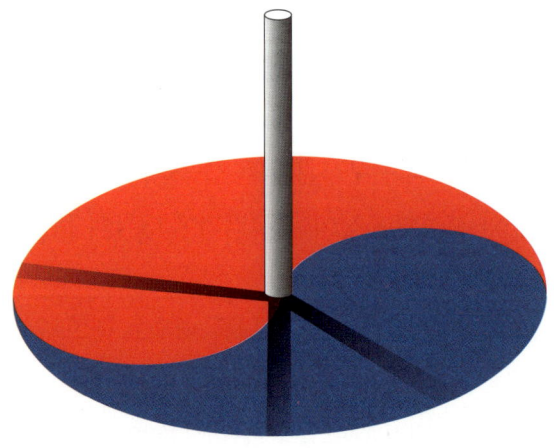

막대 그림자의 길이가 차츰 짧아지는 부분을 빨간색으로 표시하고, 하지를 지나 막대 그림자의 길이가 점차 길어지는 부분은 파란색으로 표시했다. 이것이 바로 우리가 익히 알고 있는 태극의 문양이다. 이 문양은 1,000년 전 송나라의 주돈이(周敦頤, 1017~1073)가 그의 저서 태극도설(太極圖說)에 태극의 음양 이치를 보다 간략하고 이해하기 쉽게 나타내고자 그림으로 형상화한 것이다.

태극은 생명이 탄생하고, 변화하며, 소멸하는 무한 반복의 세계이다. 태극은 음과 양을 동시에 품고 있으며, 음이 극에 이르면 양으로 변환되고, 양이 극에 이르면 음으로 변환된다. "태초에 일기(一氣)가 있고, 하나의 기가 음양으로 구분됐다."는 이론을 태극 문양에 담았다.

음양이 서로 분열되면 음과 양으로 분리되는 게 아니라, 분리 속에 다시 음과 양이 존재하고, 또다시 분열되어도 음양이 함께하는 것이 음양의 원리다. 예컨대, N극과 S극으로 나뉘어져 있는 막대 자석의 가운데를 자르면 N극과 S극 2개의 막대로 나뉘어지는 것이 아니라, 잘려진 막대의 양쪽은 다시 N극과 S극으로 나뉘어진다. 그 자석을 계속 잘라도 양쪽은 N과 S극이 존재하듯 미시의 세계(원자)에 이르러도 마찬가지로 음과 양이 함께 존재하는 이치이다. 따라서 태초에 일기(一氣)가 생기는 미시의 세계에서부터 음과 양이 함께 하며, 氣가 뭉쳐서 물질이 되는 거시의 세계에서도 음양을 담고 있는 것이다.

대한민국(大韓民國)을 형상하는 국기(國旗)는 태극이 중심에 있다. 태극기는 본디 태극 문양을 중심에 두고 주변에 주역 8괘(乾兌離震巽坎艮坤)를 배치하여 조선 국왕의 기(旗)로 사용하였다. 기록에 의하면 1882년 박영효가 일본 수신사로 갔을 때, 우리의 국기(國旗)가 처음 게양되었는데 이때의 태극기는 태극을 중심으로 건곤감리(乾坤坎離) 4괘만을 배치한 형태였다. 태극을 중심으로 4괘를 배치한 것을 고종이 주재하는 어전회의에서 공식적으로 태극기로 정하고 국기로 선포했다 (출처: 박영효 일기). 박영효의 일기를 보지 않았거나 일기를 보고도 숨긴 친일학자들은 태극기를 박영효가 일본으로 향하는 배 안에서 개인의 의견으로 만든 것이라고 최근까지 주장하였고, 태극기의 의미를 폄훼하려는 시도를 줄기차게 해 왔다. 사실 우리는 태극기에 대한 바른 교육을 받은 기억이 별로 없다. 미국의 성조기에 박힌 별들의 의미는 알면서, 태극기에 그려진 태극의 의미를 바로 알지 못함은 심히 부끄러운 일이 아닐까 싶다.

 태극 문양으로 1년 365일 동안 하루하루 변화하는 태양의 움직임을 표시함과 더불어 태극은 24절기와 춘하추동(春夏秋冬) 사계절, 동서남북(東西南北)의 네 방향을 담고 있다. 음이 충만하여 극에 이르면 양기(陽氣)가 솟는데 그 시기를 봄이라 하고, 양기가 솟구치고 양기가 퍼져나가는 시기를 여름(夏), 양기가 사그라들고 음기가 성장하는 시기를 가을(秋), 음기가 가득해지는 시기를 겨울(冬)이라 했으며, 각 계절과 계절을 잇는 간절기까지 포함하여 다섯 단계로 나눴다.
 태양이 솟구쳐오르듯 양기가 솟는 방향을 동(東), 양기가 가장 성한 방향을 남(南), 양기가 움츠러들고 음의 기운이 성해지는 방향을 서(西), 양기가 완전히 물러나고 음기가 가득한 방향을 북(北)으로 설정하고 정중앙까지 포함하여 다섯 방위로 정했다.
 만물이 소생하는 계절인 봄을 木, 꽃이 피는 계절인 여름을 火, 열매가 단단하게 여무는 계절인 가을을 金, 뿌리로 수분을 내리고 열매가 땅에 묻히는 계절인 겨울을 水로 표기하고, 이 사이를 이어주는 간절기를 土로 표기하여 목화토금수(木火土金水) 오행 이론을 완성했다. 이는 시간의 흐름에 따라 생성과 변화, 소멸의 과정을 상징화한 것이다.

각각의 오행은 다시 음과 양으로 구분하는데 목(木)은 음목(陰木)과 양목(陽木)으로, 화(火)는 음화(陰火)와 양화(陽火)로, 토(土)는 음토(陰土)와 양토(陽土)로, 금(金)은 음금(陰金)과 양금(陽金)으로, 수(水)는 음수(陰水)와 양수(陽水)로 나누었다. 또한 양의 기운이 증가하는 지수를 1과 3으로 표시하고, 음의 기운이 증가하는 지수를 2와 4로 표시하였다. 숫자 1은 북쪽(겨울), 2는 남쪽(여름), 3은 동쪽(봄), 4는 서쪽(가을), 5는 중앙(계절로는 간절기)을 나타냈다.

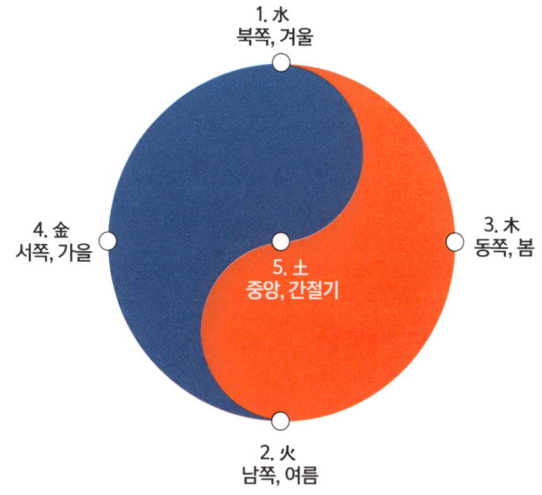

음이 극(極)에 이르면 양으로 변하고, 양이 극에 이르면 음으로 변하는 음양론이 바로 이것이다. 밤이 가장 긴 동지는 낮이 길어지는 시작점이고, 낮이 가장 긴 하지는 밤이 길어지는 시작점이다(이런 이유로 동서양 모두 동지를 1년의 시작으로 봐야 한다는 학자들이 많다).

지구의 자전 운동은 밤과 낮을 구분하고, 하루를 12시간씩 음과 양으로 나눠 태극으로 표시할 수 있다. 계절과 매일매일 변하는 대기의 온도를 천온(天溫)이라 하고, 땅의 온도를 지온(地溫)이라고 하는데, 지구의 공전으로 인해 발생하는 모든 변화는 지구상의 생물체부터 무생물에 이르기까지 절대적인 영향을 미치는 것이니 이를 하도 이론이라고 했고, 낙서 이론은 중국 하(夏)나라 우왕이 홍수를 다스리기 위해 창안한 이론으로, 그 출처가 낙수(洛水) 지방에 나타난 거북이 등의 무늬를 보고 만들었다고 하여, 신구낙서(神龜洛書)라고도 불린다. 낙서의 이론은 지구의 자전으로 변화하는 지구의 현상들의 이치를 연구한 학문이다. 복잡한 고등 수학과 물리학이 동원되는데, 낙서 이론을 자세히 설명하기 위해서는 또 하나의 이론서가 필요하다(참고문헌: 《하도낙서의 과학적 탐구》 이승재).

낙서 이론을 간략히 살펴보면 기본적으로 마방진의 원칙을 사용한다. 마방진이란 세로와 가로에 각각 3칸씩으로 이루어진 9개의 사각형 칸에 숫자 1에서 9를 배열하는데, 이때 가로나 세로, 대각선 등 어느 방향이든 더한 숫자의 합이 15가 되는 것을 말한다.

낙서의 이론은 땅이 평평하다는 것을 바탕으로 태양의 영향력과 달의 인력이 지구에 균등하게 미친다는 것을 전제로 한다.

4	9	2
3	5	7
8	1	6

마방진

하도는 태양이 지나는 황도와 지구의 공전으로 나타나는 현상이므로 천도(天道)라 하고, 낙서는 지구의 자전으로 나타나는 현상이므로 지도(地道)라고 명명한다. 중국 송나라는 국가 차원에서 하도낙서(河圖洛書)를 연구하도록 장려했는데, 이를 도서학(圖書學)이라 불렀다. 오늘날 도서(圖書)라는 단어만 남아 책을 도서(圖書)라 하고 책이 보관된 곳을 도서관(圖書館)이라고 부르게 된 어원(語源)이 됐다. 우주의 운동법칙으로 정립된 음양오행 이론을 바탕으로 명리학이 탄생하고, 현실적 증명과 경험을 바탕으로 수천 년 동안 이어오고 있는 것이다.

3. 오행의 상생(相生)과 상극(相剋) 작용

명리는 천문학과 지구과학의 자연법칙의 탐구를 통해 이룩한 학문이다. 명리 이론을 무작정 따라 외우기 전에 먼저 음양과 오행론을 이해하고 나아가는 것이 앞으로의 여정에 든든한 발판이 될 것이다. 위에서 말했듯이 사주는 천간과 지지로 구성되어 있으며, 각각은 木火土金水 오행에 속해 있다. 오행은 서로 생(生)하거나 극(剋)하는데, 이를 상생(相生, 서로 북돋으며 조화를 이룸)과 상극(相剋, 서로 맞지 아니하여 조화를 못 이룸)이라 한다.

상생 : 木生火, 火生土, 土生金, 金生水, 水生木
상극 : 木克土, 土克水, 水克火, 火克金, 金克木

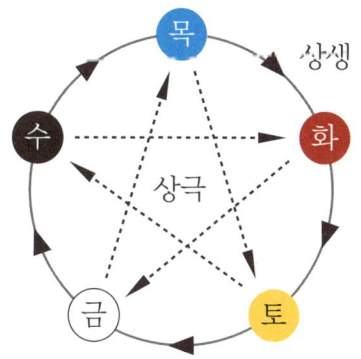

오행의 生克의 관계는 사주를 감명하는 근간이다.

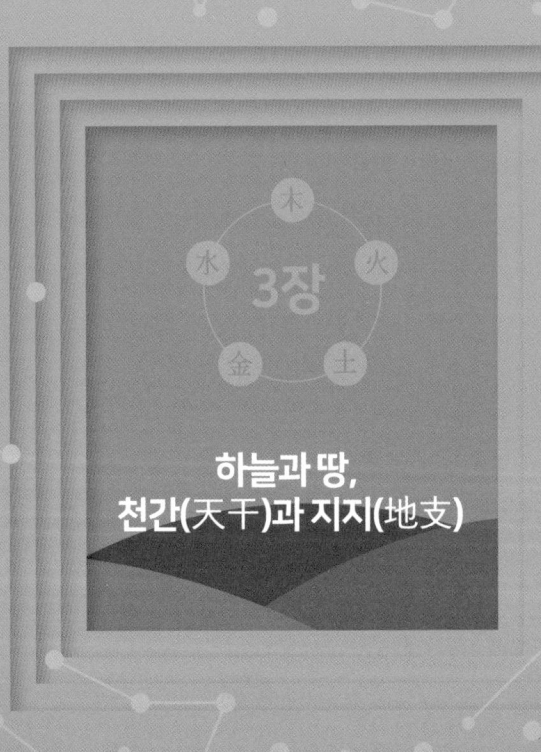

3장

하늘과 땅, 천간(天干)과 지지(地支)

사주는 우주물질을 이루는 오행의 상징과 변화를 바탕으로 10천간(天干)과 12지지(地支)로 구성된다. 천간을 줄여서 간(干)이라고 한다. 태양계를 포함한 우주의 기운을 담고 있으며 갑(甲), 을(乙), 병(丙), 정(丁), 무(戊), 기(己), 경(庚), 신(辛), 임(壬), 계(癸) 등 10글자로 표시한다.

지지(地支)는 지(支)라고도 한다. 땅이 품고 있는 기운이며 자(子), 축(丑), 인(寅), 묘(卯), 진(辰), 사(巳), 오(午), 미(未), 신(申), 유(酉), 술(戌), 해(亥) 등 12글자로 표시한다.

1. 천간과 지지의 음양 구분

地支		天干		五行
陰	陽	陰	陽	
卯	寅	乙	甲	木
巳	午	丁	丙	火
丑未	辰戌	己	戊	土
酉	申	辛	庚	金
亥	子	癸	壬	水

천간(天干)에서 甲乙은 木의 기운, 丙丁은 火의 기운, 戊己는 土의 기운, 庚辛은 金의 기운, 壬癸는 水의 기운이며 각각 陰과 陽으로 구분된다. 지지(地支)도 寅卯는 木, 巳午는 火, 辰戌丑未는 土, 申酉는 金, 亥子는 水의 기운이며 각각 陰과 陽으로 구분한다. 10가지 천간과 12가지 지지는 각각 음양과 오행으로 나뉘어지는데 다음 표와 같다.

五行	木	火	土	金	水
십간(十干)	甲乙	丙丁	戊己	庚辛	壬癸
십이지(十二支)	寅卯	巳午	辰戌丑未	申酉	亥子
수(數)	3, 8	2, 7	5, 10	4, 9	1, 6
사시(四時)	春	夏	間節期	秋	冬
방위(防衛)	東	南	中央	西	北
색(色)	請	赤	黃	白	黑
오장(五臟)	간	심장	비장	폐	신장
육부(六腑)	담	소장	위	대장	방광

※ 사주에서 건강을 감명할 때는 위와 같이 오장육부를 나타낸 오행과의 관계를 기본으로 한다. 뒷부분 질병론에서 상세히 다룬다.

2. 천간과 지지로 엮어 만든 60갑자

60갑자는 천간의 甲乙丙丁戊己庚辛壬癸 10가지와 지지의 子丑寅卯辰巳午未申酉戌亥 12가지가 서로 차례 순으로 하나씩 짝을 이루는데 그렇게 짝을 맞추면 자연스럽게 음은 음끼리 양은 양끼리 배합이 된다. 순서는 甲子, 乙丑, 丙寅, 丁卯, 戊辰, 己巳, 庚午, 辛未, 壬申, 癸酉 순으로 진행되며 천간의 마지막 순서인 癸가 끝나면 천간은 다시 甲부터 시작하고 지지는 다음 순서인 戌부터 짝을 이루기에 甲戌, 乙亥, 丙子, 丁丑, 戊寅, 己卯, 庚辰, 辛巳… 식으로 이어져서 마지막 癸亥까지 서로 중복되지 않는 60가지가 만들어진다.

육십갑자 표

甲子	乙丑	丙寅	丁卯	戊辰	己巳	庚午	辛未	壬申	癸酉

甲戌	乙亥	丙子	丁丑	戊寅	己卯	庚辰	辛巳	壬午	癸未
甲申	乙酉	丙戌	丁亥	戊子	己丑	庚寅	辛卯	壬辰	癸巳
甲午	乙未	丙申	丁酉	戊戌	己亥	庚子	辛丑	壬寅	癸卯
甲辰	乙巳	丙午	丁未	戊申	己酉	庚戌	辛亥	壬子	癸丑
甲寅	乙卯	丙辰	丁巳	戊午	己未	庚申	辛酉	壬戌	癸亥

　위에 제시한 표처럼 천간과 지지가 순서대로 배합되어 60가지의 배합이 끝나면, 다시 똑같은 방식으로 새로운 甲子가 시작된다. 60진법의 단위이기도 하거니와, 60갑자로 年을 표시하면 1회전에 60년이 걸리고, 月은 12개월, 日은 30일, 시간은 12시간이 1회전이 된다. 따라서 사주는 태어난 연도에 해당되는 60갑자 중 하나가, 월도 60갑자 중 하나, 일과 태어난 時도 마찬가지로 각각 60갑자 중 하나씩 정해져 자리를 잡는데 이를 표기하면 甲子년 乙丑월 丙寅일 丁卯시와 같이 된다. 위에 설명했듯이 연월일시가 배합되어 모두 514,400가지의 사주 명식이 만들어질 수 있다.

　甲子년생은 60년 뒤에 다시 甲子년을 맞게 되는데, 다시 돌아왔다 하여 돌아올 환(還)을 써 환갑(還甲)이라 부르기도 하고 돌아올 회(回)를 써 회갑(回甲)이라고도 부른다.

　오늘날은 식생활 개선에 힘입은 충분한 영양섭취와 더불어 생명과학의 발달로 인간의 수명이 백 세에 이를 정도로 길어진 장수 시대에 살고 있기에 환갑의 의미는 많이 퇴색하였지만, 과거에는 질병과 가난으로 인간의 평균수명이 고작 20~30년일 정도로 무척 짧았다. 그래서

한 갑자를 넘기도록 생존한다는 것은 인간에겐 커다란 축복이었기에 자손들에 의해 성대한 회갑연을 받았다.

3. 시간의 길이를 나누다

회사의 명운을 가를 큰 계약을 앞두고 초조하게 연락을 기다리던 김 사장은 입술이 버석버석 마르고 속은 새까맣게 타들어갔다. 기다리던 전화벨이 울리고 수화기에선 상대방의 말이 쏜살같이 이어졌다.
"해 질 녘에 종로 보신각 앞에서 만납시다."
"감사합니다. 그런데… 해 질 녘에 보자고요???"
이런 상황이라면 누구나 "무슨 이런 일이…"하며 황당하다 할 것이다. 스포츠나 과학 분야에선 1백 분의 1초까지 헤아리는 시대에 몇 시 몇 분도 아니고 '해 질 녘'이라고 하면 해가 어디쯤 걸쳐야 질 녘이 될지 정확히 분별한다는 것은 무의미하기 때문이다.
인간의 모든 활동은 시간을 중심으로 이뤄진다. 아침 출근시간부터 누군가와의 약속, 또는 해외여행을 가기 위한 비행기 탑승 시간 등 사회가 복잡해지고 고도화 될수록 시간은 촘촘한 그물처럼 우리의 삶을 에워싸고 통제한다. 그럼 우리의 삶을 지배하는 이 '시간'이란 개념은 어떻게 생겨났고, 어떤 기준으로 정했을까? 이 질문은 '때'를 다루는 명리학에서는 가장 중요한 포인트다.
우리가 세상에 태어나면서 부여받은 12가지 동물의 띠는 목성의 공전주기율을 따른 것이다. 목성은 태양계에서 가장 큰 행성으로 태양을 한바퀴 도는 데 지구의 시간으로 약 12년이 걸린다. 이 목성의 공전주기에 맞춰 특정한 동물로 상징되는 12神을 정했다. 자(子‥쥐), 축(丑‥

소), 인(寅·호랑이), 묘(卯·토끼), 진(辰·용), 사(巳·뱀), 오(午·말), 미(未·양), 신(申·원숭이), 유(酉·닭), 술(戌·개), 해(亥·돼지) 순이다.

지구 시간으로 1년은 지구가 태양을 중심으로 한바퀴 도는 데 걸리는 날수로 365일(막대 그림자로 알아본 그 시간)이다. 그리고 지구의 위성인 달이 지구를 한바퀴 도는 데 걸리는 시간은 30일이 걸렸다. 그래서 1년 365일을 30일로 나눈 몫이 12이므로 1년을 12개월로 정했다.

하루의 때도 나눌 필요가 있었다. 장닭이 울던 때, 쇠여물을 끓인 때, 해가 중천에 뜰 때, 새참을 먹던 때 등과 같은 애매모호한 자기만의 시간은 상대에겐 이해불가한 불특정한 시간이기 때문이다. 그래서 12지(支)로 하루의 시간을 나눴다. 자시(子時), 축시(丑時), 인시(寅時), 묘시(卯時), 진시(辰時), 사시(巳時), 오시(午時), 미시(未時), 신시(申時), 유시(酉時), 술시(戌時), 해시(亥時) 순이다.

1시간은 다시 육십갑자로 나누어 60분으로 나눴고, 1분을 다시 60등분하여 1초의 크기를 설정했다. 시간의 단위를 보면 12, 24, 30, 60진법이 고루 사용되는데, 이 모든 단위의 출처는 지구와 태양, 달, 목성 등의 움직임을 기준으로 삼은 것이다.

우린 목성을 세성(歲星)이라 부른다. 그렇게 부르는 까닭은 시간의 길이를 재는 기준 별이기 때문이다. 즉, 목성의 공전 시간으로부터 세분하여 시간의 길이가 규정된 것이다. 1초의 크기 또는 길이는 목성의 공전 시간으로부터 이어진 지구의 자전 시간을 세분한 것이다.

그리스 신화의 12신, 예수의 12제자, 원탁의 기사 12명, 동양의 12지신은 우연하게 만들어진 숫자가 아니다. 목성의 공전 주기와 12진법이 동서양에 상호 침투 교류되었음을 추측할 수 있다.

그런데 시간을 만들기 위해 태양계 행성 중 지구와 가까운 금성이나 화성이 아니라 왜 목성을 선택하였을까? 그 답은 천문학에 있다. 목성의 부피는 지구의 약 1,400배, 질량은 318배이며, 중력은 약 2.7배로 알려져 있다. 목성은 태양계에서 가장 큰 행성이며, 태양계의 모든 행성(수금지화토)을 다 합쳐도 목성 크기의 3/4에도 미치지 못한다고 한다.

또 천문학자들은 목성을 지구의 수호성(星)이라고 부른다. 이유는 목성의 중력 크기 때문이다. 6,600만 년 전 지구와의 충돌로 공룡을 비롯한 지구생물체를 멸종시켰던 운석처럼, 새로운 운석이 태양계 안으로 날아오는 것을 가정한다면, 그 운석이 지구와 충돌할 확률은 6만 5,000 : 1 인 데 비해, 목성이 있음으로 해서 운석이 지구와 충돌할 확률은 6,500만 : 1 확률로 뚝 떨어진다. 운석이 1년에 하나씩 태양계에 진입한다면 목성이 없을 경우, 지구의 생명체는 평균적으로 약 6만 5,000년 마다 멸종의 위기에 빠질 수 있다.

천문학자들은 우주에서 태양계로 날아오는 대부분의 운석을 목성이 끌어당겨준 덕분에 지구의 동식물이 긴 시간 동안 진화할 수 있었고, 인간과 같은 고등생물이 지구에 나타났다고 보고 있다. 이런 이유로 옛 동양의 천문학자들이 목성을 기준으로 시간을 규정하고 공전 궤도 30°마다 띠를 정하여 12개의 띠(12支神)를 배정한 것은 그 의미가 깊고도 깊다.

4. 태양의 길, 24절기

한 해의 시작은 입춘을 기준으로 하고, 각 월의 시작도 절기의 시작으로 정했다. 월은 음력으로 표기했지만, 절기는 태양의 고도를 기준으로 하였기에 양력으로 표기했다. 앞에서 살펴봤듯이 시간의 탄생과 함께 음양과 오행이 상호작용하여 자연의 모든 것은 일정한 원칙에 따라 생성, 성장, 결실, 소멸 그리고 다시 생성하는 과정을 반복하고 있는 것을 보여주고 있다. 우주에 속해 있는 모든 생명체는 모두 그 흐름 속에 있다.

계절과 24절기

계절	24절기					
봄	입춘	우수	경칩	춘분	청명	곡우
	1월		2월		3월	
여름	입하	소만	망종	하지	소서	대서
	4월		5월		6월	
가을	입추	처서	백로	추분	한로	상강
	7월		8월		9월	
겨울	입동	소설	대설	동지	소한	대한
	10월		11월		12월	

명리학에서는 한 해를 입춘부터 시작하여 소한에서 마감한다. 그러기에 1년의 시작은 설날(음력 1월 1일)이 아니라 입춘날로부터 1월이 시작되는 것이다. 따라서 음력 1월 5일에 태어났어도 그날이 양력으로 2월 4일을 넘지 않았다면 그 전년도로 연도를 정한다. 각 달의 시작도 위에 표시한 12절기가 각 달을 시작하는 날이 된다. 12지지로 전환하면 다음과 같다.

1월	2월	3월	4월	5월	6월	7월	8월	9월	10월	11월	12월
寅	卯	辰	巳	午	未	申	酉	戌	亥	子	丑
봄			여름			가을			겨울		

12지지는 다시 사계절로 나눠지는데, 지지의 진술축미(辰戌丑未) 土 기운은 각 계절의 사이에 위치해 각 계절의 환절기이므로, 12지지를 4계절로 나누면 봄은 인묘진(寅卯辰), 여름은 사오미(巳午未), 가을은 신유술(申酉戌), 겨울은 해자축(亥子丑)으로 나눈다. 이때 한 계절을 마무리하고 다음 계절로 넘어가는 끝에 위치한 것이 土 오행이다.

12지지를 다시 하루의 시간으로 나누면 다음과 같다. 子시(전일 오후 11시~ 당일 오전 1시) 丑시(오전 1시~오전 3시) 寅시(오전 3시~오전 5시) 卯시(오전 5시~오전 7시) 辰시(오전 7시~오전 9시) 巳시(오전 9시~오전 11시) 午시(오전 11시~오후 1시) 未시(오후 1시~오후 3시) 申시(오후3시~오후 5시) 酉시(오후 5시~오후 7시) 戌시(오후 7시~오후 9시) 亥시(오후 9시 ~오후 11시).

여기서 오전과 오후라 함은 午시(낮 12시)를 기준으로 이전이면 오전이고, 이후면 오후가 되며, 낮 12시를 정오(正午)라 하고, 밤 12시를 자정(子正)이라 하였다.

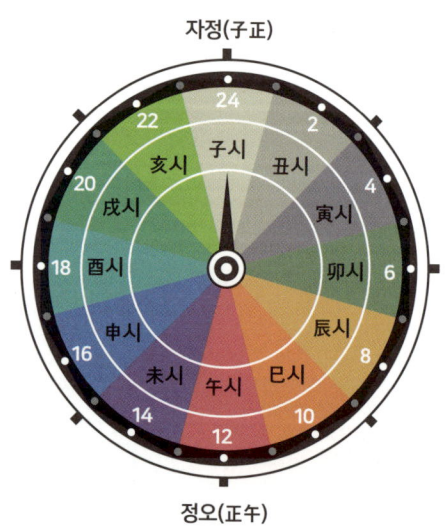

4장

사주의 두 축, 천간(天干)과 지지(地支)

1. 하늘의 기운, 천간(天干)

하늘의 기운은 음양이 다시 오행으로 나뉘어져 열 가지의 운기로 분류하여 천간(天干)이라 하며, 甲乙丙丁戊己庚辛壬癸라는 10개의 문자로 구분한다. 사주는 4개의 천간과 4개의 지지로 이루어진 여덟 자로 구성되는데, 사주 명식을 구하는 방법은 '사주를 정하는 법'에서 소개하겠지만, 우선 디지털기술을 이용해서 자신의 사주 형식을 뽑아볼 수 있다. 스마트폰에 만세력 앱을 다운 받아 자신이 태어난 연, 월, 일, 시를 기입하면 아래와 같이 명식이 나타난다.

乾命

⇧ 위 명식은 2018년 12월 6일 오후 2시에 태어난 남자 아이의 사주다. 오른쪽으로부터 왼쪽으로 戊戌년 癸亥월 壬申일 丁未시를 나타낸다. 여기서 주인공의 품성을 대표적으로 드러내는 것은 굵은 고딕체로 표시된 壬이라는 글자다. 즉 자신이 태어난 날이며 사주의 기준점이 되기에 일간(日干)이라고 한다. 壬이라는 글자는 나만의 성품과 특성을 담고 있다. 물론 연간과 월간, 시간의 글자들도 각자의 역할로 주인공의 특성을 나타내지만, 사주의 기준점이 되는 일간이 이 사람의 대표되는 성품인 것이다. 따라서 태어난 날의 천간을 기준하여 그 사람의 특성과 성품을 간명할 수 있다.

가. 甲木 일간

甲은 오행상 木에 속하고 음양(陰陽) 가운데 양(陽)이다. 木은 중력을 거스르고 자라는 반듯한 나무를 상징하고 위로 치솟는 의지는 권위를 거스르는 기상이다. 甲이란 문자는 갑옷을 뚫고 나오는 형상이라 초목이 굳은 땅을 뚫고 나오는 것을 형상하며, 보호돼야 할 연약한 새싹의 모습이다. 이런 까닭으로 甲목의 성품은 생명을 중시하는 인자함을 지니고 있고, 약자에 대한 측은지심이 있어, 약자를 외면하지 못하고 그를 위해 희생하기를 주저하지 않는다. 또한 일간이 甲목인 사람은 뛰어난 기획력이 있으며, 천간의 시작을 의미하는 甲목이기에 강한 리더십을 발휘하며 동시에 인자한 덕장(德將)의 성품을 지닌다.

甲목이 일간인 사람은 사람을 쉽게 신뢰하고 인정하는 성향이 있으며, 모든 사안에 논리적이며 억지를 부리지 않는다. 다만 주변 상황을 정리하려고 판관 역할을 자처하거나, 나서지 않아도 될 일에 나서다가 주변의 핀잔과 질시를 받기도 한다. 또한 그의 명석함이 때로는 비현실적이고 이상적인 것에 치우쳐서 원칙론에 빠지기 쉬우며, 현실적인 것보다 명분에 집착한다. 자존심이 강하여 마음의 상처를 받으면 심히 의기소침해지고 의욕을 상실하기에 甲목을 가진 사람은 보다 현실적인 것을 취하고 명분보다 실리를 중시해야 한다.

甲목 일간을 가진 여성은 집안의 가장으로서 역할을 하며, 공적인 조직에서도 리더로서 역할을 해낸다. 甲목이 丙화를 만나면 인생의 목표가 분명해지고, 목표하는 일에 열정이 넘치며, 명랑 쾌활하여 사람들의 인기를 독차지한다. 木이 火를 보는 것은 식물이 꽃을 피우는 것과 같으니 밝은 성품을 갖는다. 甲목은 인의예지신(仁義禮知信) 五德 중 仁의 덕목을 가진다. 또한 甲목은 방향으로는 동쪽이며, 색은 청색, 맛은 신맛, 계절은 봄이고, 숫자는 3이며, 신체로는 머리, 담낭, 수족, 얼굴 등을 의미한다.

 乾命

⇧ 위 사주는 모 언론사 전 노조위원장의 사주 명식이다. 甲목 일간의 특성인 측은지심에서 발동하는 따뜻한 마음과 항상 앞장서는 행동이 그를 노조위원장으로 이끌었다. 그가 보여준 삶의 모습을 보면 인자함과 더불어 명분 있는 삶을 추구하고, 리더의 역할을 한다. 그의 진실됨은 타의 모범이 되기도 하지만, 때로는 옳다고 생각하는 원칙에 여타를 꿰 맞추려는 비현실성과 이상주의적 성향 또한 그가 가진 품성이다. 그의 적극적인 실천력은 甲목이 生하는 丙화에서 나오며, 甲목의 특징과 丙화의 실천력이 있어야 목표가 뚜렷한 인물이 된다.

나. 乙木 일간

 乙은 甲목과 더불어 오행상 木에 속하며 乙목은 음목(陰木)이다. 甲목이 위로 치솟아 자라는 나무라면, 乙목은 옆으로 뻗어나가는 넝쿨식물에 비유하거나 싹이 자라는 모습으로 형상하는데, 새싹에서 충분히 자란 튼실한 나뭇잎의 모습이다. 甲목의 성정이 건성건성하다면 乙목은 세밀하며 아름다움과 원만함 그리고 부드러운 성품의 소유자다. 상황판단이 빠르고, 강인한 생명력과 적응력이 좋으며, 활달하고 적극적이며, 돌발상황에서 임기응변과

상황 대처능력이 남다르다.

乙목은 넝쿨로 뻗어가는 식물로 간주하기에 자기를 낮추는 겸손함과 끈질긴 인내심을 갖고 있지만, 또한 고집이 세고 자존심이 강하다.

木의 성향을 가진 乙목은 어질고 인자하며 이해심이 많고 친절하고 정이 많지만, 주변환경의 영향을 많이 받는다. 주변에 甲목과 같은 버팀목이 있으면 타고 올라가 큰 뜻을 펼칠 수 있으나, 환경이 열악하면 성장을 멈추고 인동초 같은 삶을 사는데, 그 스트레스 때문에 우울증 등을 앓을 수 있다. 그것은 발산하려는 木의 기운이 억눌린 탓이다.

乙목은 甲목과 다르게 자기 것을 챙기는 현실적인 측면도 있으며, 타인을 무시하는 경향으로 갈등이 있을 수 있고, 의외로 급한 성격이 있어서 주변인과 불화를 일으키기도 한다.

乙목이 甲목을 보면 남매지합(男妹之合)이라 하여 대단히 좋아하며 甲목의 큰 키를 이용하여 목적을 이룬다. 乙목이 丙화를 보면 아름다운 꽃을 피우는 것이니 성품이 밝고 너그럽다. 그 모습이 화려하고 아름다우니 젊어서는 즐겁고 활기찬 삶을 살지만 자칫 방탕해져서 남녀를 불문하고 가사를 탕진하고 이성관계가 복잡해질 수 있다. 乙목은 반드시 노후 대비를 잘 해야 한다. 乙목은 甲목과 더불어 五德 중 仁의 덕목을 가지며, 방향은 동쪽, 계절은 봄, 색은 청색, 맛은 신맛, 숫자는 8을 의미하며, 신체의 간, 신경, 목, 수족, 근육을 나타낸다.

 坤命

⇧ 乙木 일간을 가진 여성의 명이다. 이혼을 하고 혼자서 자식 둘을 키워내면서 강인하게 살아가고 있다. 乙목도 甲목과 같은 木이지만 이 사주는 앞서 예를 든 사주처럼 밝은 모습이 아니다. 환경 탓도 있지만 스스로 우울함을 떨쳐내지 못하는 사주 짜임새가 아쉽다. 사주에 火가 있었다면 성격이 더 밝았을 것이고, 남자들의 유혹도 덜 했을 것이다. 그 모습이 아름다우나 음침하여 경제적인 문제와 남자 문제가 실타래처럼 얽혀 있는 여인의 사주다.

다. 丙火 일간

丙은 오행 중 火에 속하고 음양 중 양화(陽火)이다. 丙화는 타오르는 불이고 태양과 같은 밝은 빛이다. 丙화를 군왕지화(君王之火)라고 하는데, 태양을 상징하며, 천간에서 양(陽) 중의 양이다. 丙화는 명랑 쾌활하고 매사에 적극적이고 직설적인 표현으로 거침없는 언사를 구사한다. 불처럼 타오르는 성품 탓에 시원시원하고 뒤끝이 없으며, 솔직담백하고 공명정대하며 원칙을 중시한다. 상대방을 몰아붙여 마음을 상하게 하는 경우가 많지만 정작 본인은 잊어버린다. 그럼에도 오히려 예의를 중시하는 丙화는 상대방의 예의 없음에 격노한다.

외모를 화려하게 꾸미고 치장하길 좋아한다. 그러나 화려함을 갖출 수 없는 처지일 경우는 누구보다 남루하다.

丙화의 특성으로 명석한 두뇌를 빼놓을 수 없다. 판단이 전광석화처럼 빠르고 학문에도 소질이 있으며 감성이 풍부하다. 또한 화술에 능해서 남녀 모두 타인들에게 인기가 많으며 이상은 높고 꿈이 크며 진취적이다. 그러나 빨리 싫증내는 탓에 일의 완성도가 떨어지고 자기를 내세우고자 하는 잘난 체와 다급한 성격으로 손해를 보기도 한다.

丙화 일주는 좋은 두뇌를 가졌으나 인내심이 부족하여 긴 연구보다는 결론을 쉽게 얻는 일을 좋아한다. 또한 일방적인 성격 탓에 정치인과 예술인, 종교인의 사주에 많이 나타난다. 丙화 일간은 또 다른 丙화를 보는 것을 아주 싫어하는데, 하늘에 두 개의 태양이 있고, 나라에 두 명의 왕이 존재하는 것과 같기 때문이다. 이런 경우의 丙화는 신경이 예민해지고 불면증에 시달린다. 丙화는 甲목을 보는 것을 좋아하는데 태양의 빛으로 생명을 자라게 하는 자기 목적에 부합하기 때문이다. 甲목을 보면 丙화의 좋은 성품이 더욱 빛을 발한다. 丙화 일간의 여성은 외모가 아름답고 수려하며, 사리가 밝아 공명정대하며, 남성 못지 않은 기백이 있다. 丙화는 五德 중 禮의 덕목을 가진다. 丙화는 방향은 남쪽이며, 계절은 여름, 색은 적색, 맛은 쓴맛, 숫자는 7, 신체적으로는 소장, 눈, 어깨를 나타낸다.

비견	일간	정관	정재
丙	丙	癸	辛
申	午	巳	丑
편재	겁재	비견	상관

乾命

⇧ 이 명식은 광고 대행사 고위 간부의 사주다. 반짝반짝 빛나는 아이디어와 총명함, 그리고 쾌활하고 명랑한 성품을 지녔다. 회의를 할 때나 일상에서도 거침없는 언변으로 좌중을 리드하고 압도한다. 丙화의 기품이 당당하게 드러나는 전형적인 인물이나, 그의 높은 자존심과 급한 성격은 답답한 조직에서 견디지 못하고 괴로워하고 있다. 그 이유는 사주에 두 개의 丙화가 상존하여 주변의 친구나 동료가 경쟁자로 인식되므로 마음이 언제나 편치 못하기 때문이다.

라. 丁火 일간

丁은 오행 중 火이고, 음양 중 음화(陰火)에 속한다. 丁화는 하늘에서는 별이고 달이며, 땅에서는 등불, 모닥불, 난로불, 달빛에 비유한다. 성질이 온순하고 부드러우며 외모가 수려하고 따뜻한 마음을 지닌 자다. 아무리 화가 나는 일이 있어도 상대방을 맹렬하게 몰아붙이지 않는다. 상냥하고 겸양한 성격으로 주위 사람들과 조화롭게 지내려고 노력한다. 대체로 체구가 작고 아담하며 미남미녀가 많다. 밝고 명랑하며 사교적이고 활달할 뿐만 아니라 외유내강(外柔內强)하며, 예의가 바르고 인정이 넘치는 사람이다.

　丁화의 장점을 나열하자면 끝이 없을 정도이다. 더불어 단점 또한 크다. 감정 변화가 예민하여 변덕이 죽 끓듯 심하고, 분수에 넘치는 사치와 허영심이 그 단점이다. 또한 소심하고 소극적인 성격은 조직에서 책임지고 나서야 할 위치에서도 나서지 않고 물러서기에 후배나 부하직원들로부터 불만을 살 수 있는데, 그것은 보수적인 원칙을 고수하려는 의지가 나타나기 때문이다.

　丁화 또한 화(火)에 속하는 기운이고 보니, 급한 성격을 억누르거나 감추지 못하는 경우가 많아 때로는 불같은 성질을 드러낸다. 丁화가 庚금을 보면 매우 좋아하는데, 물상적으로 丁화의 열기로 庚금을 녹여서 도구를 만들려고 한다. 庚금이 있는 丁화 일간은 생각이 많고, 자기가 할 일을 스스로 찾아 부지런히 움직인다. 丁화가 金을 보는 것은 자수성가하는 유형이다. 丁화는 丙화와 더불어 五德 중 禮의 덕목을 가진다. 丁화의 방향은 남쪽, 계절은 여름, 색깔은 적색, 맛은 쓴맛, 숫자는 2, 신체로는 눈과 심장을 표현한다.

　火의 기운을 열(熱)과 빛(光)으로 나누어 구분하는데, 丁화가 열기라면 병화는 빛에 가까운 기운이다. 따라서 丁화는 金을 녹여 도구를 만들고 丙화는 木을 성장시키는 역할을 한다.

坤命

⇧ 이 명식은 여성 주부의 사주다. 밝은 표정과 환한 미소는 그녀의 트레이드 마크(Trade mark)다. 자상하고 부드러운 마음씨는 주변인들에게 감동을 주고, 따뜻한 리더십은 모두가 그녀를 존경하며 따르게 한다. 전통적 대가족의 맏며느리인 그녀는 남녀노소를 불문하고 모두의 리더로서 집안을 이끌고 있다.

마. 戊土 일간

戊는 오행 중 土에 속하고 음양 중 양토(陽土)다. 戊토는 하늘의 안개이고, 땅에서는 드넓은 대륙 또는 사막이며, 웅장한 큰 산에 비유된다. 戊토의 성품은 중후하다. 인정이 많고 점잖으며, 성실하며 신뢰가 있고 정중하며 친절하다. 戊토는 넓은 대지와 같아서 사람들을 구분하지 않고 포용하며 후덕함으로 리더십을 발휘한다. 그가 장수라면 용장(勇將)이나 지장(智將)보다는 덕장(德將) 같은 든든함이 있다. 친구들 사이에서도 진중함으로 중심이 되고 어느 누구도 그에게 화를 내지 못한다.

스케일이 크고 과묵하며 약속을 중시하고 책임감이 있다. 또한 자기주장보다는 타인의 주장을 잘 수용하고 분쟁이 일었을 때 중재자 역할을 잘한다. 표현과 표정이 없어 속마음을 알 수 없으며, 이런 성품은 줏

대가 없는 것처럼 보이며, 자기 의견을 당당하게 표현하지 않아 업신여김을 당하기도 한다. 土의 기운은 만물을 수용하는 성품을 갖고 있기에 오히려 본인은 많은 고민과 스트레스를 안고 살아갈 수 있다. 따라서 때로는 과감한 자기 주장과 의견을 분명히 하는 습관을 갖는 것이 좋다. 융통성 없음, 고지식함, 비밀스러움 그리고 무뚝뚝함은 戊토의 특징이다. 戊토의 이러한 단점은 사주에 庚금이 있으면 단숨에 해소되는데, 土가 金을 생함으로써 비로소 자기 목표가 생긴 것을 의미한다. 戊토는 五德 중 信의 덕목을 가진다. 戊토의 방향은 중앙, 계절은 사계절 모두를 품고 있으며, 색깔은 황색, 맛은 단맛, 숫자는 5를 상징하며 신체로는 위장과 복부다.

정재	일간	비견	식신
癸	戊	戊	庚
亥	申	子	午
편재	식신	정재	정인

坤命

⇧ 사회 초년생인 그녀는 성품이 느긋하고 후덕하다. 이제 30세를 갓 넘었음에도 중후함이 엿보인다. 사람들의 험담이나 뒷담화에 크게 신경쓰지 않으니, 뒤에서 쑥덕거리던 사람들이 지쳐서 나가 떨어진다. 그녀의 무감각과 과묵함은 어떤 웅변보다 강하다. 동양 사람들이 전통적으로 바라는 후덕한 리더의 상이다.

바. 己土 일간

己는 오행 중 土에 속하며, 음양 중 陰土다. 己토는 하늘에서는 구름이요, 땅에서는 구획정리된 비옥한 농토이고 관리가 잘 된 화단에 비유한다. 습기를 머금은 己토는 식물이 자라는 전원(田源)이다. 따라서 그의 성품은 안정적이고 포용력이 있으며, 戊토와 다르게 유려한 언변으로 자신의 의견을 피력하고 상대방을 설득하는 능력이 있다. 성격은 치밀하고 자기 원칙을 끝까지 지키는 강단이 있으며 큰 사업체를 운영하는 사람이 많다. 신용을 중시하고 타고난 사교성을 발휘해 주변에 적을 만들지 않으며, 희생과 봉사정신이 투철하다. 겸손함과 포용력, 안정과 평화, 배려심은 己토의 특징이다. 그러나 질투심, 이중성, 좁은 시야, 개성 없는 것도 특징이며 임기응변이나 순간 대처능력이 떨어지고, 지나친 신중함이 오히려 일을 그르치는 경우가 많다. 돌다리도 두드리고 건너는 소심한 성품 때문에 정신적 스트레스에 노출되어 종교에 빠지기도 한다.

己토는 甲목을 만나면 좋아한다. 이는 己토의 비옥한 문전옥답에 생명을 키우는 목적을 이루기 때문이다. 甲목이 사주에 있으면 조직생활을 잘하며 승승장구한다. 己토은 五德 중 信의 덕목을 가진다. 방향은 동서남북의 중앙이며, 계절은 춘하추동을 품은 사계절, 색깔은 황색, 맛은 단맛, 숫자는 10를 상징하며 신체로는 비장, 입, 맹장, 췌장이다.

乾命

↑ 최규하 대통령은 1980년 전두환과 군부가 총칼로 민주화 세력을 잔인하게 탄압하며 등장하던 시기에 임시 대통령직을 수행했던 사람이다. 종왕격이란 귀격으로 박정희 독재정권에서 승승장구하다가 역

사적 전환점에서는 근토의 단점이 두드러지게 나타나면서 일신의 안위만을 지켰던 부끄러운 대통령이었다. 그렇다고 모든 근토 일간이 최규하 대통령 같지는 않을 것이다.

사. 庚金 일간

庚금은 오행 중 金에 속하며, 음양 중 양금(陽金)이다. 하늘에서는 달이고 땅에서는 금강동철(金鋼銅鐵)이며 가공되지 않은 쇳덩이다. 쇳덩이는 차가운 기운이다. 그 본질은 강하고 차가우며 단호함과 절제력이 있다. 또한 논리적 사고에 능하고, 이해력이 빠르며 결심을 하면 끝을 봐야 하기에 결심의 유무에 따라 일의 성과가 크게 다르게 나타난다. 그러나 그 결과가 좋지 못하면 심한 스트레스로 정신적 병증에 빠지기 쉬우니 유연함을 갖추도록 노력해야 한다. 庚금은 의리와 의협심이 남다르고 순수하고 천진난만한 면이 있다. 성품은 강직하고 원칙을 중시하며, 겉은 냉정하나 속은 따뜻한 정을 품고 있다. 또한 논리적으로 따지기 좋아하고 자기 주장이 강하여 통하지 않으면 매사에 불만을 표출하며, 윗사람이 되면 잔소리꾼 상사가 되기 싶다. 보통은 무관(군인, 경찰, 검찰)의 직업이 알맞다.

庚금은 丁화를 만나면 좋아한다. 쇳덩이에 불과한 庚금을 뜨거운 丁화가 유용한 금속으로 가공해주기 때문이다. 이로써 庚금은 세상에 쓰임새를 갖게 되고 각 분야에서 능력을 발휘한다. 庚금 일간에 丁화가 있으면 검사, 판사, 고위 경찰 등으로 나아가 출세가도를 밟는다. 庚금은 五德 중 義의 덕목을 가진다. 방향은 서쪽이며, 계절은 가을, 색은 백색, 맛은 매운맛, 숫자는 9, 신체로는 뼈, 대장, 척추를 상징한다.

※ 義라는 글자는 羊+我로 만들어진 합성어다. 이는 양을 공동으로 기르던

시절에 양의 마릿수나 고기를 나눌 때, 나(我)에게 羊이 배분되는 양을 타당하게 따지는 의미를 담고 있다. 따라서 義(의)를 내세우는 순간부터 정당성이 발동되어 의(義)와 의(義)끼리 충돌이 불가피 할 수 있다.

坤命

⇧ 남녀를 불문하고 단호함과 절제력이 있다. 얼마 전 상담을 해준 위 명식의 여성도 끊고 맺음이 분명하며, 맡은 바 일을 대충대충 얼버무리는 경우가 없다. 논리적 사고와 자기 주장이 분명한 여성이었으며, 이미 법과 관련된 고시를 준비 중이었다. 사주 짜임새도 좋아 21세기 리더의 상이다.

아. 辛金 일간

辛금은 오행 중 金에 속하며, 음양 중 음금(陰金)이다. 辛금은 서리(霜)와 같고 온유청윤(溫柔淸潤)하여 주옥(珠玉), 보석, 구슬 또는 잘 가공된 도구나 날카로운 칼에 비유한다. 따라서 辛금 일간은 외모가 청아하며 미남미녀가 많다는 것이 특징 중 하나다. 기억력이 좋고 생각이 민첩하며, 샤프한 결단력이 있다. 높은 이상의 소유자이며, 언변이 뛰어나고 지혜롭고 현명하다. 庚금과 더불어 의리와 의협심이 있고, 자기 감정을 드러내지 않으며 강한 자존심의 소유자. 용모가 준수하고 패션감각도 뛰어나며, 노력한 일이 그르쳐도 庚금처럼 크게 실망하지 않는다. 따라서 정서적으로 안정적이다. 辛금의 리더십은 분명한 결단력과 명쾌함에서 나온다. 그러나 자신의 깔끔한 성격 탓에 주변을 괴롭히고, 냉소적이며 타인을 심하게 몰아붙이거나 경쟁자가 잘되는 것을 극히 싫어하는 것 등은 단점이다.

辛금은 丙화를 좋아하는데, 辛금의 보석 같은 모습을 빛나게 해주기 때문이다. 사주에 丙화가 있으면 크게 출세를 하고, 자기 영역에서 분명한 성공을 거둔다. 그러나 辛금은 丁화를 싫어하는데, 그 이유는 이미 가공되어 잘 다듬어진 보석이기 때문에 다시 뜨거운 불이 다가오는 것이 싫기 때문이다. 사주에 丁화가 있으면 신경과민, 짜증, 예민한 성격이 나타난다. 辛금은 五德 중 義의 덕목을 가진다. 방향은 서쪽이며, 계절은 가을, 색깔은 백색, 맛은 매운맛, 숫자는 4, 신체로는 기관지, 폐장, 뼈골을 상징한다.

乾命

⇧ 젊은 시절 기자를 지낸 남성의 사주다. 용모가 준수하고 미남형이다. 그러나 그의 말투는 예리하고 글 또한 예리한 칼날과 같았다. 수려한 외모에 차가움을 담고 있는 그에게 사람들이 살갑게 다가서는 것은 쉽지 않았다. 정계에 입문해서도 정당의 대변인으로 활동을 했는데, 논리적인 답변과 품위 있는 외모는 돋보였으나 사람들의 인심은 얻지 못한 인사다.

자. 壬水 일간

壬은 오행 중 水에 속하며, 음양 중 양수(陽水)다. 하늘에서는 구름이

요, 땅에서는 도도하게 흐르는 강물이며 호수의 물이다. 강건함이 있으나 물처럼 순응하고 바다처럼 대범하다. 木, 火가 중력을 거스르고 솟구치는 성향이 있다면, 水는 아래로 아래로 향하는 겸손함이 있다. 壬수 일간은 두뇌가 좋아 지식을 탐구하는 것을 좋아하며, 감성이 풍부하고 예술적 감각이 뛰어나다. 생명을 잉태하고 있는 壬수는 창조적이고 매사에 적극적이며, 모험심이 강하다. 위기에 처했을 때 오히려 침착하고 차분하게 위기를 극복하는 능력이 있다. 남녀를 불문하고 정력이 뛰어나 활동적이고 성적(性的)인 측면은 오행 중 으뜸이다. 그러나 신중하여 남의 말을 믿지 않으며, 간섭을 싫어해서 독자적 행동 방향으로 나아간다. 壬수 일간은 협동과 분업이 필요한 조직생활에 적응하려면 특별한 노력이 필요하다. 성격이 차고 냉정하며, 속을 알 수 없는 비밀도 많으며, 음흉하고 음란하기도 하다. 사색적이고 비현실적이며 감정조절이 안 되는 경우도 왕왕 있다.

壬수가 丁화를 만나면 호수에 뜬 달이다. 감성적이고 감수성이 예민하여 예술적 기질이 더욱 빛을 발한다. 壬이 壬을 만나면 홍수이고, 큰 바다이다. 댐이 무너지고 제방이 무너지니 안정적인 생활이 어렵다. 壬수는 五德 중 知의 덕목을 가진다. 방향은 북쪽이고, 계절은 겨울, 맛은 짠맛, 색은 흑색이며, 숫자는 1, 신체로는 방광, 생식기를 상징한다.

乾命

⇧ 이름깨나 알려진 대학교수의 명이다. 국내에 수많은 교수들이 있

지만 끊임없이 학문을 연구하고 노력하는 교수들은 그리 흔치 않다. 위 명식의 주인은 연간 3,000여 페이지가 넘는 학술서를 펴내고 있다. 하루 평균 10시간 이상 연구를 한다고 하니 놀라지 않을 수 없다. 연구를 하지 않는 날엔 음주가무를 즐기는 감성적인 면이 있으며, 소싯적에는 그림으로 전국 대회를 휩쓸 만큼 예술적 감각도 뛰어난 정치학자다. 壬수 일간의 전형적인 사례라고 할 수 있다.

차. 癸水 일간

癸는 오행 중 水에 속하고, 음양 중 음수(陰水)다. 하늘에 있어서는 안개, 땅에서는 원천(源川), 시냇물, 샘, 이슬비에 비유한다. 癸수는 陰 중의 陰이다. 여성이 癸수 일간이면 용모가 아름답다. 癸수는 지혜롭다. 눈치가 빠르고 지모(知謀)가 출중하며 자기 표현능력이 뛰어나다. 사교적이고 부드럽다. 이해관계를 잘 분별하여 사람들 간의 분쟁을 조절하고 다툼의 여지를 남기지 않는 명석함이 있다. 그러나 실질적인 것보다 명성과 유명세를 좋아하고 통이 작다.

이처럼 섬세하고 까다로운 성격은 스스로 우울증이나 부부간에는 의처·의부증 등이 염려되기도 한다. 결심을 해야 하는 상황에서 결정력 장애가 생기는 소심함은 큰 단점이다. 따라서 癸수인 사람은 당당함과 배짱을 드러내는 훈련을 하면 큰 도움이 된다.

癸수가 乙목을 만나면 좋아하는데, 乙목을 키우려는 목적을 달성하기 위해서 더욱 밝고 활동적으로 변한다. 사주에 乙목이 있으면 마음씨가 곱고 인물도 아름다우며, 학문에 뛰어나고 인기도 좋다. 계수(癸水)는 五德 중 知의 덕목을 가진다. 방향은 북쪽이고, 계절은 겨울, 색깔은 흑색이며, 맛은 짠맛, 숫자는 6, 신체적으로는 신장과 생식기를 나타낸다.

 乾命

⇧ 대기업의 대표를 지낸 남성의 사주다. 영리하고 눈치가 빠르며, 조심성 많은 그의 천성은 큰 조직에서 반드시 필요한 존재다. 사교성과 부드러운 성품은 주변 사람들과 항상 우호적이어서 다툼의 여지를 만들지 않으니 주변의 도움을 받기에 충분하다. 단, 주변에 대한 지나친 배려와 섬세한 성격 탓에 우울증 등으로 고생할 수 있다.

 지금까지 살펴봤듯이 사주 여덟 글자 중 하나의 글자 속에도 많은 정보가 들어 있다. 글에 담지 못한 의미들까지 포함하면 더 많은 정보가 숨겨져 있을 것이다. 상론했듯이 사주의 글자는 말과 글로 다 할 수 없는 것을 형상으로 나타낸 것이다. 각각의 글자가 담고 있는 의미 속에는 그 사람의 장점과 단점을 동시에 담고 있기에 장점은 더욱 발휘하여 발전을 도모하고, 단점은 보완하여 중용(中庸)의 자세를 유지한다면 크게 패(敗)히지 않을 것이디.

카. 천간의 합충(天干의 合沖)

 천간 甲乙丙丁戊己庚辛壬癸는 각각 음양과 오행의 기운을 갖고 있다. 따라서 성질이 다른 오행끼리의 충돌하거나 극(剋)을 하기도 하고, 한편으로는 서로 다른 오행이 합(合)을 이루기도 한다. 이를 천간충(天干沖)과 천간합(天干合) 또는 간합(干合)이라고 한다. 합하는 두 기운은 새로운 오행으로 변화(變化)하며, 천간의 합은 반드시 6번째의 오행과 합을 하는데, 甲부터 헤아려 6번째인 己와 합을 하고 나머지 천간도 6번째와 합을 한다. 천간합은 부부지합 또는 유정지합이라 하여 남녀가 짝을 이루었다는 것을 의미한다. 陰과 陽이 만나고 오행상 相剋관계로 합이 이뤄지는 것은, 남자의 기준으로 정재(아내)와 합(合)을 하는 것이며, 여자의 기준으로는 정관(남편)과 합(合)을 하는 것이다.

> 甲己는 합화(合化) 土가 되고 이를 중정지합(中正之合)
> 乙庚은 합화(合化) 金이 되고 이를 인의지합(仁義之合).
> 丙辛은 합화(合化) 水가 되고 이를 위엄지합(威嚴之合)
> 丁壬은 합화(合化) 木이 되고 이를 인수지합(仁壽之合)
> 戊癸는 합화(合化) 火가 되고 이를 무정지합(無情之合)이라고 한다.

천간의 오행들은 甲乙丙丁戊己庚辛壬癸 순서로 7번째는 충(沖)을 한다. 충은 오행이 상극되고 음양이 같은 오행의 충이고, 합은 음양이 다르고 상극된 오행끼리 일어나는 변화다. 극과 충의 의미는 비슷하지만, 충이 더 큰 충격으로 깨지고 파괴되는 것이다. 천간에서 7번째는 각각 甲庚, 乙辛, 丙壬, 丁癸가 충(沖)을 한다. 서로 반대되는 성질의 오행은 모두 극이다. 합과 충을 제외하면 甲과 辛, 甲과 戊, 丙과 癸, 戊와 壬, 己과 癸 등이 극이다. 戊壬 외에는 음과 양의 극이어서 충보다 작용이 강하지 않다.

2. 땅의 기운, 지지(地支)

지지(地支)는 자축인묘진사오미신유술해(子丑寅卯辰巳午未申酉戌亥) 12개의 지지로 되어 있으며, 12지지라고 부른다. 12지지는 하늘의 기

(氣)를 받아 간직하고 있는 창고와 같다. 따라서 子丑寅卯辰巳午未申酉戌亥 12지지 속에는 천간의 오행을 각각 감추고 있는데, 그것을 지장간(地藏干)이라고 한다. 예를 들어 지지의 첫 글자인 자(子)의 지장간은 천간의 壬수와 癸수가 숨겨져 있으며, 각각의 다른 지지에도 각각의 천간이 숨겨져 있다. 그것은 지구의 생성이 우주의 물질로 만들어졌음을 의미하고 있거니와 땅의 기운은 곧 하늘의 기운임을 말하는 것이다.

사주의 천간이 그 사람이 타고난 천성(天性)들을 밖으로 드러내는 것이라면, 지지는 드러나는 천성의 뿌리가 되는 것이다. 천간 오행의 뿌리가 지지에서 튼튼하면 그 천성도 강하게 나타나며, 지지에서 뿌리가 약하면 천간 오행의 특징도 약하게 나타날 수밖에 없다. 또한 지지 오행이 아무리 강해도 천간에 드러나지 않으면 그 특성은 내재된 기운일 뿐이다. 《자평진전》에서는 천간 오행은 동(動)하고, 뿌리인 지지 오행은 정(靜)하다고 했다. 동(動)하다는 것은 그 기운이 움직이고 표출되며 드러나는 것이니 그 사람의 외형이며, 정(靜)하다는 것은 그 기운이 움직임이 없고 표출되지 않으니 그 내면의 세계를 표하는 것이다.

子水 子는 12지지를 시작하는 첫 글자이고 음(陰)의 기운이 극(極)에 이르러 비로소 하나의 양(陽)이 생기는 시기이다. 앞서 태극의 설명에서 태양에 비친 막대의 그림자가 가장 길게 나타나는 그 시기이며, 일년 중 밤 시간이 가장 길고, 낮 시간이 가장 짧은 때이다. 음력 11월이고 절기로는 동지이며 오행 중 水에 해당한다. 방향은 正北쪽, 12지신 가운데 쥐를 상징하고, 시간은 밤 23시~01시다. 숫자로는 6, 맛은 짠맛, 색깔은 흑색이며, 신체적으로는 신장, 요도, 생식기, 항문을 표시한다.

子의 글자 형태는 了(마칠 료)와 一(한 일)로 이루어져 있는데, 24절기를 마무리하는 시기이며, 음기(陰氣)가 극에 이르러 비로소 하나의 양기(陽氣)가 생기는 의미를 갖고 있다. 子는 증류수 같은 순수한 물이다. 물이 증발하면 구름이 되고, 뭉치면 비가 되어 내리는데, 땅에 떨어지기 직전의 물이 子수이고, 땅에 떨어지면 亥수가 된다. 亥수는 흙과 합쳐져서 많은 영양분을 담고 있는 물이 되어 생명을 잉태하고 창조하는 근원이 된다. 즉, 子수가 증류수라면 亥수는 땅에 떨어진 빗물이다. 子는 亥丑과 함께 계절적으로 수왕지절(水旺之節)인 겨울을 나타낸다.

사주의 어느 위치든 子수가 있으면 인정이 있고, 모성애, 부성애가 있으며 눈치가 빠르고 사교적인 측면이 있다. 水의 기능상 子는 감정이 풍부하여 눈물이 많고 감정기복이 심하다. 子는 지지의 水 중 양수(陽水)에 속하지만 실제 사용될 때는 음수(陰水)로 사용된다. 사주학에서는 이를 체(體)와 용(用)의 변화라고 하는데 지지의 子亥巳午는 체(體)와 용(用)을 바꿔서 적용하기 때문에 이를 주의해야 한다. 子는 모양은 陽이지만 쓰임은 陰이고, 亥는 모양은 陰이지만 쓰임은 陽이며, 巳는 모양은 陰이지만 쓰임은 陽이고, 午는 모양은 陽이지만 쓰임은 陰이다. 뒤이어 다루는 지장간 편에서 자세히 다루겠다.

丑土 丑토는 子에서 잉태된 하나의 양기가 두 개로 늘어나는 시기다. 진술축미(辰戌丑未) 土는 각 계절의 중간에 끼어있는 환절기이고, 각 계절의 기운을 조절하여 다음 계절로 이어주는 중간자 역할을 한다. 그 중 丑토는 음토(陰土)이고 음기가 물러나는 겨울의 끝자락이다. 丑은 음력 12월이고 절기는 대한(大寒)이며 방향은 東北쪽, 12지신 중 소(牛)를 상징하며, 시간은 01시~03시다. 맛은 단맛이고, 색깔은 황색이며 숫자는 10, 신체적으로는 복부, 비장, 소화기를 나타낸다. 丑은 亥子와 더불어 겨울이며, 수왕지절(水旺之節)

을 나타낸다. 丑토는 나무가 뿌리내리기 힘든 빙판, 동토(冬土)의 땅이다. 사주 중에 丑월에 때어난 사람은 보수적이고 고집이 세며, 내성적이다. 인내심, 끈기, 차분함은 丑토에 돋보이는 성향이다. 丑은 오행상 土이지만 차가운 물을 가득 담고 있는 진흙과 같은 土다.

寅木 寅목은 드디어 양기(陽氣)가 굳은 땅을 뚫고 나오는 형상이다. 초목에 물이 오르고 새싹이 돋는 모습이다. 마치 동쪽에서 태양이 떠오르는 여명의 시간이라 할 수 있다. 地支에서 木을 대표하는 寅목은 木 중에서 양목(陽木)이며 큰나무, 고목, 전나무, 통나무를 상징하기도 한다. 시기는 음력 1월이며, 절기는 입춘(立春), 계절은 卯辰과 함께 봄을 상징한다. 방향은 東北쪽이고, 색은 청색, 맛은 신맛, 숫자는 3이며, 12지신 중 호랑이를 상징하며 신체적으로는 간, 담, 팔다리를 나타낸다.

寅목 월에 태어난 사람은 성품이 솔직 담백하고, 인자한 마음과 순수성이 있다. 적극성, 진취성, 추진력, 지혜, 눈치가 빠른 것까지 寅목에 내재된 특징이다. 천간 甲목의 뿌리가 되는 寅목은 甲목과 유사하게 리더십, 우두머리, 반항심 등을 담고 있으며, 이기심과 질투심, 의심도 많아서 스스로 적을 만드는 경향이 있다.

卯목은 초목이 더욱 강건해지고 줄기가 자라나는 형상이다. 寅목은 양목(陽木)이고 卯목은 음목(陰木)에 속하지만, 卯는 초목으로서 더 많은 양기가 솟구치는 시기다. 卯목은 잔디, 화초, 잡초, 넝쿨, 무성한 잎, 살아있는 생목(生木), 활목(活木)을 상징한다. 시기는 음력 2월이며, 절기는 경칩(驚蟄), 계절은 寅辰과 함께 봄을 상징한다. 방향은 正東쪽이고, 색은 청색, 맛은 신맛, 하루 중

시간은 오전 05~07시이다. 숫자는 8이고, 12지신 중 토끼(兎)를 상징하며 신체적으로는 간, 눈, 목을 나타낸다. 卯목 월에 태어난 사람은 두뇌가 좋고 예술적 감각이 풍부하다.

성품은 온화하고 착하며, 인정이 많다. 욕심이 많고 독립심이 부족한 듯하나, 현실적이고 미래지향적이며, 사교성이 뛰어나다. 욕심, 겁이 많음, 사치심 등도 卯목의 특징이다.

辰土는 초목의 줄기와 가지가 솟구쳐 자라나 마치 용(龍)의 모습과 같다고 하였다. 辰은 土 중 양토(陽土)의 기운이다. 辰土는 식물이 뿌리를 내려 자라게 하는 양질의 土이다. 곡식이 자라나기에 가장 좋은 문전옥답이다. 寅卯와 더불어 봄의 계절이고, 동시에 봄을 마감하는 환절기다. 시기는 음력 3월이며, 절기는 청명(淸明)이다. 계절은 봄, 방향은 東南쪽이고, 색은 황색, 맛은 단맛, 숫자는 5이며, 12지신 중 용(龍)을 상징한다. 신체로는 위, 피부, 가슴을 나타낸다.

辰土 월에 태어난 사람은 봄 날씨 같은 변화를 추구하는 사람이다. 꿈과 이상이 높으며, 매우 총명하고 재주가 많다. 호기심, 발명가, 진취적 기상은 辰土의 대표적인 특성이다. 성품은 급하나 쉽게 풀리고, 남자는 풍류와 주색에 빠지기 쉬우며, 여자는 돈과 남자의 유혹에 약하고 사치스러울 수 있다.

巳화는 태양의 열기가 땅에 스며들어 양기가 충만할 때이다. 그 열기를 가득 채운 초목이 그 기운을 꽃망울로 터뜨리고, 줄기와 가지는 성장을 일시 멈추는 시기다. 앞에서 말했듯이 巳는 화(火) 중 음(陰)에 속하는데 체(體)와 용(用)을 바꿔서 실제로는 양화(陽火)로 사용된다. 그 양기는 용광로, 큰불, 적외선, 폭발하는 화산을 상징히며, 巳화의 계절은 午未와 함께 여름인 화왕지절(火旺之節)이고, 시기는 음력 4월이며, 절기는 입하(立夏)이다. 방향은 東南쪽이고, 색은 적색, 맛은 쓴맛, 숫자는 7이며, 12지신 중 뱀(蛇)을 상징한다. 신체로는 소장, 인후, 어깨를 나타낸다. 巳화 월에 태어난 사람은 성격이 단정하고 깔끔하며, 근면, 성실하고 활동적이다. 불의 기운으로 두뇌가 명석한 반면, 성질이 급하고 또 쉽게 사그라든다. 강한 성격의 소유자로 타인과의 충돌이 잦을 수 있으며, 평소는 친절하나 자세히 살피면 냉철한 성격의 소유자다. 화기(火氣)의 화려함은 허영심과 사치심을 갖게 하는데, 지적인 측면을 개발하지 못하면, 음란(淫亂)함만 커지는 경우가 많다.

午火 午화는 뜨거운 양(陽)의 기운이 천지에 가득하다. 모든 초목이 성장의 절정에 이르러 만발하는 시기다. 陽이 가득하여 극(極)에 이르는 그곳에서 하나의 음기(陰氣)가 생겨나는 때가 午火다. 午는 火 중 陽에 속하지만, 음(陰)기운 巳화가 양(陽)으로 사용되듯이 午화도 음양이 반대로 체용(體用) 변화되어 음화(陰火)로 사용한다. 午화는 밝고 따뜻하고 온화한 불이다. 화롯불, 모닥불, 난롯불, 촛불, 등불을 상징한다. 시기는 음력으로 5월이며, 절기는 망종(芒種)이고 하루 중 시간은 11~13시다. 계절은 巳未와 함께 화왕지절(火旺之節)인 여름이며, 방향은 正南쪽이고, 색은 적색, 맛은 쓴맛, 숫자는 2이며, 12지신 중 초원을 질주하는 말(馬)을 상징한다. 신체로는 심장, 정신, 눈동자를 나타낸다. 午화 월에 태어난 사람은 활동성이 왕성하다. 마음이 따뜻하고 온화한 성격이며, 화술이 뛰어나고 화법도 다정다감하다. 예절 바르고 봉사정신이 투철하다. 다혈질이고 열정적이지만

쉽게 식어버린다. 어딜 가나 일복이 넘치고 비밀이 없는 사람이다. 참을성이 없어 손해를 보기도 한다. 직업으로는 주로 기자나 방송 관련업 또는 가수, 배우, 예술인이 많다.

未土는 성장하고 꽃을 피웠던 초목이 모든 생육을 정지하고 열매를 맺는 시기다. 이때의 초목들은 무성하게 자라나서 마치 털 깎기 직전 양의 모습에 비유한다. 이때부터 초목의 줄기와 가지에 머금고 있던 水기를 뿌리로 하강시키기 시작하는데, 巳午와 함께 화왕지절(火旺之節)의 마지막인 未土는 여름에서 가을로 넘어가는 간절기(間節氣)다. 火氣로 흩어지고 분산된 기운을 차갑게 식혀서 응축하여 가을로 이어주는 역할을 한다. 未土는 여름의 뜨거운 열기로 수기(水氣)가 빠져나간 메마른 땅, 채취된 골재, 푸석한 흙을 상징하는 土 중 음토에 속한다. 시기는 음력 6월이며, 계절은 여름, 절기는 소서(小暑)이고, 시간은 오후 13시~15시이고, 방향은 南西쪽, 숫자는 10, 색깔은 황색이며 맛은 단맛이다. 신체적으로는 위, 췌장, 척추를 나타내고 12지신 중 양(羊)을 상징한다. 未土 월에 태어난 사람은 양처럼 온순하며, 정직하고 자비심이 넘친다. 여름의 끝자락이어도 화왕지절인 만큼 성격이 급하고 괄괄하며, 사교성과 화술이 뛰어나다. 타인에 대한 배려, 희생정신 그리고 고집불통, 자존심, 괴팍함 등은 서로 어울리지 않지만 未土가 갖고 있는 특징이다. 화왕지절에 태어난 사람들의 공통점인 단점으로 급한 성질과 말실수로 인한 손해 등을 꼽을 수 있는데 이를 경계해야 한다.

申金은 未 계절에 맺은 열매가 자라나서 과실이 되는 계절이며, 이 과실을 나무 위의 원숭이가 따먹는 것을 비유한

다. 申금은 초목의 성장이 멈추고 영양분과 흩어진 기운을 응축하여 과실에 저장하거나 뿌리로 내린다. 申의 글자처럼 음양이 반으로 정확히 나뉘고, 상하좌우가 균형을 잡고 안정된 상태를 이룬 시기다. 申금은 金 중 양금(陽金)이며, 무쇠, 가공되지 않은 원석, 강철을 상징한다. 계절은 酉戌과 함께 금왕지절(金旺之節)인 가을이고, 절기는 입추(立秋)이며, 시기는 음력 7월, 하루 중 시간은 오후 15~17시가 된다. 상징하는 숫자는 9, 맛은 매운맛, 색깔은 백색, 방향은 西南쪽이다. 12지신 중 원숭이에 비유하며 신체적으로는 대장, 폐, 경락, 관절을 나타낸다. 申금 월에 태어난 사람은 의리와 의협심이 있고, 합리적이며 자제력이 뛰어나다. 재능이 남다르고, 유머와 재치, 순발력이 있으며, 근검절약형이다. 반면에 성격이 산만하고, 이기적, 변덕, 자기주장, 신경질, 풍류와 주색에 빠지는 등의 특징들을 동시에 품고 있다.

酉金 酉금은 열매와 곡식이 익었을 때를 말한다. 닭이 곡식을 쪼아 먹는 것에 비유할 수 있다. 酉의 글자가 보여주듯이 과실이 나무에 매달린 모양이며, 잘 익은 과실이 마치 보석처럼 아름답다고 하여 酉금은 보석, 주옥, 다듬어진 돌, 열로 가공된 그릇이나 칼을 상징하며, 金 중 음금(陰金)에 속한다. 계절은 申戌과 함께 금왕지절(金旺之節)인 가을이며, 절기는 백로(白露), 음력 8월이고 하루 중 시간은 오후 17~19시다. 맛은 매운맛, 숫자는 4, 색깔은 백색, 방향은 正西쪽이다. 12지신 중 닭(酉)을 상징하며, 신체로는 폐장, 뼈, 혈관을 나타낸다. 酉금 월에 태어난 사람은 성품이 총명, 담백하고 직선적이다. 평소 예지력이 뛰어나고, 예민하고 스마트하다. 외유내강하여 감정표현을 잘하지 않지만 성격이 까다롭고 고집이 세며, 보석처럼 자신을 과시하는 경향이 있다. 가을 아침의 차가움처럼 때론 냉정하고 살기

를 띠기도 하며, 유혹에 약하여 금전적 손해를 볼 수 있다. 색정(정력)이 강한 것도 특징이다.

戌土는 수확한 과실과 곡식을 저장하는 때다. 쌓아 놓은 식량을 충성스러운 개가 지키는 모습에 비유한다. 戌土는 申金, 酉金과 더불어 금왕지절(金旺之節)인 가을을 나타내며, 水의 계절인 겨울로 넘어가는 간절기(間節氣)다. 열매와 곡식에 저장된 양기를 보관하는 戌土는 지지의 土 중 양토(陽土)이지만 추수가 끝난 조토(燥土), 사토(死土)다. 戌의 글자를 잘 살펴보면 하나의 양기(一陽)가 보관된 모습을 알 수 있는데, 씨앗이 보관된 상태를 상징한다. 戌土의 절기는 한로(寒露), 음력으로 9월이고 하루 중 시간은 19~21시다. 맛은 단맛, 색깔은 황색, 방향은 西北쪽이며, 숫자는 5이고, 12지신 중 개(犬)를 상징한다. 신체는 위, 명치, 가슴을 나타낸다. 戌土월에 태어난 사람은 품성이 정직하고 예의바르며 성실하다. 사람간 의리가 있고 학문에 조예가 깊고, 예술적 감각이 뛰어나며, 외유내강형이다. 충직한 면은 있으나 복수심에 넘치는 것은 흠이다. 또한 사행심, 투기성이 있는데다, 귀가 얇아 쉽게 속임수에 잘 걸려든다. 이는 본인의 솔직, 담백한 품성을 상대방에게도 그대로 투영하기 때문이다.

亥水는 12지지 가운데 맨 마지막인 12번째다. 계절의 마지막으로 열매가 땅에 묻히거나 창고에 저장된 상태이다. 저장된 씨앗들은 수정이 되어 이미 생명을 잉태하고 있음을 의미한다. 마른 초목 위에서 먹이를 찾아 질주하는 돼지로 비유하는, 亥水는 地支의 水 중 음수(陰水)지만 巳火와 午火처럼 陰陽을 바꿔서 체용(體用)하니 사주학에서는 亥水를 양수(陽水)로 사용한다. 따라서

亥수는 바다, 큰 호수, 강, 장강의 물이다. 亥수는 子丑과 함께 수왕지절(水旺之節)인 겨울의 시작이다. 절기는 입동(立冬), 음력 10월, 시간은 하루 중 밤 21~23시다. 방향은 北西쪽, 색깔은 흑색, 맛은 짠맛, 숫자는 1이다. 12지신 중 돼지(亥)를 상징하며, 신체로는 방광, 생식기, 고환을 나타낸다. 亥수 월에 태어난 사람은 지혜롭고 총명하며, 사고의 유연성이 있다. 인정이 많고 어질고 포용력이 있으며, 사색적이고 속이 깊으나, 사람을 사귀는 것에 능숙하지 못하다. 음흉함, 건망증, 아집, 경제관념 부족 등은 亥수가 가진 단점들이다.

3. 생로병사의 12단계, 12운성(運星)

12운성이란 오행의 추진력 또는 힘으로 비유할 수 있는데, 장생(長生), 목욕(沐浴), 관대(冠帶), 건록(建祿), 제왕(帝旺), 쇠(衰), 병(病), 사(死), 묘(墓), 절(絶), 태(胎), 양(養)으로 표현되며, 생명의 생로병사를 12단계로 나눈 것이다. 이는 천간의 10干을 지지의 12支와 상호 대조하여 12운성으로 나타내는 것이다. 예컨데, 甲목이 어느 시기에 탄생하고 어느 시기에 성장하고 어느 시기에 절정(제왕)에 오르며, 어느 시기에 사(死)하는가를 단계적으로 표시하는 것이 12운성이다. 불교의 윤회사상을 다소 담고 있는 12운성은 12포태법이라고도 불리며, 앞서 거론한 육신(육친), 십성과 더불어 운명 감정에 세밀함을 더해주는 요소다. 12운성의 각각 단계별 뜻을 인생으로 비유하면 다음과 같다.

장생(長生): 탄생
목욕(沐浴): 탄생 후 보살펴지는 시기, 목욕을 시켜주는 양육기간
관대(冠帶): 성장하여 갓을 쓰고 띠를 허리에 두르는 시기 - 청년기

건록(建祿): 국가의 록을 받는 시기 또는 직업을 갖는 시기
제왕(帝旺): 조직에서 최고의 자리에 오른 시기
쇠(衰): 물러나 차분한 시기
병(病): 쇠약하여 병을 얻은 시기
사(死): 죽음
묘(墓): 무덤에 묻힘
절(絶): 모든 인연이 끝나고 절연된 상태(씨앗)
태(胎): 생명의 기운이 움트는 시기(잉태)
양(養): 어미의 몸속에서 자라는 시기

이렇듯 12운성이란, 인간뿐 아니라 생명체의 생왕사절(生旺死絶)을 시기별로 나누어 표현한 것이다. 12지지는 계절 또는 시간, 공간을 담고 있기 때문에 각각의 천간이 어느 지지를 만나느냐에 따라서 12운성이 정해진다. 木은 水에서 生하고 같은 오행인 木에서 왕하며, 火에서 死하고, 木을 剋하는 金에서 絶한다. 각각의 천간의 오행도 이와 같으며, 음간은 양간과 역행하여 12운성을 구성한다. 표로 나타내면 아래와 같다.

12운성 표

구분	長生	沐浴	冠帶	建祿	帝王	衰	病	死	墓	絶	胎	養
甲	亥	子	丑	寅	卯	辰	巳	午	未	申	酉	戌
乙	午	巳	辰	卯	寅	丑	子	亥	戌	酉	申	未
丙	寅	卯	辰	巳	午	未	申	酉	戌	亥	子	丑
丁	酉	申	未	午	巳	辰	卯	寅	丑	子	亥	戌
戊	寅	卯	辰	巳	午	未	申	酉	戌	亥	子	丑
己	酉	申	未	午	巳	辰	卯	寅	丑	子	亥	戌

庚	巳	午	未	申	酉	戌	亥	子	丑	寅	卯	辰
辛	子	亥	戌	酉	申	未	午	巳	辰	卯	寅	丑
壬	申	酉	戌	亥	子	丑	寅	卯	辰	巳	午	未
癸	卯	寅	丑	子	亥	戌	酉	申	未	午	巳	辰

위 표는 10천간이 12지지의 계절에 따라서 어느 계절에 生의 기운을 얻고 어느 계절에 기운이 왕해지며, 어느 시기에 기운이 쇠(衰)하고 사(死)에 이르는지를 보여주고 있다. 예컨데, 甲목을 기준으로 계절에 따라 12운성이 변화하는데, 甲목은 亥에서 生하고 子에서 목욕(沐浴)이며 丑에서 관대(冠帶)이고 寅에서 건록(建祿)이며, 卯에서 제왕이 된다. 제왕지 卯를 지나면 辰에서 쇠(衰)하고 巳에서 병(病)에 이르러 午에서 사(死)하며, 未에서 묘(墓)에 들고 申에서 절지(絶支)에 이른다. 酉에서 다시 잉태(胎)하고 戌에서 양(養)하며 亥에서 다시 탄생(生)하는 과정을 반복하는 것이다. 이는 불교의 윤회사상을 떠올릴 수 있는 대목인데, 12운성에 대해서 청나라의 관료이면서 학자였던 심효첨의 《자평진전(1739년 출간)》 이론과 서락오(1886~?)의 《자평진전 평주》 이론을 소개하면 다음과 같다.

> "陽은 모여서 앞으로 나아가는 속성이 있음으로 순행하고, 陰은 흩어져 뒤로 물러나는 속성이 있으니 역행한다. 이것을 설명한 학설이 12운성인데, 陽이 生하는 곳에서 陰이 死하고 陰이 生하는 곳에서 陽이 死하는 것은 자연의 이치인 것이다." 《자평진전》 심효첨
>
> "생왕사절(生王死絶)이란 오행의 생왕사절이기에…. 오행이 비록 음양으로 나뉘어 있지만 사실은 하나인 것이다. 중략… 따라서 음간이 양간과 별도로 장생, 건록, 왕, 묘가 따로 있는 것이 아니다. 이치대로 논하면 모든 사물은 이미 음양을 지니고 있으며 양이 극에 이르면 음에 이르게 된다. 생왕사절은 오행으로 구분하면 충분하고 음양으로 나눌 필요가 없다."
> 《자평진전 평주》 서락오

이 각각의 주장은 후대의 논점이 되었으나 오행을 다시 음양으로 세분한 이치에 따라, 10간을 음양과 오행으로 세분하여 12운성을 구분해야 한다는 것이 정설로 정리됐다. 따라서 음과 양을 구분하여 甲목은 亥에서 生하고 乙목은 午에서 生하며, 甲목은 午에서 死하고 乙목은 亥에서 死한다. 각각의 천간 오행들은 음양에 따라 이와 같은 법칙에 따라 12성이 정해진다. 12운성은 사주 감명에 매우 중요한 좌표가 되므로 반드시 숙지하여 실전에 적용해야한다.

4. 지지의 형충회합(刑沖會合)

지지에서의 변화는 천간의 변화보다 다양하며, 강력하게 작용한다. 12지지간에 친화단결하는 육합과 삼합, 방합이 있는가 하면 형(刑)과 충(沖)은 지지가 서로 상극배척(相剋排斥)하는 것을 표시하는 것이다. 상극(相剋)이 단순히 오행의 성질이 반대이고 배반한다는 의미라면, 상반되는 오행이 부딪쳐서 만들어지는 현상들을 세부적으로 분석, 종합한 것을 형과 충이라 표현하고, 그 작용이 큰 순서부터 나열하면 형충파해(刑沖破害)순이다. 이 중에서 파(破)와 해(害)는 그 오행에서 영향력이 미약함으로, 본장에서는 생략하기로 한다.

지지의 합(合)의 의미는 앞서 천간의 합에서 설명했듯이 서로 다른 오행이 합하여 다른 오행으로 변화하는 것을 말한다. 합은 천간과 지지에서 모두 발생하며, 지지는 육합(六合)과 삼합(三合) 그리고 방합(方合)으로 나뉜다. 서로 다른 오행이 합하여 새로운 오행으로 화(化)하는 것은 마치 화학적 변화와 같다. 예를 들면 Na(나트륨)과 Cl(염소)가 화학적으로 결합하면 NaCl(염화나트륨)이 된다. 나트륨과 염소는 각각

취하면 독극물이지만, 화학적으로 결합한 염화나트륨은 인간에게 없어서는 안될 소금이 된다. 이렇듯 합이란 완전히 성질이 다른 오행이 합하여 다른 오행으로 변하는 것을 말한다. 이런한 지지의 합은 육합보다 방합이 더 강하다. 삼합의 합력은 지지합 가운데 가장 강하며, 화학적 변화를 일으키는 변화는 삼합에서만 일어난다. 합(合)과 충(沖)은 사주에 큰 영향을 미치는데, 合은 길(吉)하고 沖은 흉(凶)하다는 것보다는 사주명식에 따라 그 쓰임새가 다를 뿐이다. 그러나 형충회합 중에서 형(刑)은 거의 흉(凶)함을 나타낸다.

가. 삼형살(三刑殺)

삼형(三刑)이란 子卯, 寅巳申, 丑戌未의 상형(相刑)과 午午, 酉酉, 亥亥, 辰辰의 자형(自刑)을 말한다.

형(刑)이란 수(數)가 극에 이른 것이니 넘치면 오히려 손해가 되는 것이다. 《陰符經(음부경)》에 이르기를 "三刑은 三會에서 나온 것이고, 六會는 六合에서 나온 것이다."라고 했다.

음부경의 뜻을 헤아려보면, 寅卯辰 방합 木 기운이 水 기운의 申子辰 삼합을 만나면 水生木하여 왕성한 木이 더욱 강해지고, 中和의 道를 잃게 되므로 申은 寅을 刑하고, 子는 卯를 刑하며, 辰은 辰을 스스로 刑한다. 巳午未 南方 火가 寅午戌 삼합 火를 만나면 木生火하여 火가 더욱 강해져 중화를 잃게 되므로 寅은 巳를 刑하고, 午는 午를 스스로 형하며, 戌은 未를 刑하게 된다.

亥子丑 北方 水가 亥卯未 삼합 木을 만나면 水生木하여 木이 더욱 강해져서 중화를 잃게 되므로 亥는 亥를 스스로 刑하고, 子는 卯를 刑하며, 丑은 戌을 刑하게 된다.《자평진전 평주》

위 글을 다시 정리하면 인사신(寅巳申) 삼형은 무은지형(無恩之刑)

이라고 하며, 은혜를 모르고 오히려 은인에게 형벌하는 것을 의미한다. 寅巳申 형살은 寅이 巳를 형하고, 巳가 申을 형한다. 그러나 寅申은 刑이 아니고 오행의 沖 작용만 한다. 寅申刑은 火가 왕성해서 생성되는 형살이므로 사주의 구성상 火가 강해야 형살이 작용된다. 사주에 寅巳 형살이 있다고 하더라도 水기가 강하면 寅巳형살은 작용하지 않는다. 巳申형은 金이 왕성해서 생성되는 형살이므로 사주 구성상 金이 강해야 작용한다. 寅巳申이 사주에 있다고 해서 형살이 언제나 작동되는 것이 아니라는 점을 반드시 기억해야 한다.

丑戌未 삼형은 모두 土에 속하니, 비견, 겁재이고 형제 간에 서로 刑을 하는 것이니 이 또한 무은지형이며, 같은 오행끼리 서로 세력을 다투는 양상이다. 이것을 시세지형(恃勢之刑)이라고 한다. 이는 자신의 세력을 믿고 안하무인(眼下無人)으로 행동하는 것이다.

丑戌刑은 반드시 水가 강해야 작용하는 형살이고, 戌未형은 반드시 金이 강해야 작용한다. 따라서 사주 구성상 丑戌未가 있다고 하여 무조건 형살이 작용하는 것이 아니라 위와 같은 조건이 충족되어야 한다. 또한 丑戌未 가운데 丑未는 형살이 아니고 沖으로 작용한다.

子卯刑은 예의(禮儀)를 알지 못하니 무례지형(無禮之刑)이라 하며, 잔인하고 냉정한 刑殺이다. 子가 卯를 刑하고, 卯가 子를 형하니 서로를 형한다고 하여 상형(相刑)이다. 子卯형은 반드시 水가 강해야 발동한다.

나. 자형(自刑)

辰辰, 酉酉, 午午, 亥亥는 스스로 과왕(過旺)한 것이 해(害)가 되어 자신에게 자해, 자책, 의지박약, 독립성 결핍 등으로 나타난다. 그러나 그 작용이 미미함으로 참고로 알아두면 되겠다. 자형(自刑)을 제외한 寅巳申, 丑戌未, 子卯 형살은 형벌, 감금, 납치, 구속, 세금추징, 교통사고,

질병, 관재구설, 시험낙방, 사업 실패 등 흉(凶)으로 나타나며, 현실로 느껴지는 것은 沖보다 刑이 훨씬 더 강한 흉(凶)으로 나타난다. 흉으로 작용하는 흉살들은 형(刑)과 충(沖), 그리고 파(破)와 해(害)가 있으나, 破와 害는 작용이 미미하여 본문에서는 생략함을 다시 밝힌다. 흉(凶)의 크기 순서대로 나열하면 형-충-파-해(刑沖破害) 순이다. 이상의 합의 변화와 沖 그리고 刑의 변화는 사주를 풀이하기 위해서는 기본적으로 알아야 할 중요한 요소들이다.

다. 지지 육합(地支六合)

子丑은 합하여 土가 되고
寅亥는 합하여 木이 되고
卯戌은 합하여 火가 되고
辰酉는 합하여 金이 되고
巳申은 합하여 水가 된다.
午未는 합은 하지만 변화하지 않고 각자의 오행을 간직한다.

라. 지지 방합(地支方合)

지지 방합이란 같은 계절, 같은 방향의 기운이 모이는 것을 의미하는데, 이를 회(會)라고한다.

목의 기운이 왕성한 寅卯辰(봄)- 木
화의 기운이 왕성한 巳午未(여름)-火
금의 기운이 왕성한 申酉戌(가을)-金
수의 기운이 왕성한 亥子丑(겨울)-水

사주에 같은 계절의 오행이 모두 모여 있으면 해당 기운이 강하게 작용하는 것을 의미한다. 단, 寅卯, 午未, 子丑 등 어느 두 가지만 있는 경우는 방합으로 보지 않고 반드시 3개가 다 모여야 방합이라고 한다.

마. 지지 삼합(地支三合)

지지 삼합은 습 중 가장 강력한 힘으로 끌어당겨 합을 하고, 합화(合化)된 오행의 기운도 가장 강하다. 4계절의 중심을 나타내는 子午卯酉를 사정(四正)이라고 하고 방합의 가운데 글자다. 즉, 亥子丑의 子, 寅卯辰의 卯, 巳午未의 午, 申酉戌의 酉가 그것이다. 방향으로는 正北, 正東, 正南, 正西쪽이며, 각 계절의 정 중앙인 것이다. 지지삼합은 子午卯酉 사정지(四正支) 또는 사왕지(四旺支)를 기준으로 합이 이뤄지고 수국(水局), 화국(火局), 금국(金局), 목국(木局)으로 구분한다.

申子辰 삼합(三合)하여 水로 화(化)하고 합(合)하는 申과 辰은 본래의 오행을 버리고 水로 화(化)한다. 화학적 변화가 일어나는 현상이다. 申子辰 삼합을 水局이라고 하며, 화(化)한 水는 천간의 壬水의 역할을 한다. 寅午戌 삼합하여 火로 화(化)하고 합(合)하는 寅과 戌도 본래의 오행을 버리고 火로 화(化)한다. 화학적 변화다. 寅午戌 삼합을 火局이라고 하며, 화한 火는 천간의 丙火의 역할을 한다.

巳酉丑 삼합하여 金으로 화(化)하고 합(合)하는 巳와 丑도 본래의 오행을 버리고 金으로 화(化)한다. 화학적 변화다. 巳酉丑 삼합을 金局이라고 하며, 화(化)한 金은 천간의 庚金의 역할을 한다.

亥卯未 삼합하여 木으로 화(化)하고 합(合)하는 亥와 未도 본래의 오행을 버리고 木으로 화(化)한다. 화학적 변화다. 亥卯未 삼합을 木局이라고 하며, 화(化)한 木은 천간의 甲木의 역할도 한다. 삼합의 화학적 변화를 논함에 있어 삼합을 하는 어느 오행이 월지에 있으면 그 오행은 본래의 성질을 그대로 유지한다.

삼합하는 세 글자가 모두 있으면 삼합이 완성되고 또한 사왕지(四旺支) 子午卯酉를 포함하여 다른 한 글자만 있어도 반합(半合)하여, 삼합보다는 합력은 약하지만 이 또한 합으로 간주한다. 그러나 사왕지가 빠진 두 글자는 합이 아니다. 예컨대 申子辰 삼합 가운데 子가 빠진 申辰은 합으로 보지 않는다.

앞서 설명했던 12운성표를 참조하여 살펴보면, 丙의 생지는 寅이고 제왕지는 午이며, 묘지는 戌이라는 것을 알 수 있다. 따라서 지지의 삼합은 해당 오행의 생지(生支), 제왕지(帝旺支), 묘지(墓支)가 만나서 寅午戌 삼합을 이루는 것이다. 삼합의 첫 글자인 寅申巳亥는 해당 오행의 생지(生支)로서 새싹이 단단한 땅을 뚫고 나오는 강한 생명력을 상징하는데, 그 힘은 역동적인 변화와 이동을 의미하여 뒤편에서 다루는 12신살의 역마살(驛馬殺)이 된다. 子午卯酉는 제왕지로서 그 힘과 권력, 직위 또는 매력이 최고조에 이르니 12신살의 도화살(桃花殺)이 된다. 辰戌丑未는 묘지(墓支)로서 모든 힘과 화려함이 닫히는 시기이므로 12신살의 화개살(華蓋殺)이 된다. (蓋: 덮을 개)

바. 지지의 충은 환경의 변화다.

앞에서 다뤘던 지지의 합이론과 반대되는 개념으로 지지는 충의 관계가 있다. 지지충(地支沖)은 서로 상극되는 계절의 충돌 또는 상극되는 오행의 충돌을 말한다.

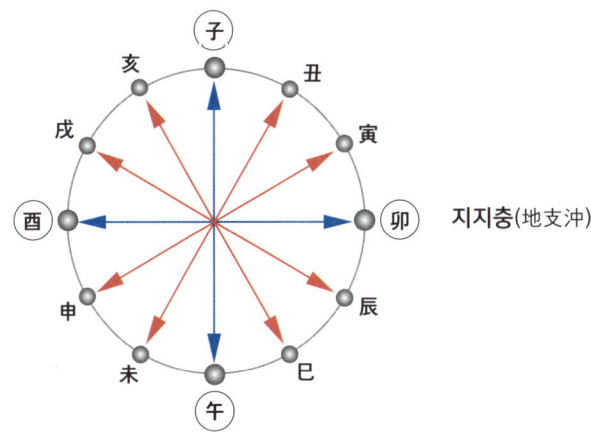

지지충(地支沖)

그림을 살펴보면 대척점에 있는 오행끼리 충을 한다. 지지충은 子午충, 卯酉충, 寅申충, 巳亥충, 辰戌충, 丑未충이 있다. 지지충의 이론은 12운성의 왕지(子午, 卯酉)끼리의 충과 오행상 목과 금(寅申)의 충, 수와 화(巳亥)의 충이 있으며, 양토(辰戌)끼리의 충과 음토(丑未)끼리의 충이 있다. 뒷부분에서 거론하겠지만 지지충은 지장간(支藏干)끼리의 충이다. 이왕 지장간(支藏干)이란 용어가 나왔으니 지장간의 의미를 살펴보면 간(干)의 기운 즉, 하늘에서 운행되는 오행이 地支(땅)에 보관되어 있는 것을 말한다. 이 또한 천문학과 지구 생성의 과정을 함께 살펴본다면 어렵지 않게 지장간의 개념을 이해할 수 있을 것이다. 다음 지장간 편에서 자세히 다룬다.

5. 하늘의 기운을 품은 땅, 12지지의 지장간(支藏干)

지장간(支藏干)은 글자의 의미를 직역하면 하늘의 기운을 땅에 숨겨 놓았다는 뜻이다. 12개의 地支에는 각각 천간 오행의 기운들을 담고 있다. 천문학으로 설명한다면 지구는 다른 별들의 잔해물로 만들어졌다는 것이다. 먼 우주에서 수많은 초신성들의 폭발로 인해 그 잔해들이 흩어지며 충돌하고 합해지면서 크고 작은 행성들이 만들어졌고 그것들이 다시 沖하고 슴하며 지금의 지구가 만들어졌다. 이런 이유로 12지지는 천간 오행의 기(氣)를 고스란히 담고 있는 것이다. 12지지는 천간 오행을 각각 다르게 보관하고 있는데, 이를 나타낸 것은 다음의 표와 같다.

지장간표

구 분		子	丑	寅	卯	辰	巳	午	未	申	酉	戌	亥
여기 (餘氣)	장간 (藏干)	壬	癸	戊	甲	乙	戊	丙	丁	戊	庚	辛	戊
	사령 일수	10	9	7	10	9	7	10	9	7	10	9	7
중기 (中氣)	장간 (藏干)		辛	丙		癸	庚	己	乙	壬		丁	甲
	사령 일수		3	7		3	7	9	3	7		3	7
정기 (正氣)	장간 (藏干)	癸	己	甲	乙	戊	丙	丁	己	庚	辛	戊	壬
	사령 일수	20	18	16	20	18	16	11	18	16	20	18	16

위 표는 12지지가 각각 품고(藏) 있는 천간의 천기(天氣)를 표시했다. 표에 나와 있는 사령(司令) 일수란 예컨데, 子월은 여기(餘氣) 壬과 정기(正氣) 癸의 지장간을 갖고 있는데 子월 한 달 중에 천간 壬수가 지배하는 날짜가 10일이며, 천간 癸수가 지배하는 날짜는 20일이란 것을 말한다. 지배하고 거느린다는 뜻으로 사령(司令)이란 단어를 차용한 것이다.

여기(餘氣) ▶ 아직 남아 있는 앞 계절의 기운이다. 예컨데 음력 3월의 辰월은 卯월의 기운이 남아서 관성처럼 흘러오는 기운이다. 따라서 卯의 정기인 乙이 辰월의 여기가 되는 것이다.

중기(中氣) ▶ 해당 월의 지지와 삼합하여 이뤄진 오행을 취하여 중기로 삼는다. 예컨데 음력 3월 辰월인 경우 申子辰 삼합하여 化하는 水氣를 중기로 삼는다. 辰토는 천간의 水 중 癸수가 중기가 된다. 辰戌丑未의 중기는 천간의 음(陰) 오행이 중기가 된다.

정기(正氣) ▶ 해당 월의 본기(本氣)이다. 辰은 양토(陽土)이므로 천간 戊토가 본기(本氣)다.

예외적인 여기(餘氣) ▶ 寅월은 丑월의 본기인 己토가 여기(餘氣)가 되어야 하지만, 寅월은 한 해를 시작하는 1월이므로 陰土가 아닌 陽土인 戊를 여기로 삼았다.

예외적인 중기(中氣) ▶ 午화의 중기는 寅午戌 삼합으로 결국 火가 되므로 본디 여기인 丙화와 본기인 丁화만 있어야 하나 午월의 중기는 다음 달인 未토의 본기인 己토를 차입해서 중기로 삼았다. 따라서 午월은 여기 중기 정기 모두를 갖춘 오행이다. 이 두 가지를 제외한 나머지는 기본 원칙에 따라 여기, 중기, 본기로 되어 있으며, 子·卯·酉 만은 중기가 없다. 이는 앞서 설명했듯이 삼합으로 化하는 오행이 해당 월과 같은 오행이기 때문이다.

5장

일간(日干)과 육친, 십성론(十星論)

1. 일간(日干)의 신강(神强)과 신약(神弱)

당나라 때 가장 유행했던 역학자로 달마 대사와 이허중 선생이 있었다. 이허중이 정리한 당사주는 年柱를 기준하여 신살(神殺)을 위주로 누구나 쉽게 알 수 있도록 그림으로 만든 해법서이며, 오늘날에도 당사주로 풀이하는 술사들이 많다. 그 이후 중국의 송나라 때 집대성된 서공승의《연해자평》이후로 日干(태어난 날)을 중심으로 오행의 생극을 살피고, 억부법과 격국이론까지 더해지니 이전의 방법보다 확중율(確中率)이 획기적으로 높아졌다. 송나라 이전의 사주이론은 구법체계라고 하고 송나라 이후의 사주이론은 신법체계로 구분한다. 신법체계에서는 日干을 기준으로 사주의 통변(通辯) 방정식이 만들어지고 해석되는 것이다. 일간은 십간(甲乙丙丁戊己庚辛壬癸) 중 하나가 주어지며, 사주의 신강과 신약은 사주에서 일간이 다른 오행의 도움(生)을 받고 있는지, 극(克)을 당하고 있는지, 또는 설기(洩氣: 기운이 빠져나감)되고 있는지를 살펴서 강함과 약함을 파악하는 것이다.

⇧ 위 사주 명식을 예로 살펴보자. 甲목 일간이 이 사주의 기준점이다. 물론 여덟 자 전체가 주인공의 특성이지만 일간을 중심으로 사주를 감명하기 때문에, 제일 먼저 일간의 강약을 살펴야 한다. 甲목 일간이 亥수월에 태어나고 子수 일지 위에 있다. 木을 生하는 亥수는 甲목

일간에게 가장 큰 영향을 주는 태어난 계절이고 甲목 일간이 살아가는 환경이 된다. 따라서 亥수가 12운성으로 일간 甲목의 생지(生支)이고 木을 生하는 水다. 水生木으로 甲목은 든든한 지원군으로 생명력이 넘치는 木이다. 또한 시지에 있는 寅목이 12운성으로 甲목의 건록(建祿)이니 寅목에 뿌리를 두어 더욱 강건해졌다. 따라서 이 사주는 신강하다라고 표현한다. 사주가 신강하다거나 신약하다고 표현할 때는 일간의 강약을 의미한다.

⇧ 위 사주의 壬수 일간은 寅월에 태어나고 戌토 일지 위에 있다. 일간 壬수를 생하는 金이 없고 같은 오행인 水도 없다. 오히려 水를 克하는 戊토와 戌토가 일간 壬수를 고립무원으로 만들고 있고 주변의 甲목과 乙목이 壬수를 설기(洩氣)시켜서 더욱 약해졌다. 따라서 일간이 의지할 곳이 없다. 일간이 강해지려면 일간의 동기(同氣)인 오행이 많거나, 일간을 극하는 것이 약하거나 없으면서 일간을 생해주는 오행이 많은 조건이어야 한다. 한편, 일간을 生해주는 오행이 약하거나 없고, 일간을 극하는 오행이 강하거나, 일간이 生해주는 오행이 주변에 있어서 설기(洩氣)되면 일간이 신약해지는 조건이 된다.

  일간의 신강, 신약을 기준으로 길흉을 판단하는 이론을 억부법(抑扶法)이라고 한다. 억부란 너무 강한 일간은 억제하고 약한 일간은 강해지도록 도와서 일간이 중용에 이르도록 하는 것이다. 억부론으로 길흉화복을 간명하는 방법은 일간과 주변 오행의 조화를 기준으로 한다. 어느 오행이 너무 약하거나, 너무 강한 것은 타 오행과 조화를 깨트리는 결과를 초래하므로 좋은 결과를 기대할 수 없는 것이다.

2. 육친(六親), 친족관계를 포함한 사회적 위치

육친(六親)은 다른 이름으로 육신(六神), 십신(十神), 십성(十星)이라고도 하며, 혈연적 친족관계를 포함하여 사회적 위치를 나타낸다. 육친은 비견, 겁재, 식신, 상관, 편재, 정재, 편관, 정관, 편인, 정인 10가지가 있으며, 일간을 기준으로 타 오행을 비교하여 아래와 같이 육친이 정해진다.

- **(1) 비견(比肩)** 일간과 오행이 같고 음양도 같은 것.
- **(2) 겁재(劫財)** 일간과 오행이 같으나 음양이 다른 것.
    - 이를 통칭하여 비겁(比劫)이라고 한다.
- **(3) 식신(食神)** 오행상 일간이 生하는 것으로 음양이 같은 것.
- **(4) 상관(傷官)** 오행상 일간이 生하는 것으로 일간과 음양이 다른 것.
    - 이를 통칭하여 식상이라고 한다.
- **(5) 편재(偏財)** 오행상 일간이 극(剋)하는 것으로 일간과 음양이 같은 것.
- **(6) 정재(正財)** 오행상 일간이 극(剋)하는 것으로 일간과 음양이 다른 것.
    - 이를 재성(財星)으로 통칭한다.
- **(7) 편관(偏官)** 오행상 일간을 剋하는 것으로 일간과 음양이 같은 것.
- **(8) 정관(正官)** 오행상 일간을 剋하는 것으로 일간과 음양이 다른 것.
    - 이를 통칭하여 관살 또는 관성이라고 한다.
- **(9) 편인(偏印)** 오행상 일간을 生하는 것으로 일간과 음양이 같은 것.
- **(10) 정인(正印)** 오행상 일간을 생하는 것으로 일간과 음양이 다른 것.
    - 이를 통칭하여 인수 또는 인성이라고 한다.

이처럼 모두 10개의 성(星)으로 나뉘어지니 이것을 십성(十星) 또는 십신(十神)이라고 한다. 육친은 오행의 상생, 상극의 작용으로 육친적 관계가 이뤄지는데, 甲목 일간인 경우 甲과 오행이 같고 음양이 같은 甲, 寅목은 비견이고, 음양이 다른 乙, 卯목은 겁재다. 甲목 일간이 생하고 음양이 같은 丙, 巳화는 식신이고, 음양이 다른 丁, 午화는 상관이다. 甲목 일간이 극(剋)하고 오행이 같은 戊, 戌, 辰토는 편재이고, 오행이 같은 己, 丑토는 정재다. 甲목 일간을 극하고 오행이 같은 庚, 申금은 편관이고, 오행이 다른 辛, 酉금은 정관이다. 甲목 일간을 생하고 음양이 같은 壬, 亥수는 편인이고, 오행이 다른 癸, 子수는 정인이다.

3. 육친의 의미과 작용

가. 비견(比肩)

비견(比肩)은 일간과 오행이 같고 음양도 같은 것이다. 예컨데 일간 甲목을 기준으로 천간의 甲목과 지지의 寅목이 일간의 비견이다. 비견이란 글자 뜻대로 어깨(肩, 어깨 견)를 견준다 또는 어깨를 나란히 한다는 의미다. 이는 자신과 서열이 같은 형제, 자매, 친구, 직장동료를 의미한다. 비견은 든든한 아군이기도 하지만 비견이 많으면 오히려 경쟁자가 되기도 한다. 사주에 비견이 있으면 우정과 의리를 위해 자신을 희생하기에 경제적 손실이 크고, 물질적인 실속을 챙기지 못한다.

비견은 사람을 중시하며 인간관계, 유대관계를 잘하고 뛰어난 사교성으로 동료들의 도움을 받기도 한다. 그러나 군중심리에 빠져들기 쉽고, 사주에 비견이 너무 많으면, 형제자매나 친구와 불화하고, 자존심이 강하여 자기 주장을 굽히지 않고 고집한다. 이런 이유로 타인과 쟁론으로 자칫 분쟁을 유발하기 쉬우며, 특히 비견이 월지에 있으면 고집스런 성품이 더욱 강하다. 그러나 추진력과 결단력이 남달라서 주변의 협조를 얻으면 크게 성공한다.

남자가 비견이 많으면 가부장적 권위로 처자식과 불화하며, 경제적으로 어려울 수 있다. 자기 과신과 자기 희생 등은 비견이 너무 많을 경우 나타나는 현상들이다. 이렇게 타고난 기질과 성품을 헤아려 중용의 덕을 갖춘다면 훌륭한 지도자의 재목이 될 수 있으나, 그렇지 않으면 낭패를 피하기 어렵다.

비견이 왕성한 남녀의 경우 결혼 생활이나 조직 생활에서 자기주장보다는 타인의 의견을 중시해야 한다. 그러나 사주에 비견을 극하는 관성(官星)이 있으면 고집불통, 가부장적 권위 등을 내세우지 않고 조화로운 인간상으로 조직에서 크게 성공한다. 이것은 관성(官星)이 일간의 일방통행을 통제하고 조정하기 때문이다.

비견	일간	비견	정인
壬	壬	壬	辛
寅	子	辰	丑
식신	겁재	편관	정관

乾命

⇧ 이 사주는 남자의 명이다. 壬수 일간의 일지(日支)와 양쪽으로 비견들이 포위하고 있다. 독불장군 성격에 황소고집이다. 자신의 이런 성품을 알지 못하고 겸양(謙讓)의 덕을 잃을 경우, 회사를 운영하는 오너가 아니라면 조직에서 소외되고 배척당할 것이다.

나. 겁재(劫財)

일간과 오행이 같으나 일간과 음양이 다른 것이다. 비견과 같이 형제

자매 또는 이복형제를 의미하지만 경쟁자로서 의미가 더 강하다. 비견과 유사하나 사주에 겁재는 비견보다 더 일방적이고 폭력적이며 타인을 낮춰보는 교만함이 강하다.

겁재(劫財)의 겁(劫)이 의미하는 것은 빼앗다, 위험하다는 뜻이므로 재산의 손실 또는 인맥의 손실이 있음을 의미한다. 사주에 겁재가 많으면 남녀 공히 배우자와 자녀를 극해하고 형제, 자매, 친구와 불화를 일으키기 쉬우며, 세상을 향해 불신 및 비방을 초래하기 쉽다. 비견이 인간관계에서 순수한 측면이 있다면 겁재는 이해타산적이고 이기적인 면이 강하다. 특히 강제성을 띠고 있어 중용을 잃어버리고 좌충우돌하는 경향이 짙다. 겁재는 4凶神(상관, 편관, 겁재, 양인) 중 하나로 꼽는다. 겁재가 사주의 월주에 있으면 그 성향이 더욱 강하게 나타난다. 겁재가 왕(旺)한 者는 자기 성찰이 반드시 필요하다. 이 또한 사주에 관성(官星)이 있으면 겁재의 성향이 순화되어 조직에서 크게 발전한다.

다. 식신(食神)

일간이 生하는 오행으로 일간과 음양이 같은 것이다. 식신은 남자에게는 장인, 장모, 조카 및 손주를 의미하고 여자에게는 자식, 손주, 조카를 의미한다. 일간이 生한다는 것은 일간의 생각이며 사상이고 감각이므로 주인공의 행동과 표현, 그리고 감각적 발현을 의미한다. 사주에 식신이 있으면 감성이 풍부하며, 창조적인 활동을 통해 결과물을 만들어내는 능력이 있다. 자신의 감성을 표현하는 예술적, 문학적, 육체적 감각이 뛰어나며, 경제적으로는 의식주가 풍부하고 소득, 자산, 녹봉(綠俸)이 윤택하다. 또 몸이 풍비(豊肥)하고 성격이 명랑 쾌활하며 복록(福祿)이 있다. 식신이 많음에도 명랑 쾌활하지 않다면 철학적, 예술적 사고가 깊은 사람이다. 식신은 조상으로부터 물려받은 기질로 학문과 지식, 기술들을 자기 자신을 통하여 재창조하는 길신(吉神)이다. 또한 사주에 식신이 있으면 마음의 온정이 넘쳐 걸인(乞人)을 보고 그냥 지나치지 못하는 착한 성품의 소유자다. 사주에 식신·편관이 있고 *양인을 만나면 비범한 인물이며, 머리가 총명하고 어릴 적부터 학문이 뛰어나고 연구, 발명 등에 소질이 남다르다.

식신은 질병, 재난, 파괴 등으로 상징되는 편관(偏官)을 막아주어 건강, 장수, 복록을 보장하는 신이다. 따라서 사주에 식신이 있으면 낙천적이고 명랑하며 풍요로움이 있다. 정관, 재성, 정인과 더불어 4길신(四吉神) 가운데 하나다. 그러나 심미적이고 감성이 풍부하여 가무를 즐겨하고 색정에 빠지기 쉬운 결점이 있다. 사주에 비견이 같이 있으면 이러한 성향은 더욱 가중된다. 여자의 사주에 식신이 너무 많으면 자식이 귀하며, 호색(好色)하여 부부간의 신의를 망각하기 쉽다. 특히 식신이 넷 이상 있으면 신체가 허약하고 부모 덕이 없으며, 사주에 식신이 편인과 같이 있으면 신체가 왜소할 수 있다.

*양인은 파괴, 과격, 폭력함 등을 내포하고 있다. 양인살에 대해서는 다음장 제살(諸煞)편에서 설명한다.

乾命

⇧ 丙火 일간이 亥월에 태어난 남성의 사주다. 천간에 戊토 2개의 식신과 지지에 戌토 식신 2개가 자리잡았다. 일간 丙火가 식신인 戌토에 뿌리를 두고 천간 戊토 식신을 생하고 있다. 조상이 물려준 선천적

DNA가 예술성으로 창조되는 아름다운 사주 명식이다. 그는 실제로 언론사의 화백으로 근무하면서 독창적, 예술적 활동으로 많은 독자들에게 사랑을 받았다. 사례의 사주처럼 식신이 태과하면 감성적 혼란을 겪거나 주색에 빠지는 경우가 흔한데, 위 사례의 사주에는 癸수 정관의 영향으로 바른 성품을 가지니 힘겨운 조직생활도 견딜 수 있었다. 앞으로의 운은 개인의 창조성이 더욱 발휘되는 시기이므로 주인공의 작품을 기대할 만하다.

라. 상관(傷官)

 상관(傷官)은 일간이 生하는 오행으로 일간과 음양이 다른 것이다. 남자에게 육친은 할머니, 외할아버지이고, 여자에게는 자식, 할머니, 할아버지를 의미한다. 상관은 일간이 표출하는 감성, 사상, 철학이 담겨 있어 종교인, 파격적인 예술인, 문학 소설가, 음악인 등으로 명성을 얻을 수 있으며, 머리가 총명하고 언변이 뛰어나 아나운서, 기자, 광고 홍보, 학원강사 등이 잘 어울린다. 상관 또한 재난, 질병, 파괴로 대표되는 편관(칠살)을 막아주는 긍정적인 역할을 한다. 그러나 제멋대로인 성품 때문에 세인의 비방과 오해를 받기 쉬우며 반항, 경쟁, 하극상, 소송 등에 휘말리기 쉽다. 남자인 경우 자식에게 지나치게 엄격하며, 여자는 남편을 공처가로 만들기 쉽다. 사주에 상관만 많고 정관이 없으면, 관골(觀骨)이 높고 눈썹이 거칠며, 눈빛이 예리하다. 이런 자들은 재예(才藝)는 있으나 교만하여 비리나 남의 허물을 말하고, 남의 약점을 들춰내며, 감추고 싶은 것을 찾아내는 특징이 있다. 따라서 직업적으로 언론, 경찰, 세무, 감찰 수사관, 의사 등이 상관의 직업으로 알맞다. 식신과 상관이 강한 사주에 재(財)가 없으면 잔재주는 많으나 그 노력이 부(副)를 생조하지 못하니 빈천하다. 정관(正官)을 상하게 하는 상관은 오만불손하고 무례, 자만, 명예손상, 구설(口舌), 언쟁, 시비, 언행 불일치, 불법, 탈법, 반항, 관재(官災) 등을 초래한다. 상관이 천간에 있는 사람은 행동과 말을 조심하는 것을 인생의 지침으로 삼아야 한다. 상관은 4흉신(편관, 양인, 겁재, 상관) 중 하나다.

다음 예시는 식신, 상관에 공통적으로 적용될 수 있는 사주 명식이다. 甲목, 乙목 일간이 寅卯辰월에 태어나고 천간에서 火를 보는 사주와 金일간이 申酉戌월에 태어나고 천간에서 水를 보는 경우인데, 木일간이 火를 보면 목화통명(木火通明)이라 하고, 金일간이 水를 보면 금백수청(金白水淸)이라 하여 예부터 귀한 명(命)으로 여겼다.

목화통명(木火通明) 사주의 예
坤命

⇧乙목 일간이 寅卯辰월 중 卯월에 태어나고 천간에 丁화가 투출(透出)되니 목화통명 사주가 분명하다. 목화통명이란 귀한 사주를 얻은 주인공은 총명하고 사리 분별력이 남다르게 정확하고 빠르며, 샘솟는 아이디어와 기획력, 논리적 사고와 창조적 예술성, 활동력, 언변이 뛰어나다. 현재 고위직 지도자로 활동하고 있는 여성의 사주 명식이다.

금백수청(金白水淸) 사주의 예
乾命

⇧ 辛금이 酉월에 태어나고 천간에 癸수가 투출(透出)되니 금백수청 사주가 분명하다. 금백수청 사주는 목화통명 사주의 장점에 더하여 권력까지 얻을 수 있는 사주다. 실제 이 사주의 주인공은 머리가 좋고, 상황판단이 빠르고 정확하며, 언변의 논리성으로 좌중을 몰입하게 하는 화술(話術)도 뛰어나다. 金일간의 카리스마와 미남형의 화려한 외모를 갖고 있다. 부(副)와 귀(貴)를 모두 누리는 사주 명식이다.

마. 편재(片財)

일간이 극하는 오행이며 일간과 음양이 같은 것이다. 남자에게는 육친상으로 아버지, 처의 형제들이고 정재가 부인이라면 편재는 숨겨 놓은 애인(옛날에는 첩)을 나타내기도 한다. 그러나 사주에 정재가 없고 편재만 있는 경우엔 편재가 정실 부인이다. 여자에게는 아버지, 시어머니를 의미하며 시주(時柱)에 있는 편재는 손주를 의미하기도 한다.

편재는 활동성을 나타내는 대표적인 길신이다. 편재는 하이 리스크 하이 리턴(high-risk, high-return)의 심리가 강하다. 따라서 크게 투자하여 크게 얻거나 크게 잃는 경우가 많다. 욕심이 과하여 노력에 비해 일확천금을 노리는 투기, 복권당첨 등을 바라는 것이 대표적인 편재적 심리이다. 그러나 편재는 성격이 호방하고 원대하며 사주에 정관이 있거나 식상(食傷)이 있어서 편재를 도와주면, 큰 사업을 일으키고 거부가 되어 수십만 명의 일자리를 만들어 내는 것이 또한 편재다. 그러나 일간이 약하여 재를 손아귀에 잡지 못하고 식상의 도움을 받지 못하는 사주는 심약하여 우울증이나 불안장애 등의 정신적 고통에 시달릴 수 있다.

성격은 천성이 담백하고 꾸밈이 없으며 불의(不義)를 참지 못하지만, 편을 가르고 한쪽으로 치우치는 경향이 있어서 분란의 중심에 서기도 한다. 남녀 모두 풍류심이 있고 소비성향이 강하며, 편재가 태과하면 남자는 빈곤하거나 여난(女難)을 당하기 쉽고, 재복이 있는 듯하나 낭비도 심해 안정된 경제활동을 기대하기 힘들다. 의로운 일에 아낌없이 돈을 쓰는 것은 남녀가 동일하다. 편재가 많은 남자는 여색을 필히 경계해야 한다.

⇧ 壬수 일간이 子수 월에 生하고, 연지 申금도 壬일간의 뿌리가 되어 신강하다. 월간 丙화가 子수 위에 있어 위태로울 듯하나, 일지 寅과 시지 亥가 六合하여 木으로 化하고 연간 甲목이 丙화를 生하여 丙화 편재(偏財)가 약하지 않다.

이렇듯 식신(甲木)이 재(丙火)를 生하는 구조를 재기통문(財氣通門)이라 하여 갑부의 사주로 감별한다. 사주의 주인공은 실제 국내 유수의 재벌이 됐다. 위 사주처럼 정재가 없이 편재 하나만 있으면 편재가 정재의 역할을 한다. 또한 부자 사주가 되기 위해서는 財를 통솔하는 일간이 신강한 것도 중요한 조건이 된다. 이때 일간이 약하면 재물을 취할 수 있는 힘이 없으니, 재물은 그림의 떡이 되는 것이다.

바. 정재(正財)

일간이 극하는 오행이고 일간과 음양이 다른 것이다. 남자에게는 아내를 의미하고 여자에게는 시어머니가 되며, 남녀 모두 아버지, 숙부, 숙모를 의미한다. 사주에 정재가 있으면 명예, 번영, 자산, 신용을 나타내며 정의와 공론(公論)을 존중하고 시비를 분명히 하며, 의협심이 강하다. 정재는 남자에게 정처(正妻)인데, 사주에 정재가 있으면 좋은 아내를 맞는다. 물질적으로는 자신이 얻는 정당한 재물에 해당되고 대인관계에서는 종업원, 부하직원이며 선생에게는 제자이다. 개인적으로는 건강에 해당되는 길신(吉神)이다.

　정재는 근면, 성실, 신용, 저축, 절약, 안정, 정확, 인내, 양심적, 도덕성 등을 추구한다. 검소하여 허례허식을 싫어하고 남들에게 보여주기보다는 내실을 기하는 성실함이 있다. 그러나 보수적인 성향에 바른생활만 강조하므로 재미있는 사람이 드물다. 정재가 많은 남자는 여색으로 재산과 명예를 잃기 쉬우며, 사주에 정재가 너무 많으면 오히려 빈천하고, 엄처시하(嚴妻侍下)에 처하게 된다. 또한 정재와 인수(정인, 편인)가 서로 대등하면 여성은 시어머니와 불화한다. 고서(古書)에는 재성이 지지에 있음을 강조했으나, 오늘날에는 천간에 있는 것이 오히려 빛을 발한다. 정재는 4길신(식신, 정관, 재성, 정인) 중 하나다.

乾命

　⇧ 이미 직장을 퇴직한 남성의 사주다. 정재의 착실함과 근면 성실함으로 고위직 임원을 지냈으며, 40년의 직장생활을 마감하고 착실하게 모은 재산으로 여생을 보내고 있다. 정재와 정인을 용신하니 성실하고 바른생활 사나이다. 그러나 술에 취하면 마치 다른 사람이 된 것처럼 즐거운 시간을 보낸다.

사. 편관(偏官)

칠살(七殺)이라고도 한다. 일간을 극하는 오행으로 일간과 음양이 같은 것이다. 정관이 일간의 부정적 측면을 통제한다면, 편관은 강제적, 억압적으로 일간에 대한 흉폭성으로 작용한다. 따라서 편관이 타 오행에 의해 제극되지 않거나 편관이 많으면 주인공은 질병과 고통, 극빈, 사고, 죽음에도 이를 수 있는 흉성이다. 육친으로는 남자에게는 자식 또는 조부 등을, 여자에게는 남편의 형제 또는 혼외 남자를 의미한다.

편관의 특성은 권력, 투쟁, 흉폭, 고독 등을 나타내며, 칠살은 협기(俠氣)가 있어서 우두머리, 폭력집단의 두목이 되기도 한다. 흉폭성, 극빈, 파괴, 질병 등을 초래하는 대표적인 흉신(凶神)이다. 그러나 잘 제어된 편관은 군인, 경찰, 외과의사, 치과의사 등의 직업에 종사하는 경우가 많다. 의협심이 남다르고 권력지향적인 품성을 나타내며, 오늘날 정치인들에게 많이 나타나는 경향이 있다. 그러나 사주에 편관 하나만 있고 강하지 않다면, 정관과 같은 역할을 하여 품성이 정관처럼 온화하다. 편관이 사주 중에 있으면 반드시 극제하여 순하게 하는 오행(식상 또는 인성)이 있어야 한다. 만약에 일간이 약하고 편관을 생하는 재성이 있다면 그 흉폭함이 더욱 강해져서 사주의 주인공은 위축, 의기소침, 공포, 신경과민, 압박감, 소극적, 형액(刑厄)등의 형태로 나타난다. 남자 사주에 財가 많으면 여색으로 일생이 곤란하듯이, 여자도 정관과 편관이 혼잡되면 남자로 인해 일생 파란을 겪는다.

坤命

⇧ 壬수 일간이 申월에 태어난 여성의 명이다. 천간에 戊토 편관이 강한데, 丁화 정재가 戊토 편관을 생하니 그 영향력이 더욱 강해졌다. 남편의 흉폭하고 안하무인 성격 때문에 고생하다가, 편관을 누르는 식상 운에 이혼하고 큰 재물을 모은 여성의 명이다.

아. 정관(正官)

정관(正官)은 일간을 극(克)하는 오행으로 일간과 음양이 다른 것이다. 육친관계로는 남자에게는 자식과 친조카이고 여자에게는 남편과 남편의 형제를 의미한다. 정관은 재지발신(才智發伸)하고 명예를 중시하며 존귀함의 의미를 담고 있다. 정관은 일간을 다짜고짜 극하는 것이 아니라 정당한 통제와 의무, 규범, 질서, 신용 등을 중시하는 길신이다. 따라서 인성(仁性)과 함께 있으면 인품이 뛰어나고 유서깊은 집안의 자손이 많다. 여자 사주에 편관이 없고 정관과 재가 있으면, 좋은 남편을 만나며 남녀 모두 공직과 직장에서 승승장구한다. 특히 정, 편관이 혼잡되지 않고 정관이 재성을 만나면 여자는 남편 복이 있으며, 남녀 모두 관직을 얻고 직장에서 능력을 인정받는다.

이와 같이 정관은 길상(吉象)이면서 군왕이나 임금으로 비유되니 정관이 상관이나 식신에 의해서 파극(破克)되면 관재구설, 구속, 교통사고, 세금추징 등 흉함이 백태(百態)로 나타난다. 정관은 인간이 만든 질서뿐 아니라, 자연계의 질서와 원리 같은 개념이므로 정관의 작용원리가 없으면, 세상의 모든 질서가 무너지고 규범이 존속할 수 없는 것으로 간주한다. 따라서 정관은 공정함이 사명이며 본분이다. 사주에 정관이 바로 서 있으면 관직과 명예를 얻는다. 또 도덕, 윤리, 질서, 충성심과 준법정신이 투철하다. 또한 권위위식, 자존심, 체통, 보수적 성향, 강직성 등도 정관의 특성이다. 물질보다 명예를 중히 여기므로 자신의 충성심과 명예에 손상을 입으면 치명적인 오욕으로 여긴다.

사업을 한다면 정도경영을 하며, 공공기관이나 국가기관의 도움으로 성공한다. 부모님과 스승을 존경하고 우등생으로 타의 모범이 된다. 그러나 정관이 너무 많으면 남녀 모두 직업을 전전하고 곤궁하며, 여자는 남자관계가 복잡하여 결혼생활이 순탄치 못할 수가 있다. 정관은 원리원칙을 중시하여 융통성이 없다는 게 단점이다.

乾命

⇧ 癸수 일간이 戊토를 정관으로 하여 일간과 戊癸합까지 하고 있다. 권력과 정직, 명예, 충성심으로 대표되는 정관이 천간에 투출되어 강하고, 일간 또한 약하지 않으니 바른 정치인으로 30년 넘게 국회의원직을 수행했음에도 단 한 번도 불법적인 행위로 문제가 된 적이 없었다. 은퇴 이후에도 후배들의 존경을 받고 있는 노정객의 사주다.

자. 편인(偏印)

일간을 생하는 오행이고 일간과 음양이 같은 것이다. 육친으로는 계모 또는 유모 및 어머니의 형제를 뜻한다. 편인을 도식(倒食)이라고 부르는 이유는 복을 해치고, 육신 중 식신(食神)을 파극한다고 하여 붙여진 별칭이다.

편인은 표면적으로는 언행이 올바르고 인격과 자비심을 갖추고 있으며, 진실되고 선량한 것 같지만, 정작 속을 알 수 없다. 권모술수(權謀

術數)와 임기응변이 뛰어나고 계산이 빠르며 계략에 뛰어나다.

정인은 물질에 큰 뜻을 두지 않지만 편인은 물질에 상당한 집착을 보인다. 머리가 좋고 꾀가 많은 만큼 게으르고 나태하며 무슨 일이든 끝까지 완수하는 실행력이 부족하다. 또한 편인은 재산을 탕진하고, 실권(失權), 병환, 이별 등의 특성을 갖고 있다. 그러나 편인이 사주에서 조화를 잘 이루면 정인, 정관과 같은 군자의 품성과 대인의 품격을 갖고, 학문과 명예를 중하게 여기니 사람들의 존경의 대상이 된다. 또한 조직을 벗어난 독립적이거나 전문적인 직업에 잘 맞아서 학자, 의사, 예술가, 배우, 종교인 등에서 볼 수 있는가 하면, 유명한 사기꾼도 편인이 강한 자(者)에게 나타난다. 사주에 편인이 강하지 않거나 하나만 있으면 정인의 역할을 하며 그 특성도 같다.

乾命

⇧ 癸수 일간이 未월에 태어난 남성의 명이다. 천간에 편인 辛금이 강하여 甲목 상관의 흉함을 다스려주니 사주가 아름답다. 뜻한 바 있어 기자 생활을 그만두고 유학을 떠나 박사 학위를 받고 돌아왔으며 지금도 언론 분야에서 중요한 일을 하고 있다.

차. 정인(正印)

정인(正印)은 일간을 생하는 오행으로 일간과 음양이 다른 것이다. 정인이 사주에 있으면 헌신적이며, 자연계에서 물, 불, 태양, 대지 등과 같은 역할을 하며, 육친으로는 다정한 어머니이다. 인의(仁義)를 알고 군자의 품성과 대인의 품격을 갖춘 사람이 많으며, 학문과 지혜, 총명함을 타고난 사람이다.

정인은 인륜과 천륜을 소중히 여기며, 물질적 가치만을 쫓는 것을 천(賤)하게 여긴다. 정인의 작용은 직장에서 나를 돕는 상사 또는 조력자이며, 이들의 도움으로 순조롭게 조직에서 성공한다. 사주에 재성이 있으면 이 같은 길(吉)함이 감퇴되지만, 정관이 있으면 길조가 더욱 증가된다. 그러나 인성(印星)이 사주에 너무 많으면, 남자는 주체성 부족으로 부부 사이가 원만하지 못하며(이는 어머니의 심한 간섭으로 마마보이가 되어 아내가 견디지 못하는 것이다), 여자는 어머니와 생리사별할 수가 있다.

또한 인수가 많은 사주는 의타심이 강하고, 게으르며, 받기만 하고 베풀지 못하는 이기심으로 나타난다. 고서에서는 모자멸자(母慈滅子)라 하였는데 모친의 넘치는 관심과 사랑이 오히려 자식을 망친다는 뜻을 담고 있다. 아무리 좋은 육신이라도 사주의 균형이 무너지면 흉신(凶神)으로 변한다는 것은 사주 전반에 적용되는 원리다. 정인은 각종 자격증, 문서, 인허가, 면허증, 시험합격증 등을 의미하는데, 이와 같은 것을 취득하는 데 탁월한 자질이 있다고 할 수 있다.

앞서 사주(四柱)의 기본 이해와 육친(六親)들의 특성, 그리고 각 오행(五行)들의 상생상극(相生相剋)과 상호작용을 살펴봤다. 단편적 시각일지라도 한 사람의 길흉화복(吉凶禍福)을 해석하는 기본적인 개념을 담고 있으므로 반드시 기억해야 한다.

비견, 겁재, 식신, 상관, 편재, 정재, 편관, 정관, 편인, 정인 등 십신(十神) 가운데 식신, 재성(정재, 편재), 정관, 정인은 4길신(吉神)이라고 하고, 겁재, 상관, 편관(칠살), 편인을 4흉신(凶神)으로 분류하는 이유는 4흉신이 4길신을 파극(破克)하기 때문이다.

겁재는 재성(정재, 편재)을, 상관은 정관을, 편관은 비견과 일간(주인공)을, 편인은 식신을 파극한다. 또한 4길신은 4흉신의 흉함을 제극하여 흉함을 없애는 역할을 한다. 즉 식신은 편관을, 재성은 편인을, 정관은 겁재를, 정인은 상관을 제극하여 사주를 맑고 투명하게 하는 작용을 한다. 이러한 작용은 육친 또는 십성(十星)이라는 용어로 바꿔서 설명하고 있을 뿐, 결국 음양과 오행이 상호작용하여 균형을 맞추려는 자연현상과 같다. 이런 논리적 연장선에서 우주의 어떤 행성도 독자적으로 존재할 수 없고 각 행성들 간의 자연적 이치를 따르는 것이다.

우주의 원리와 현상 그리고 이치를 인간의 본성과 천성으로 이해하려고 했던 학자들은 인간의 탄생 과정을 중시했다. 여인의 몸에 새 생명이 자라는 것을 임신(妊娠)이라는 단어로 표현했다. 이 중 신(娠)이라는 글자는 女(여자)+辰(별)을 결합시킨 합성 문자이다. 즉, 娠(신)이란 여자가 아이를 가진 것을 여인의 몸에 별(우주의 기운)을 품은 것으로 인식할 만큼 새 생명을 잉태한 여성을 신성시했던 것이다.

6장

사주(四柱)의 구성

앞서 살펴본 천간론과 지지론, 십성론에서 알 수 있듯이 사주 여덟 글자가 갖고 있는 의미들은 화학적, 물리적 변화를 통해서 운명을 간명(看命)한다. 다시 말해 앞 장에서 설명한 사주 여덟 글자 하나 하나가 갖고 있는 단편적 의미를 이제부터 설명할 이론들에 적용함으로써 어떻게 화학적 물리적 변화를 일으키는지 종합적으로 살펴본다면 더 상세하고 구체적인 간명이 가능할 것이다.

甲乙丙丁戊己庚辛壬癸 10개의 천간과 子丑寅卯辰巳午未申酉戌亥 12개의 지지로 배합되는 경우의 수는 60가지이고, 연주와 월주, 일주, 시주에 각각 60가지씩 배합되어 겹치지 않는 경우의 수는 51만 8,400가지가 되며, 이것을 다시 남녀 성별로 구분하면 사주의 가짓수는 총 103만 6,800가지나 된다.

여기서 우리는 몇 가지 의문을 가질 수 있다. 첫째 2020년 현재 전세계 인구는 75억 명에 달하기에 이를 간명할 사주의 종류가 턱없이 부족하지 않을까? 둘째 경우의 수를 따져보면 똑같은 사주를 가진 사람이 대략 700명씩이나 되는데 그렇다면 같은 사주를 가진 사람들은 사는 곳이나 나라가 달라도 거의 비슷한 운명을 살고 있는 것일까?

인간이 직업으로 취하고 있는 직업의 수는 약 2만 5,000~3만 개에 이른다고 한다. 그러나 아주 특이한 직업을 가진 경우는 극소수일 것이니 약 2만 5,000개의 직업도 크게 나눠보면 사농공상(士農工商) 4가지의 직업군에 속할 것이고, 사람이 타고난 성품과 성격, 인종, 지역, 성별 등 복잡한 조건들을 대입하더라도 103만 6,800가지의 사주로 대부분의 인간 군상들의 명식을 담아낼 수 있을 것이다. 100만 가지가 넘는 사주는 다음과 같이 구성되어 있다.

1. 사주의 구성요소

시주(時柱)	일주(日柱)	월주(月柱)	연주(年柱)
丙(시간)	甲(일간)	甲(월간)	癸(연간)
寅(시지)	申(일지)	子(월지)	亥(연지)

　표는 태어난 연월일시를 우측에서 좌측으로 차례대로 세운다. 우측 첫 번째는 태어난 해(年)를 나타내며 연간(年干)과 연지(年支)로 이루어져 있고 이를 통칭 연주(年柱)라고 한다. 월간과 월지는 태어난 月을 표시하고 월간과 월지를 통칭 월주(月柱)라고 한다. 일간과 일지는 태어난 날(日)을 표시하고 일간과 일지를 통칭 일주(日柱)라고 한다. 시간과 시지는 태어난 시간(時間)을 표시하고 시간과 시지를 통칭 시주(時柱)라고 한다.

　태어난 연월일시에는 천간과 지지의 글자가 상하로 위치하여 하늘과 땅에 기둥을 만드니 이를 주(柱)라고 부른다. 따라서 연월일시를 나타내는 4개의 기둥을 사주(四柱)라 하고, 사주는 모두 8개의 글자로 구성되었기에 '사주 8자'라고 부른다.

2. 사주 세우는 법

　태어난 연월일시가 정해지면 연주부터 시주까지 차례로 4개의 기둥을 세우는 방법에 대해서 알아보자.

가. 연주 정하는 방법

월	1	2	3	4	5	6
節入日	입춘 2.4일	경칩 3.5일	청명 4.4일	입하 5.5일	망종 6.5일	소서 7.7일
월	7	8	9	10	11	12
節入日	입추 8.7일	백로 9.7일	한로 10.8일	입동 11.7일	대설 12.7일	소한 1.6일

사주학은 24절기 중 입춘(立春)을 한 해의 시작으로 삼는다. 1960년 庚子年은 양력 2월 5일 오전 4시 23분이 입춘이 되는 시각이다. 양력 윤달이 드는 해는 2월 5일이 입춘이고 윤달이 없을 때는 2월 4일이 입춘 날이다. 따라서 그 해 입춘일부터 다음 해 입춘일까지가 1년이 되는 것이다. 1960년 양력 2월 5일 04시 23분 이후에 태어난 사람의 연주는 庚子가 되며, 입춘을 기준으로 1960년 2월 5일 04시 23분 이전에 태어난 사람은 연주가 己亥가 된다. 입춘을 기준으로 연주를 정하기 때문이다.

나. 월주 정하는 법

일년의 시작은 입춘이 있는 寅월인 음력 1월이다. 卯는 2월, 辰은 3월, 巳는 4월, 午는 5월, 未는 6월, 申은 7월, 酉는 8월, 戌은 9월, 亥는 10월, 子는 11월, 丑은 12월이 된다. 월주 중에서 월지(月支)는 1월이 寅월이 된다는 것은 쉽게 알 수 있는데, 월간(月干)은 다음 공식에 따른다.

예컨데 庚子년생인 경우 庚은 乙과 乙庚合하여 金으로 化하므로, 金을 生하는 土가 1월의 천간이 된다. 천간의 土 중에 陽土인 戊토가 월의 출발점이 되는데, 음력 1960년 1월생은 월주가 戊寅월이 되고, 60갑자로 순행하여 2월생은 己卯월, 3월생은 庚辰월, 4월생은 辛巳월, 5월생은 壬

午월, 6월생은 癸未월, 7월생은 甲申월, 8월생은 乙酉월, 9월생은 丙戌월, 10월생은 丁亥월, 11월생은 戊子월, 12월생은 己丑월이 된다. 같은 공식을 적용하여 10간지의 1월부터 12월까지를 표시하면 아래와 같다.

- 甲己년생: 丙寅 1월, 丁卯 2월, 戊辰 3월, 己巳 4월, 庚午 5월, 辛未 6월, 壬申 7월, 癸酉 8월, 甲戌 9월, 乙亥 10월, 丙子 11월, 丁丑 12월
- 乙庚년생: 乙 또는 庚년생은 乙庚합하여 金이 되므로 金을 生하는 천간의 戊토로 1월을 시작한다. 戊寅이 1월, 己卯 2월, 庚辰 3월, 辛巳 4월, 壬午 5월, 癸未 6월, 甲申 7월, 乙酉 8월, 丙戌 9월, 丁亥 10월, 戊子 11월, 己丑 12월.
- 丙申년생: 丙 또는 辛년생은 丙辛이 합하여 水가 되므로 水를 生하는 천간의 庚금으로 1월을 시작한다. 庚寅이 1월, 辛卯 2월, 壬辰 3월, 癸巳 4월, 甲午 5월, 乙未 6월, 丙申 7월, 丁酉 8월, 戊戌 9월, 己亥 10월, 庚子 11월, 辛丑 12월.
- 丁壬년생: 丁 또는 壬년생은 丁壬이 합하여 木으로 化하므로 木을 生하는 천간의 壬수로 1월을 시작한다. 壬寅이 1월, 癸卯 2월, 甲辰 3월, 乙巳 4월, 丙午 5월, 丁未 6월, 戊申 7월, 己酉 8월, 庚戌 9월, 辛亥 10월, 壬子 11월, 癸丑 12월.
- 戊癸년생: 戊 또는 癸년생은 戊癸합하여 火로 化하므로 火를 生하는 천간의 甲목으로 1월을 시작한다. 甲寅이 1월, 乙卯 2월, 丙辰 3월, 丁巳 4월, 戊午 5월, 己未 6월, 庚申 7월, 辛酉 8월, 壬戌 9월, 癸亥 10월, 甲子 11월, 乙丑 12월 이와 같이 월주를 정한다.

다. 일주 정하는 법

1960년 3월 12일은 만세력에 의존하여 일주를 찾아야 한다. 예컨데 만세력에 나온 1960년 3월 12일은 乙丑일이다. 만세력을 참고하더라도 하루의 시작 시간은 子시를 기준하여 시작한다. 보통 하루의 시작은 밤 0시부터지만 사주학에서는 밤 11시 자시부터 하루가 시작된다.

우리나라 표준시는 동경 127도 30분인데, 현재 일본 동경 135도 기준을 따르고 있기 때문에 우리의 표준시와 32분의 시간 차이가 발생한다.

이를 감안하여 우리나라의 하루의 시작은 23시 32분이며, 이때부터 01시 32분까지를 子時로 본다. 丑時는 01시 32분부터 03시 32분까지이다. 또한 양력 1908년 2월 1일부터 1911년 12월 31일생까지와 1954년 3월 21일부터 1961년 8월 9일생까지는 우리나라 표준시인 동경 127도 30분으로 시간을 정하였기에 이때는 32분의 오차를 적용해서는 안된다. 동경 127도 30분은 서울을 기준으로 시간을 정했다. 이런 오차를 만세력에 적용하여 날짜를 정해야 한다.

地支	時間	地支	時間
子	23시 32분~01시 31분	午	11시 32분~13시 31분
丑	01시 32분~03시 31분	未	13시 32분~15시 31분
寅	03시 32분~05시 31분	申	15시 32분~17시 31분
卯	05시 32분~07시 31분	酉	17시 32분~19시 31분
辰	07시 32분~09시 31분	戌	19시 32분~21시 31분
巳	09시 32분~11시 31분	亥	21시 32분~23시 31분

라. 시주 정하는 법

시간(時干)을 정하는 방법은 앞서 월간을 정했던 방법과 유사하다. 월간(月干)을 정하는 원칙은 합화(合化)한 것을 생(生)하는 오행으로 월간을 정했으나, 시간(時干)은 합화(合化)한 오행을 극(剋)하는 오행으로 시작한다는 점이 다르다. 예컨데 乙 일간이 子時에 태어난 사람은 乙과 庚이 합하여 金으로 化하므로 金을 극하는 천간 丙화로 子時를 시작한다. 따라서 子시는 丙子시가 되고, 육십갑자 순으로 丑時는 丁丑, 寅時는 戊寅, 卯時는 己卯, 辰時는 庚辰, 巳時는 辛巳, 午時는 壬午,

未時는 癸未, 申時는 甲申, 酉時는 乙酉, 戌時는 丙戌, 亥時는 丁亥가 된다. 각 일간별 시간(時干)을 정하는 방법은 아래와 같다.

- **甲己 일간** 甲 또는 己일 생은 甲己 합하여 化한 土를 극하는 천간 甲목부터 甲子시, 乙丑시, 丙寅시, 丁卯시, 戊辰시, 己巳시, 庚午시, 辛未시, 壬申시, 癸酉시, 甲戌시, 乙亥시.
- **乙庚 일간** 乙 또는 庚일 생은 乙庚 합으로 化한 金을 극하는 천간 丙화부터 丙子시, 丁丑시, 戊寅시, 己卯시, 庚辰시, 辛巳시, 壬午시, 癸未시, 甲申시, 乙酉시, 丙戌시, 丁亥시.
- **丙辛 일간** 丙 또는 辛일 생은 丙辛 합으로 化한 水를 극하는 천간 戊토부터 戊子시, 己丑시, 庚寅시, 辛卯시, 壬辰시, 癸巳시, 甲午시, 乙未시, 丙申시, 丁酉시, 戊戌시, 己亥시.
- **丁壬 일간** 丁 또는 壬일 생은 丁壬 합으로 化한 木을 극하는 庚금부터 庚子시, 辛丑시, 壬寅시, 癸卯시, 甲辰시, 乙巳시, 丙午시, 丁未시, 戊申시, 己酉시, 庚戌시, 辛亥시.
- **戊癸 일간** 戊 또는 癸일 생은 戊癸 합으로 化한 火를 극하는 壬수부터 壬子시, 癸丑시, 甲寅시, 乙卯시, 丙辰시, 丁巳시, 戊午시, 己未시, 庚申시, 辛酉시, 壬戌시, 癸亥시로 시간을 정한다.

1960년 3월 12일 밤 10시 생을 사주로 나타내면 1960년은 庚子년이고, 3월은 乙庚합화 金을 生하는 戊부터 戊寅이 1월이 되고, 3월은 庚辰이 된다. 만세력으로 3월 12일은 乙丑이며, 밤 10시는 亥시이므로, 일간 乙은 乙庚합화로 金을 극(剋)하는 丙화부터 헤아리면 丁亥시가 된다. 따라서 庚子년, 庚辰월, 乙丑일, 丁亥시 라는 사주를 갖는 것이다.

⇧ 우측부터 연주 월주 일주 시주로 드디어 사주의 네 기둥을 세웠다. 명리학자들은 사주의 "네 개의 기둥을 세울 수 있다면 사주의 반은 아는 것이다."라고 했다. 그만큼 우리는 멀리 그리고 깊은 곳까지 들어왔다.

마. 궁성론(宮星論)

연월일시에 따라 사주의 네 개의 기둥이 세워지면 연주부터 월주 일주 시주에 각각 궁(宮)을 붙여 표현한다. 예를 들어 연주궁, 월주궁, 일주궁, 시주궁으로 구분하는데, 거기에는 그만한 이유가 있다. 각각의 궁은 그 범주에서 시간과 공간, 시작과 끝, 원인과 결과 등을 넘나들 수 없는 궁처럼 담고 있기 때문이다.

(1) 근묘화실(根苗花實)

사주의 네 기둥을 근묘화실(根苗花實)로 나눠 표현하는데, 연주궁은 근묘화실 중 근(根)에 해당하며 시간상으로는 먼 과거이고 육친으로는 조상, 가문, 조부모를 의미한다. 식물로 표현하면 뿌리, 씨앗, DNA이며 역사의 시작이다. 또한 주인공의 일생 중 태아 때부터 15세까지의 시간을 담고 있다. 월주궁은 묘(苗)라고 하고 시간상으로 가까운 과거이고, 육친으로는 부모 또는 형제이며, 자연 생태계로는 자라나는 묘목, 성장이며 역사적으로는 근대사다. 일생의 시간 중 16세부터 30세까지를 담고 있다.

일주궁은 화(花)이고 시간상으로 현재이고 미래로 가는 길목이다. 육친으로는 본인(나), 식물로 치면 꽃이 핀 상태이고, 내가 놓여진 현재의 상태다. 나이는 31세부터 45세까지를 담고 있다. 시주궁은 일주가 만든 결과이고 시간상으론 미래이며 육친으로는 자식, 후배, 제자이며 식물로 표현하면 열매다. 나이는 46세부터 60세 이후를 모두 포함한다. 60갑자를 기준해서 각 궁을 15년씩 배분한 것이다.

(2) 궁성론(宮星論)의 활용

사주의 각 궁은 나름의 역할과 의미를 담고 있다. 조부모나 부모의 궁에 인성(印星)이 놓여 있다면 인성은 육친으로 부모나 어머니를 의미하므로 궁의 위치와 육친적 관계가 제대로 형성된 것이다. 또한 연주에 인성이 있다면 학문적 가풍이 있는 집안으로 볼 수 있고, 어릴 적부터 책을 가까이한 사람이다. 그러나 식상이나 재성이 있다면 식상은 기술로 전통을 잇는 집안이고, 재성은 경제적 부(富)를 이룬 집안이니 물려받을 재산이 있다는 것을 암시한다. 이때 만약 월간에 겁재나 비견이 있다면 (특히 겁재) 부모의 유산문제로 쟁재(爭財)가 발생하여 재산 다툼이 있음을 예견할 수 있다. 각 궁들이 담고 있는 것들과 육친, 십성 그리고 12운성의 생왕사절을 대입하여 더 깊은 간명을 할 수 있을 것이다.

⇧ 甲목 일간이 申월에 태어나서 천간에 편관 庚금이 투간 되었고, 일지에는 子수 편인이 있어 申子(辰)삼합하여 인수가 왕한 사주다. 부모궁의 편관은 남자에게는 자식이고 여자에게는 남편이다. 부모궁에 자식이 있으니 자식들이 일찍 독립한다. 여자에게는 남편인 편관 庚금이 월지 申금 건록지(建祿支) 위에 있으니 든든한 남편이다. 또한 일지

궁은 남자에게는 처(妻)궁이며, 여자에게는 남편궁인데, 남명(男命)의 일지에는 재성이 있는 것이 가장 좋다.

하지만 이 사주는 편인이 자리하고 있다. 남자의 사주라면 아내의 자리에 인성인 남편의 어머니가 있으니 고부간의 갈등이나, 시댁의 시집살이를 하는 아내를 걱정해야 할 것이다. 뿐만 아니라 지지에 인성 水 기가 넘치니 어머니의 사랑이 지나쳐 마마보이가 될 수 있는 명(命)이라고 통변할 수 있다. 이렇듯 각 궁(宮)은 시간의 흐름이고 집안의 내력이며, 육친들의 공간이다.

근묘화실의 이론을 응용하여 십성과 육친, 12운성과 운을 대입하면 사주 간명을 더 풍부하게 할 수 있다. 공간 속에서 시간을 안다는 것은 '때'를 아는 것이니, 일을 도모함에 있어서 나아감과 멈출 때를 아는 것이고, 인내하고 수성(守城)하는 때를 아는 것이니, "命을 아는 자(者)는 반드시 흉(凶)을 피할 수 있다."라고 하였다.

이렇게 시간으로 만들어진 명(命)은 운(運)이라는 바다를 만나서 항해를 시작하는데, 운(運)은 인생행로를 주관하는 대운과 매년 해가 바뀔 때마다 오는 연운(年運) 또는 세운(歲運)이 있으며, 월을 보는 월운(月運), 일을 보는 일운(日運)이 있다. 대운은 사주를 기준으로 10년 단위의 운으로 다음과 같은 방법으로 정해진다.

3. 대운(大運) 세우는 법

- 사주의 연간(年干)이 양간(陽干)인 남자
  월주를 기준으로 대운 순서가 순행한다. 예컨데 庚辰월생이고 연간이 양간인 남자의 경우, 천간은 월간의 庚 다음부터 辛壬癸甲乙丙丁 순으로 진행하고 지지는 辰 다음부터 巳午未申酉戌亥으로 순행한다.
- 사주의 연간이 음간(陰干)인 남자
  월주를 기준으로 대운 순서가 역행한다. 예컨데 庚辰월생이고 연간이 음간인 남자의 경우, 천간은 庚 다음부터 己戊丁丙乙甲癸 순으로 역행하고, 지지도 辰 다음부터 卯寅丑子亥戌酉로 역행한다.
- 사주의 연간이 양간(陽干)인 여자
  월주를 기준으로 대운 순서가 역행한다. 예컨데 庚辰월생이고 연간이 양간인 여자의 경우, 庚 다음부터 己戊丁丙乙甲癸 순으로 역행하고, 지지도 辰 다음부터 卯寅丑子亥戌酉로 역행한다.
- 사주의 연간이 음간(陰干)인 여자
  월주를 기준으로 대운 순서가 순행한다. 예컨데 庚辰월생이고 연간이 음간인 여자의 경우, 천간은 庚 다음부터 申壬癸甲乙丙丁으로 순행하고 지지는 辰 다음부터 巳午未申酉戌亥으로 순행한다.

위에 예시한 사주가 남자의 명이라면 천간과 지지를 나란히 세우면 아래와 같은 대운이 만들어진다.

己戊丁丙乙甲癸壬辛　　천간 대운
丑子亥戌酉申未午巳　　지지 대운

위 같은 사주가 여자의 명이라면 아래와 같은 대운이 만들어진다.

辛庚壬癸甲乙丙丁戊己　　천간대운
午未申酉戌亥子丑寅卯　　지지대운

따라서 같은 사주의 命일지라도 남녀의 차이로 대운의 순서가 위와 같이 바뀌게 되며 이렇게 달라진 대운의 순서는 사주를 감명하는 데 큰 영향을 준다.

위 여성의 대운은 아래와 같다.

　61세의 여성의 사주는 9세 己卯 대운부터 시작하여 10년 단위로 새로운 대운을 맞으면서 인생을 항해하는 것이다. 앞에서 말했듯이 운은 사주의 명이 맞이하는 새로운 환경이고, 그 환경을 바다로 비유하면 바다가 잔잔하고 순풍이 분다면 사주의 명이 다소 나쁘다 하더라도 그 인생이 순탄할 것이나, 거친 풍랑이 일고 역풍이 불어온다면 항해는 결코 순탄치 않을 것이다. 이에 선인들은 '명불여운로(命不如運路)'라는 말을 남겼는데, "좋은 운을 만나는 것이 좋은 명보다 낫다."라는 뜻이다. 여기서 일반인들의 대운에 대한 흔한 오해를 바로잡자면, 대운이란 좋은 운, 길운이란 뜻이 아니라 1년 단위로 변하는 세운(歲運)과 비교해 10년 단위로 변하는 운을 대운(大運)이라고 명명한 것이다.

4. 대운의 대운수(大運數) 정하는 법

앞서 말했듯이 대운은 10년마다 바뀌는데, 바뀌는 시점을 대운수(大運數)라고 한다. 예를 들어 1세, 11세, 21세… 식으로 1세를 기준으로 바뀌기도 하고, 2세, 22세, 32세… 식으로 바뀌기도 하는데 바뀌는 시점은 각각 다르게 정해진다. 각자의 대운수를 정하는 방법은 다음과 같다.

● 사주의 연간이 양간(陽干)인 남자는 태어난 생일에서 다가올 다음달 절입일까지 남아 있는 날짜를 헤아려 그 수를 3으로 나눈 숫자의 몫이 대운수가 된다. 예를 들어 절입일까지 13일이면 3으로 나눈 몫이 4이고 1이 남으면 1은 버리고 대운수를 4로 삼는다. 남은 수가 2이면 반올림하여 대운수를 5로 삼는다.

● 사주의 연간이 음간(陰干)인 남자는 태어난 생일에서 지나온 절입일을 헤아려 3으로 나눠서 같은 방식으로 대운수를 삼는다.

● 사주의 연간이 양간(陽干)인 여자는 태어난 생일에서 지나온 절입일을 헤아려 3으로 나눠서 같은 방식으로 대운수를 삼는다.

● 사주의 연간이 음간(陰干)인 여자는 태어난 생일에서 다음달 절입일까지 남은 수를 헤아려 3으로 나눠서 같은 방식으로 대운수를 삼는다. 각각이 남은 수가 3이하일 경우는 그 남은 수로 대운수를 정한다.

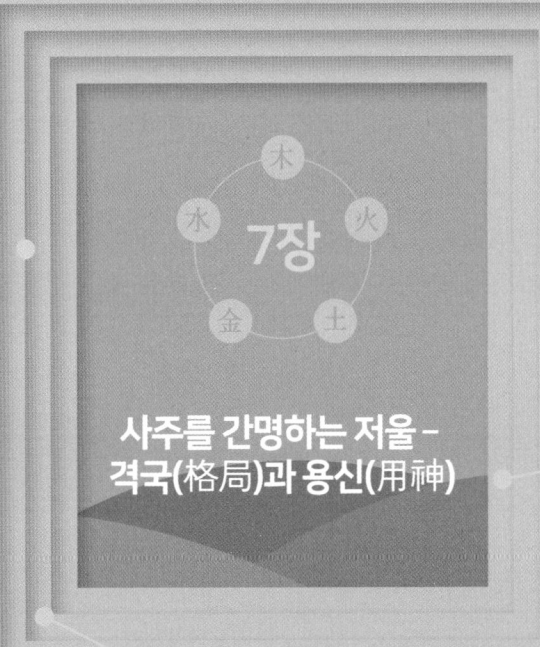

7장

사주를 간명하는 저울 – 격국(格局)과 용신(用神)

1. 사주를 간명하는 핵심적 주체, 격국(格局)

격국(格局)이란 인간 됨됨이 또는 품위, 인격 혹은 재물, 사회성, 직위 등 다양한 뜻을 함축적으로 담고 있다. 격국은 사주를 간명(看命)하는 가장 핵심적인 주체이다.

여러 종류의 격 중에 어느 하나의 격(格)이 정해지면 격에 따라서 빈부귀천과 길흉화복을 구체적으로 논하므로, 운명을 자세히 살필 수 있는 도구다. 격국이란 사주팔자를 이끌고 가는 주체이므로 운명을 판단하는 기준이고, 주인(일간)의 활동무대를 파악하고, 구체적으로 주인공의 사회성, 직업성, 적성 및 역량 그리고 주인공의 성품과 성격들을 추론하여 궁극적으로 길흉화복과 빈부귀천을 감명하는 중심축이다.

격국(格局)의 뜻을 보면 격(格)이란 주인공이 만들어가는 지위, 인품, 재물 등을 포함하는 것이고, 국(局)이란 비주체적 판세나 환경을 의미하며, 주체적으로는 주인공의 역량도 포함한다. 따라서 사주의 격국을 파악한다는 것은 그릇에 비유하자면 그 모양이나 크기, 색깔을 아는 것과 같다. 사주의 격을 파악하는 기준은 주인공이 태어난 환경인 월지(계절)에서 천간에 *투간(透干)된 오행으로 격을 정하는 것이 원칙이다.

격국 이외에도 신살론, 일주론, 천간론, 지지론, 억부론, 십성론, 궁성론 등이 있지만 이런 이론들은 사주의 격국이 정해진 뒤에야 비로소 덧붙여 설명할 수 있는 요소들이기에, 격국을 정하는 방법과 격국에 대한 이론을 중요하게 다루고자 한다.

> ***투간(透干)** 地支 오행이 天干에 있거나, 지지 오행의 지장간이 천간에 나타난 것. 투간 또는 투출(透出)이라고도 한다.(예: 월지 寅의 지장간 戊丙甲 중 어느 것이든 천간에 나타나면 투간이라고 한다.)

투간이란 개념이 나왔으니 투간과 짝을 이루는 착근(着根)의 개념도 알고 넘어가는 게 좋겠다. 착근이란 천간의 어떤 오행이 뿌리를 지지에 두고 있음을 말한다. 천간의 오행이 지지에도 같은 오행이 있거나, 지지의 어떤 오행의 지장간에 천간의 오행과 같은 오행이 있는 것을 말한다. 예컨데 천간의 丙화의 뿌리는 지지(地支)의 巳(지장간 戊庚丙) 또는 午(지장간 丙丁)가 있거나, 지지에 寅목이 있어서 寅의 지장간 戊丙甲 중에서 丙화에 뿌리를 둔다는 것이다. 또 未의 지장간 丁乙己 중에서 丁화, 戌 지장간 辛丁戊 중에서 丁화에 뿌리를 둔 것도 포함하여 천간의 丙화가 지지에 뿌리를 두고 있는 것이다.

사주의 격을 정할 때는 그 사주에서 가장 강한 오행으로 격을 삼는 것이 원칙이다. 그 이유는 사주 전체를 리드해야 하니 힘이 있어야 하고, 주인공의 특징을 대표적으로 나타내는 강한 오행이기 때문이다.

연월일시 중 가장 강한 오행의 기준은 주인공이 태어날 당시 환경(계절)이 중요하므로 태어난 월을 기준해서 격을 잡는다. 태어난 월은 한난조습(寒暖燥濕)을 분명하게 나타내는 자연적 환경이고, 사회적 환경이며, 부모의 영향력이 가장 큰 궁(宮)이기 때문이다. 따라서 월지에서 천간으로 투간된 오행을 사주의 격(格)으로 삼는 것을 원칙으로 한다.

격(格)은 그 사주의 모양이고, 크기를 나타내니 체(體)라고 하며, 그 격을 도와 움직이는 것을 용(用)이라고 한다. 쉽게 말하자면 체(體)는 그릇과 같고 용(用)은 그릇에 담긴 내용물 또는 그릇을 사용하는 용도라고 할 수 있다. 따라서 사주의 격국이 완성되기 위해서는 반드시 격의 그릇에 담을 내용물이 있어야 하는데, 이 내용물을 용신(用神)이라고 부른다.

이 용신은 격국을 돕는 역할을 하며 용신이 있어야 비로소 사주가 성격(成格)되었다고 할 수 있다. 사주의 주인은 일간이고, 사주를 끌고 가는 주체는 격국이며, 격국을 완성시키는 것은 용신이다. 격이 완성되기 위해서는 월지 지장간의 투간과 투간된 오행을 돕는 용신이 필요한데, 격과 용신에 대해서 가장 상세하게 설명한 《자평진전》에서의 천간과 지지에 대한 정의를 살펴보면, "지지의 오행은 정(靜)하고, 천간의 오행은 동(動)한다."라 했다. 천간은 활동적으로 움직이고, 지지는 스스로 움직임이 없는 것을 말한 것이다. 따라서 지지의 오행이 아무리 강해도 천간에 투간되지 않으면, 밖으로 나타나지 않으니 그 사람의 품성이나 자질, 성격, 능력이 표출되지 않는 것과 같다.

움직임이 없는 지지라는 것을 달리 말하자면, 상대방이 속마음을 드러내지 않으면 그의 뜻과 의도를 전혀 알 수 없다는 것이다. 따라서 격을 돕는 용신은 반드시 천간에서 구해야 한다. 지지의 오행들은 천간 오행의 뿌리가 되므로 뿌리가 있는 천간 오행들은 더 강하고 더 활동적인 역할을 한다.

2. 격(格)의 종류

월지에서 천간에 투간된 오행이 격을 형성하는데, 투간된 오행의 십성에 따라 격의 명칭이 주어진다. 예를 들어 일간이 乙목이고, 월지 지장간에서 투간된 오행이 庚금이라면 庚금은 乙일간의 정관(正官)이 되므로 이때는 정관격(正官格)이 된다. 또는 일간이 乙목이고, 월지 지장간에서 투간된 오행이 丁화라면 丁화는 乙일간의 식신이 되므로 이때는 식신격이 된다. 이러듯 격의 명칭은 육친을 기준으로 규정된다.

격의 종류는 내격과 외격 그리고 특수격으로 나뉘는데 대부분 90%의 사주는 내격은 속하고, 내격은 4길격(吉格)과 4흉격(凶格)으로 구분한다. 4길격은 재관인식(財官印食)에 속하는 정관격(正官格), 정인격(正印格), 식신격(食神格), 재격(정, 편재를 포함하여 財格)이 있으며, 4흉격은 살상효인(殺傷梟刃)에 속하는 편관격(偏官格), 상관격(傷官格), 편인격(偏刃格), 양인격(陽刃格)이 있다. 4길격은 격(格) 자체로 귀함과 부(富)를 취(取)하고 있음으로 길격으로 분류했고, 4흉격은 격의 성질이 흉(凶)함을 담고 있음으로 흉으로 분류했을 뿐, 그 자체로 빈부귀천 또는 길흉화복을 의미하는 것은 아니다.

격이 길격이라고 하더라도 사주 내에 격을 파극하는 오행이 있어서 길(吉)함이 깨지면 빈천할 것이고, 흉격이라 하더라도 흉함을 극(剋)하는 오행이 있어서 사주가 성격(成格)되면 부귀를 누리는 명(命)이 된다.

8정격을 내격이라고 한다면, 외격(外格)은 종격(從格)과 특수격 등이 있다. 종격이란 사주를 구성하는 오행 가운데 가장 큰 세력에 순종하여 따라가는 것으로 강한 세력을 격으로 삼는 것이다.

외격은 종격, 일행득기격, 화격 등으로 구분된다. 특수격이란 천원일기격, 양간부잡격, 삼기격, 일귀격, 임기용배격, 비천록마격, 정란차격, 축요사격, 사패구전격, 사고구전격 등 많은 이름의 특수격이 있으나, 사주 구성이 특이하여 고서에서는 귀격으로 구분하고 있으나, 사주의 감별은 내격의 기준과 대동소이하다. 또한 이 중에는 허충, 진충, 허합, 요합, 형합, 공협 등으로 특수격을 이루는 경우도 있으나, 결국 격국의 이론을 알아야 응용이 가능한 부분이다.

일반적으로 사주에 재성(財星)이 있으면 부자이고, 관성(官星)이 있으면 고위관직에 오른다는 식의 단식판단은 잠시 미뤄두자. 이제부터 설명할 격국와 용신을 이해해야만 사주의 형충 그리고 합과 극, 살(殺), 신(神) 등을 종합적으로 판단하여 사주를 감명하는 수준에 이를 것이다.

격국이 정해지면 그 사주가 성격(成格)되는 조건을 갖췄는지, 파격(破格)이 되었는지를 가장 먼저 살펴야 한다. 사주의 격이 성격되었다면 그 주인공은 편한 삶을 누릴 것이나, 격이 파격되었다면 힘든 삶을 예견할 수 있다. 그러나 파격된 사주가 운(運)에서 성격으로 바뀌기도 하고, 성격된 사주가 운에서 파격으로 바뀌어 나락으로 떨어지기도 하므로, 변화하는 운명을 주의 깊게 살펴야 한다. 이런 이유로 이번 장에서는 억부론 등 여타의 이론보다 격국 이론을 가장 중요하게 다룬다.

3. 격국 정하는 법

가. 첫째 격의 뿌리는 월지다. 월지의 지장간(支藏干)은 여기(餘氣), 중기(中氣), 정기(正氣)로 나뉜다. 월지가 품고 있는 지장간 중 격으로 삼는 순서는 정기(正氣)를 우선으로 하고, 천간에 정기(正氣)가 투간되지 않았으면, 지장간 여기나 중기로 격을 잡는데, 여기와 중기가 동시에 투간되었을 때는 사주 전체를 살펴 더 강한 오행으로 격으로 삼는다.

식신	일간	정재	상관
乙	癸	丙	甲
卯	巳	寅	辰
식신	정재	상관	정관

⇧ 癸수 일간이 寅월에 태어난 사주다. 이 사주는 寅목의 지장간 戊丙甲 중 丙과 甲이 투출되고 또한 甲목과 같은 오행인 乙도 투출되었다. 투출된 지장간 중에서 정기를 우선한다는 원칙에 따라 연간 甲목이

격이다. 甲목은 일간을 기준으로 상관이니 상관격(傷官格)이 되었다.

나. 둘째 월지의 지장간 중에서 천간에 투간된 오행이 없을 때에는 월지의 지장간 정기로 격을 삼는다. 단, 辰戌丑未월은 월지의 정기로 격을 잡지 못한다.

⇧ 乙목 일간이 午월에 태어난 명식이다. 午월의 지장간 丙己丁 중에서 천간에 투출된 오행이 없다. 따라서 午는 12운성으로 火의 왕지(旺地)이니 午의 정기 丁화로 격을 잡는다. 丁화는 일간의 식신이니 식신격(食神格)이 된다. 이와같이 지지의 子午卯酉는 각 오행의 왕지이므로 천간에 투출된 지장간이 없을 경우는 월지 자체로 격을 잡을 수 있다. 또한 寅申巳亥도 오행의 생지(生地)이므로 투간된 오행이 없을 경우 월지 자체로 격을 잡을 수 있으나, 그 세력이 약하거나 지지에서 극을 당하면 격을 잡지 못한다.

다. 셋째 월지의 지장간 정기가 투간되지 않고 여기나 중기가 투간되었으나, 일간과 같은 오행(비견, 겁재)이면 격으로 삼지 못한다.

⇧ 乙목 일간이 亥월에 태어난 명이다. 亥의 지장간 戊甲壬 중에서 중기인 甲목이 투간되었으나, 일간과 오행이 같으므로 甲은 격이 될 수 없다. 월지 亥수 자체로 격을 잡을 수도 있으나 亥수가 연지 辰토에 극을 당하니 격을 잡지 못한다. 이런 경우는 사주에서 가장 강하고 천간에 투간된 辛금으로 격을 잡아 가편관격(假偏官格)으로 격을 잡는다. 辛금은 지지의 巳酉가 반합하고, 辛금의 뿌리인 酉금이 辛의 제왕지이므로 사주 중 가장 강하기 때문에 가능하다. 지장간 정기나 여기, 중기가 투간되지 않아 격을 잡지 못했을 경우엔 위 명식처럼 가격(假格)으로 임시로 격을 잡아 운세를 감명하고, 대운에서 여기, 중기, 정기 어느 오행이든 만나면 격을 변격(變格)하여 사주를 감명한다. 예컨데, 위 사주에서 대운이 壬辰운으로 바뀌는 것을 가정하면 壬수는 亥의 지장간 戊甲壬 중 정기가 되므로 그 대운 기간에는 정인격으로 격이 바뀌고 그에 따라 명운을 진단한다.

라. 넷째 월지가 寅申巳亥이고 천간에 투간된 지장간이 없을 때에는 여기, 중기와 정기 중에서 음양은 다르나 같은 오행이 투간되면 그 오행으로 격을 삼는다. 예를 들어 巳月의 지장간이 戊庚丙인데, 천간에 戊庚丙 중 어느 오행도 투간된 것이 없고, 음양은 다르나 오행이 같은 己辛丁이 투간되면 그 오행으로 격을 삼고, 모두 투간되면 정기 丙화와 오행이 같은 丁화를 우선하고, 己토나 辛금 둘 다 투간되면 사주 전체

를 살펴서 더 강한 것으로 격을 삼는다. 寅월도 지장간 戊丙甲 모두가 투간되지 않으면 乙목을 우선하고 丁화, 己토가 투간되면 격으로 삼을 수 있다. 申월은 지장간 戊壬庚 중 戊토 여기는 12운성으로 申금에서 사지(死地)이기 때문에 戊토로 격을 잡지 못한다. 또한, 亥월은 지장간 戊甲壬 중 여기인 戊토가 亥에서 절지(絕地)인 관계로 戊토가 투간되더라도 戊로 격을 잡지 못한다. 申과 亥월인 경우에는 지장간 여기 戊토의 활용에 주의해야 한다.

⇧ 庚금 일간이 亥월에 태어난 사주다. 亥월의 지장간 戊甲壬이 천간에 투출되지 않았고 중기 甲목과 오행이 같으나 음양이 다른 乙목이 투간되니, 乙목을 격으로 삼아 정재격을 이뤘다. 이때 연간 己토는 여기 戊토와 오행이 같으나 앞서 말한 것처럼 戊토는 亥수에서 절지가 되므로 戊토는 힘이 없으니 격이 될 수 없다. 또한 己토는 乙목에 극을 당해 격으로서 자격을 상실했다. 예시된 사주는 격은 있으나 용신이 없어서 파격은 아니지만 그렇다고 성격도 아니다. 이럴 경우엔 운에서 용신을 얻으면 성격이 된다.

마. 다섯째 寅申巳亥월에 투간된 지장간이 없으면 월지 자체로 격을 삼는 경우가 있는데, 월지가 일간과 같은 오행이면 건록격, 월지 겁재격으로 가능하나, 월지 자체 정기로 격을 잡을 때에는 월지를 충극하는

오행이 없고, 월지와 합하여 강해지거나 월지를 돕는 오행이 있을 때에만 고려한다. 寅申巳亥 중 寅은 지장간 戊丙甲 중 정기인 甲을 우선하고 그 다음이 丙 그리고 戊 순서로 격을 잡고 같은 오행인 乙▶丁▶己 순서로 격을 잡을 수 있다. 寅월의 지장간 중 乙목과 戊토가 함께 투출되면 乙목으로 격을 삼는다. 그 이유는 戊토가 乙목에게 극을 당하여 이미 쇠약하기 때문이다. 巳월은 지장간 戊庚丙 중 정기 丙화가 우선이고 그 다음이 戊토, 庚금은 세번째 순서로 격을 잡는다. 같은 오행도 丁▶己▶辛 순서로 격을 잡을 수 있다.

편관	일간	비견	편관
丁	辛	辛	丁
酉	丑	亥	酉
비견	편인	상관	비견

⇧ 辛금 일간이 亥월에 태어난 사주다. 亥 중 지장간은 戊甲壬인데, 천간에 투간된 오행이 없다. 월지 亥수를 생하는 酉금이 있고 丑토는 亥子丑 수왕지절(水旺之節) 土이므로 亥수로 능히 격을 삼을 수 있으니 상관격이 되었다.

바. 여섯째 子午卯酉월의 경우 子는 壬의 왕지, 午는 丙의 왕지, 卯는 甲의 왕지, 酉는 庚의 왕지(旺地)이기 때문에 대운에 따른 격의 변화가 거의 없다. 예를 들면 甲목 일간이 子월에 태어나면 子월의 지장간은 癸수와 壬수이고 중기가 없이 모두 水기만 있다. 따라서 壬수가 투간되면 편인격이고, 癸수가 투간되면 정인격이 되므로 모두 인수격에 속하여 대운에서 어떤 대운이 와도 오행적인 격의 변화가 없다. 지장간 중

중기가 없는 酉월과 卯월도 子월과 같이 여기와 본기가 같은 오행이고 중기가 없으므로 격의 변화가 없다. 다만, 제왕지 중 午월의 경우는 子卯酉와 다르게 중기가 있다. 午화는 지장간이 丙己丁 여기, 중기, 본기로 구분되고 격의 변화가 있을 수 있는데, 午월은 화왕지절(火旺之節)이니만큼 土보다 火를 우선하여 격을 삼는다. 午월의 지장간이 모두 투간되었다면 丁▶丙▶己 순으로 격을 취한다. 戊土가 투간(透干)되어도 격으로 삼는데, 이는 午월은 戊토의 제왕지(帝王支)이기 때문이다.

⇧ 庚금 일간이 子월생이다. 子의 지장간 壬癸 중 월간에 여기 壬수가 투간되어 壬수로 격을 삼아서 식신격이다.

사. 일곱째 辰戌丑未월은 잡기월(雜氣月)이라 하여 왕지인 子午卯酉, 생지인 寅申巳亥와 격을 삼는 방법이 다르다. 辰戌丑未월은 여기, 중기, 본기의 사령(司令)일자가 비슷하고 계절을 잇는 환절기이며, 오행을 순행시키는 중간자로서 역할을 하기 때문에 환절기의 날씨만큼 그 변화도 심하다.

辰월의 경우 지장간은 乙癸戊이고 격을 잡는 순서는 본기인 戊土가 우선이고 乙▶癸▶甲▶壬▶己 순으로 한다. 戊土가 辰월의 본기지만 辰월은 봄(寅卯辰)의 목왕지절(木旺之節)이니 격을 잡는 순서가 중기보다 여기가 우선이다. 천간에 戊土가 투간되고 또한 甲목이나 乙목이 함께 투간되면 戊토는 정기임에도 격이 될 수 없다. 木의 기운에 戊토가 이미 극을 당했으므로 격을 삼지 못하는 것이다. 단, 일간이 甲, 乙이고 辰월에 태어났다면 戊토가 투간되고 甲, 乙목이 투간되더라도 이때는 戊토로 격을 잡는다.

戌월도 辰월과 마찬가지로 잡기월의 특성에 따라 격을 잡는다. 戊토는 지장간이 辛丁戊이니 戊▶辛▶丁▶庚▶丙▶己 순서로 격을 잡는다. 戌월은 가을 申酉戌 금왕지절(金旺之節)이니 金의 기운이 강하기 때문에 중기인 丁화보다 여기인 辛금을 우선하여 격을 잡는다.

丑월도 지장간이 癸辛己이니 己▶癸▶辛▶壬▶庚▶戊 순으로 격을 삼는다. 丑월은 겨울 亥子丑 수왕지절(水旺之節)이니 격의 순서에 중기인 辛금보다 여기인 癸수가 우선이다.

未월의 지장간은 丁乙己이고 己▶丁▶乙▶丙▶甲▶戊 순으로 격을 잡는다. 그러나 본기인 己토가 투간되어도 乙목이 같이 투간되면 乙목으로 격을 잡는데, 그것은 乙목이 지지로 내려오면 卯가 되므로 卯未반합으로 인정하여 본기인 己토보다 우선하여 격으로 잡는다.

寅申巳亥월과 子午卯酉월은 지장간이 천간에 투간되지 않아도 월지 자체의 본기로 격을 잡을 수도 있지만 辰戌丑未월은 지장간이 천간에 투간되지 않으면 월지 자체로 격을 잡을 수 없다. 이때는 사주 중 가장 강한 오행을 격(格)으로 삼는다.

식신	일간	정관	정관
丁	乙	庚	庚
亥	丑	辰	子
정인	편재	정재	편인

⇧ 乙목 일간이 辰월에 태어났다. 辰월을 잡기월이고 지장간에 乙癸 戊가 저장되어 있으나 천간에 투간된 오행이 없다. 辰戌丑未는 정기 자체로 격을 잡을 수 없으니 가격(假格)으로 격을 잡아야 한다. 이때 월지의 辰과 연지의 子가 子辰 반합하여 水로 化하니 水를 격으로 하여 인수격(정인과 편인)으로 격을 잡는다. 월지를 포함하여 삼합하는 오행과 방합을 하여 化하는 오행으로 격을 잡는다. 단, 육합은 격을 잡지 못한다.

아. 여덟째 甲목 일간이 卯월에 생하면 卯는 12운성으로 甲의 제왕지이므로 양인격(羊刃格)이 되는데, 일간이 제왕지를 만나면 육친으로 겁재이지만 양일간(陽日干)인 경우는 양인이라고 한다. 일간이 甲목이고 월지가 寅목이면 寅목은 甲일간의 건록이므로 건록격(建綠格)이 된다. 일간이 乙목이고 월지가 卯월이면 乙일간의 건록되므로 건록격(建綠格)이 된다. 월지가 寅월이면 寅목은 乙일간의 제왕지이지만 음일간은 양인이라고 하지 않고, 육친 겁재 그대로 월지겁재격이 된다. 壬수 일간이 子월에 생하면 양인격이 되고, 亥월에 생하면 건록격이다. 癸수 일간이 子월에 생하면 건록격이 되고, 亥월에 생하면 월지겁재격이 된다. 庚금 일간이 酉월에 생하면 양인격이 되고 辛금 일간이 酉월에 생면 건록격이 된다.

제왕지인 子午卯酉 중 월지가 午월인 경우 격을 잡는 데에는 다음과 같은 사항을 유의해야 한다. 앞의 여섯째에 서술한 대로 午월의 지장간 丁▶丙▶己▶戊 순서로 격을 잡되, 일간이 戊토일 경우에 午월의 지장간 중 丁이 투간되면 정인격이 되고, 丙이 투간되면 편인격이 되며, 己토가 투간되면 양인격(羊刃格)으로 격을 잡는다. 또한 戊토 일간이 午월에 태어나 천간에 丁丙己戊 모두 투간되지 않았으면 월지 午화 자체로 양인격(羊刃格)을 삼는다. 戊토 일간의 특수함을 유의해야 한다.

丙화와 戊토, 丁화와 己토는 화토동법(火土同法)으로 하여 12운성의 운행을 같이함을 다시 밝힌다.

⇧ 壬수 일간이 子월에 태어났다. 壬수의 제왕지인 월지 子수 자체로 양인격이 되었다.

자. 기타 지지에서 월지 포함하여 삼합이나 방합을 이루면 습으로 化한 오행으로 격을 잡는다. 그러나 이때에도 월지에서 투간된 지장간이 있으면 투간된 것이 우선이다. 이 외에도 여기에 수록할 수 없는 경우의 수가 있을 수 있으나, 내격에 속한다면 상론한 원칙에 모두 포함될 것이다.

4. 격국을 완성시키는 용신(用神)

월지에서 격을 정하고 나면, 반드시 필요한 것이 용신(用神)이다. 격과 용신의 관계를 이해하기 쉽도록 비유하여 격(格)을 임금이라고 하고 용신을 임금을 돕는 재상으로 표현하기도 하는데, 용신은 격국이 순조롭게 운영되고 그 능력이 발휘될 수 있도록 돕는 역할을 한다. 따라서 사주를 주도적으로 끌고 가는 것은 격국이고, 용신은 그 격을 돕는 역할을 하는 것이다. 사주는 반드시 빈부귀천이 있는데, 격국이 완성된 사주는 귀하고 격국이 파격(破格)된 사주는 천(賤)하다. 이런 의미에서 용신은 격국을 보호하거나 생조하고, 어려운 난관을 뚫고 나아가도록 돕는 역할을 한다.

조후용신(調候用神): 격을 돕는 오행을 용신으로 하는 것이 원칙이지만, 이 원칙에 앞서 적용해야 하는 것이 조후용신(調候用神)이다.

사주 8글자 오행 전체가 차갑거나, 덥거나 건조하거나, 습할 수 있는데 이를 한난조습(寒暖燥濕)이라고 한다. 조후(調候)는 일간이 처해 있는 환경이기 때문에 가장 우선하여 살펴야 한다. 일간이 처한 상황이 너무 춥거나 덥거나 건조하거나 습하면 격을 돕는 용신이 있더라도 파격(破格)으로 간주한다. 월지가 춥거나 더운 계절에는 그것을 해소할 오행이 반드시 사주 내에 있어야 일간이 안정되며 사주가 청(淸)해진다. 사주의 격과 용신이 잘 갖춰어져서 성격을 이루어도, 조후가 맞지 않으면, 그 복록(福祿)이 백분의 일도 미치지 못한다. 사주에서 조후를 조절하는 오행을 조후용신(調候用神)이라고 하고 용신 중 가장 중요한 용신이다.

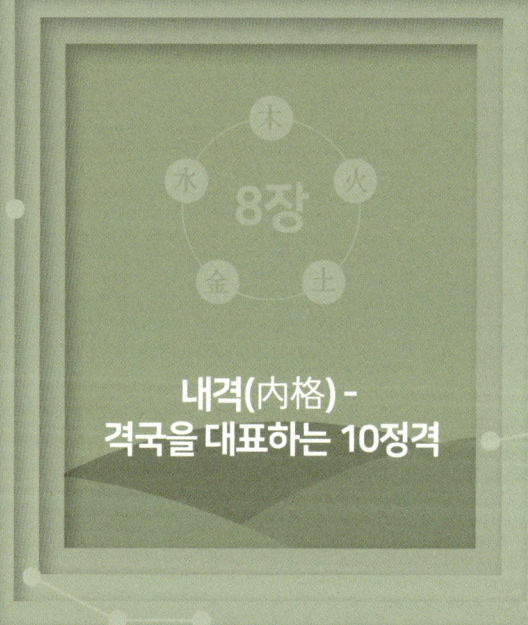

**내격(內格) -
격국을 대표하는 10정격**

전체 사주의 90퍼센트 이상 속하는 내격은 정관격, 재격, 식신격, 정인격, 편관격, 상관격, 편인격, 양인격 등 8정격으로 분류하는데, 여기에 건록격, 월지겁재격을 포함하여 10정격으로 분류한다. 각각의 격은 그 특성이 모두 다르고 소용되는 용신도 상황에 따라 다르므로 이 장에서는 격에 따른 변화와 사주 간명에 필요한 이론들을 상세히 다룬다.

1. 식신격(食神格)

식신이란 일간이 생하는 오행(五行)이며 일간과 음양이 같은 것이다. 식신은 정관, 재성, 정인과 함께 길신으로 분류되며, 식신격(食神格)은 재성(財星)을 첫 번째 용신(用神)으로 취용한다. 격이 생하는 오행을 우선하여 용신으로 하는 이유는 격을 극하는 인성(印星) 오행을 막아주기 때문이다. 예컨데, 일간이 癸수이고 격이 식신 乙목이면 乙목이 생하는 丙화 또는 丁화를 용신하여 丙丁화가 金을 극하여, 金으로부터 乙목을 보호하는 역할을 한다.

식신은 일간이 생산하는 오행이다. 따라서 식신격을 이룬 사람은 표정이 밝고 창조적이며 두뇌가 뛰어나 기발한 아이디어와 기획력이 풍부하다. 솜씨가 뛰어나서 운동선수, 예술인, 공예 명인, 발명가로서 능력이 있으며, 교육, 학문, 문학 분야에서도 두각을 나타낸다.

성품이 온화하고 예절과 겸손을 알며, 인정이 넘쳐서 불우한 이웃을 돕는 데 앞장선다. 야학선생, 봉사활동, NGO단체 등에 헌신적이다. 식신격의 성격은 대체로 낙천적이고, 명랑하며, 사람관계 속에서 피해의식도 없다. 원만한 성품으로 순수하고 근심 걱정도 적은 편이다.

식신격은 대체적으로 감정이 풍부하여 음주가무를 좋아하고 예술에 깊이 빠지기도 한다. 그러나 사람과의 관계에서 한번 어긋나면 쉽게 풀리지 않고, 이런 경우 평생 대면하지 않는 모진 면도 있다. 이는 식신격의 넘쳐나는 감성 때문이다. 식신격의 직업은 대체로 교육자, 학자, 예술가로 성공하며, 기자, 작가, 강사, 의식주 관련 사업, 유통업, 요식품업 등에 종사하는 경우가 많다.

내 경우 직업상 기자들의 사주를 살펴볼 기회가 많았는데, 기자들 중에서 식상이 없는 사주를 별로 보지 못했다. 식상이 없더라도 인성이 왕한 사주가 많았는데 인성과 식상이 직업상 비슷한 부분이 있기 때문일 것이다. 식신이 정재를 용신하면 성실한 봉급생활자이며, 일간과 식신이 강하고, 편재를 용신하는 경우는 큰 사업가 또는 부귀한 자가 많다.

남자의 사주에 식신이 많은데다, 천간에 상관이 투출되고 재성이 미약하거나 없으면, 여성에게 인기가 많고 연애는 능숙하지만, 정작 결혼하면 처를 외롭게 하는 경우가 많다. 밖에서는 인기남이지만 집에서는 냉랭한 남자라는 뜻이다. 또한 식신격에 재성이 없으면 사업을 하지 않는 것이 좋고, 여자 사주에 식신과 재성이 건왕하면 좋은 남편과 귀한 자녀를 둔다. 식신격은 식복이 있고 식욕이 왕성해서 몸이 비대해짐을 경계해야 한다. 식신격의 여성은 미인이 많으며 온화한 성품으로 종종 부잣집 맏며느리감으로 평가받는다.

⇧ 庚금 일간이 子월에 태어났다. 월지 子의 지장간은 여기 壬수와 정기 癸수인데, 癸수는 천간에 투간되지 않고 여기 壬수만 투출되니 식신격이다. 庚금이 엄동설한 子월에 태어나서 한랭(寒冷)한 사주이나 천간 丁화가 얼어붙은 庚금을 녹여주고 있다. 이때 丁화를 조후용신(調候用神)이라 하여 어떤 용신보다도 가장 먼저 살펴야 한다. 또한 격을 이루는 식신 壬수가 정관 丁화와 합을 하니 사주가 더욱 아름답다. 격에 소용되는 오행이 합을 하여 사주에 좋은 영향을 미치는 경우는 식신격과 상관격에만 해당되는 원칙이다.

다른 모든 격은 격을 이룬 오행이 일간을 제외한 다른 오행과 합을 하면 격이 깨져 흉하다. 이 사주의 주인공은 현직 의사이며 성품도 원만할 뿐 아니라 낙천적이며 온화하다. 식신격에 편재 甲목을 용신하니 투자에도 능하여 수백억 대의 재산까지 모았다. 이 사주는 丁화 조후용신과 식신격의 첫 번째 용신인 甲목 재성을 용신하고 있다. 격을 돕는 오행이 많을수록 길(吉)하다.

가. 식신격의 성격(成格) 조건

용신을 갖춰야 격이 완성된다. 격만 있고 격을 돕는 용신이 없다면, 격이 깨질 수 있는 위험에 노출될 수 있고, 격이 깨지지 않더라도 용신이 없다는 것은 모든 결과에 절반의 성공만을 의미한다.

⑴ 재성(財星)을 용신한다.

식신은 재성을 생조하므로, 식신이 활동하여 그 결과로 재(財)를 쌓는 것과 같으며, 주인공의 활동으로 결과물이 생기는 것이다. 또한 재성은 식신을 극하는 인성을 막아서 격을 보호하니, 식신격이 재성을 첫 번째로 용신으로 삼는 이유다.

 乾命

⇧ 남성의 命이다. 乙목 일간이 巳월에 태어났다. 월지 巳화의 지장간 戊庚丙 중 정기 丙화와 같은 오행인 丁화가 투간되니 식신격이 되었다. 식신격에 편재인 재성을 용신하니 운에서 인성 水운을 만나더라도 己土 재성에게 막혀 丁화 식신격은 무사할 것이다. 이 사주의 주인공은 식신격에 잘 어울리는 모 언론사의 기자다. 식신격에 편재를 용신하니 경제에 관심이 많아 경제부 기자로 활동 중이며 알부자다.

(2) 양(陽) 일간의 경우 식신격이 정관과 합(合)하면 성격된다. 부귀한 사주다.

⇧ 앞서 예로 든 사주 명식이다. 庚금 일간이 子월에 태어나고 월지 子수 지장간에서 여기인 壬수가 투간되어 식신격을 이뤘다. 甲목 편재로 용신하고 丁화로 조후를 맞추니 금상첨화다. 격과 합하는 丁화 정관까지 얻었다. 격이 일간이 아닌 다른 오행과 합(合)하여 성격이 되는 경우는 식신격과 상관격뿐이며, 여타의 격에서 일간이 아닌 다른 오행과 격이 합을 하면 사주가 파격되고 흉하다.

(3) 편관(偏官)을 용신한다.

편관은 *칠살(七殺)이라 하여 흉살 중의 하나다. 그럼에도 식신격에서는 칠살을 용신으로 하여 격을 성격시킨다. 식신은 편관을 제극하여 순화시키는 작용을 함으로써 야생마를 길들이는 것과 같다. 이때는 그 조건으로 사주에 인성과 재성이 없어야 한다. 만약 사주에 인성이 있다면 그 인성이 식신을 극(剋)하게 되고, 식신에 눌렸던 칠살(편관)이 살아나서 일간을 극하는 참사가 일어나기 때문이다. 또한 사주에 재성이 있으면, 식신이 편관을 제극하지 않고 재성을 생하며 재성이 다시 편관을 생하는 구조가 되면서 편관이 일간을 극하여 파격됨으로 크게 흉하다.

***칠살(七殺)**: 천간의 순서에서 甲부터 7번째가 庚금이고 庚금은 甲목을 극하는 편관이다. 七殺은 7번째라는 것에서 유래했다. 乙목도 乙부터 7번째인 辛金이 편관이며 칠살이다. 甲乙丙丁戊己庚辛壬癸에서 각각 자기 위치에서 7번째에 해당하는 것이 칠살이 된다. 일간은 칠살에 의해서 제극당하는 것을 가장 꺼리고, 이때는 죽음, 병환, 사고, 송사, 해고, 감옥 등이 연상되는 흉을 의미한다. 못된 욕설 가운데 "칠살 맞을 놈"이란 말도 있고, 무속인들도 종종 칠살이라는 흉신을 사용하는데 그만큼 명리학 용어들이 우리 생활 속 깊게 스며들어 있음을 알 수 있다.

⇧ 庚금 일간이 子월에 태어났다. 월지 子수의 지장간 壬癸 중 壬수가 투간되어 식신격을 이뤘고, 丙화 편관을 용신으로 하니 성격되었다. 이를 제살유관(制殺留官)격이라고도 부른다. 壬수 식신이 편관 丙화를

제살하고 정관 丁화를 남겼다는 의미다. 만약 사주 천간에 壬수나 다른 수기(水氣)가 없으면 庚 일간은 丙화 편관에게 극을 당함으로 격이 파격된다. 파격이 되는 조건은 ▲ 격이 타 오행에 의해서 극을 당하여 깨질 때 ▲ 칠살(편관)이 일간을 극하여 일간이 깨질 때 ▲ 식상이 정관을 극하여 깨질 때 등이 대표적인 파격 조건이다.

(4) 金 일간이 亥子丑월 겨울에 태어나 식신격을 이루고 천간에 정관이 함께 투출하면 식신이 정관을 극하여 파격이 되지만, 亥子丑월 겨울의 혹한에서 金 일간을 보호하기 위해 火 정관을 용신(用神)할 수 있다. 이와 반대로 木 일간이 巳午未월 여름에 태어나고 천간에 火가 투출되어 식신격을 이루면, 치열한 火를 다스리기 위해 인성 水를 용(用)할 수 있다. 식신격에 인성이 있으면 파격되지만 조후로 사용되는 인성은 용신으로 하여 성격으로 본다. 조후용신(燥候用神)은 어느 때든 용신이 된다.

坤命

⇑ 辛금 일간이 子월 겨울에 태어나니 조후가 시급하다. 다행히 천간 丙화가 조후용신 역할을 하고 있다. 월지 子수의 지장간이 투간되지 않았으니 子수 자체로 식신격을 삼고 丙화 정관을 조후용신하니 사주가 성격되었다. 辛금 일간이 丙화 정관을 조후용신으로 사용하고 있으니 남편과 떨어져서는 살 수 없을 정도로 부부간 정이 깊다. 재성(아내) 또는 관성(남편)이 조후용신이 되면 부부지정이 남다르다.

(5) 목화통명(木火通明)과 금백수청(金白水淸) 사주는 식신격과 상관격에서만 가능하다. 木 일간이 寅卯辰월 봄에 태어나고 천간에서 火를 보면 목화통명이요, 金 일간이 申酉戌월 가을에 태어나고 천간에서 水를 보면 금백수청이다. 목화통명 사주와 금백수청 사주는 예로부터 최고의 귀명(貴命)으로 여겼다. 목화통명은 머리가 현달하고, 사리 분별이 뛰어나며, 재치와 순발력, 화술이 뛰어나다. 금백수청은 대체로 미남 미녀가 많고, 뛰어난 두뇌와 논리적 사고, 순발력, 기획력, 판단력 등이 뛰어나다. 목화통명격과 금백수청격은 용신이 없이 격만 강해도 성격이 되며 부귀하다.

乾命

⇧ 辛금 일간이 酉월에 태어나고 천간에 癸수가 투간되니 금백수청격이 완벽하다. 여기에 丁화 편관이 癸수에 의해 순화되니 편관을 용신하여 대단한 권력을 가졌던 인사의 사주다. 사주에 편관이 있다는 것은 스스로 권력에 대한 욕망이 있음을 나타낸다. 정부 관료보다는 사회적 권력을 의미할 때가 많으며 그에 맞는 카리스마를 갖추고 있다. 신문협회장과 언론사 대표 등 다양하고 화려한 이력이 금백수청격을 증명한다.

(6) 기식취살격(棄食就殺格): 식신격의 변화 중에 대운에서 인성운(印星運)을 만나는 경우 즉, 식신격을 극하는 인성운을 만났을 때는 인성이 원국의 식상을 극하여 제거하니 격이 깨져 파격되어야 하지만, 식

신격만큼은 자기의 격을 버리고 기식취살격(棄食就殺格)으로 변격되어 그대로 성격(成格)을 유지한다. 기식취살(棄食就殺)이란 기존 식신격을 버리고(棄) 살(殺)을 취(就)한다는 의미이고, 살인상생(殺印相生)으로 편관이 인성을 생하니 편관격으로 변격된 것이다. 편관이 일간을 극하기 전에 인성을 먼저 생함으로 일간이 보호되었다. 오행의 상생작용은 극(剋)하는 것보다 생(生)을 먼저하는데, 이를 탐생망극(貪生忘剋, 생을 탐하여 극을 잊는다)이라고 한다.

식신	일간	편관	상관
甲	壬	戊	乙
辰	子	寅	未
편관	겁재	식신	정관

乾命

정인	비견	겁재	식신	상관	편재	정재
辛	壬	癸	甲	乙	丙	丁
未	申	酉	戌	亥	子	丑
정관	편인	정인	편관	비견	겁재	정관

大運

⇧ 壬수 일간이 寅월에 태어난 남성의 명이다. 월지 寅목 지장간 戊丙甲 중 甲목이 투간되니 식신격이 되었다. 연간의 乙목 상관이 戊토 편관을 제살하여 용신으로 쓰니 성격되었다. 그러나 辛未 대운을 맞아 대운 辛금이 천간의 乙목을 극하고, 세운 庚子년에 이르러 식신 甲목까지 제거하니 기식취살격(棄食取殺格)이 되었다. 庚子년부터는 식신 상관을 제거하고 戊토 편관 칠살(殺)을 취하여 편관격으로 변격되니 분명 직장 내 승진이나 권력을 잡는 운이다.

나. 식신격의 파격(破格) 요인

사주의 격이 파격되면 흉(凶)하다. 성격된 사주가 맞이하는 운(運)에서 격이 깨지면 잘 되던 일이 틀어지며, 직장인은 실직하거나, 사업을 하는 사람은 사업이 힘들어지는 등 많은 어려움을 겪는다. 사주 명(命)에서 격이 파격된 상태라면 현재 상황이 이미 힘든 상태를 의미한다.

(1) 식신격에 재성을 용신하는 사주에 편관이 사주에 있거나, 운에서 편관이 들어올 때는 격이 파격이 된다. 이는 식신이 재성을 생하느라 흉신 편관을 막지 못하고, 오히려 재성이 편관을 생하기 때문이다. 식신이 재성을 생하고 재성이 편관을 생하는 생산 라인이 형성됨으로써 결과적으로 편관이 일간을 극하는 참사가 발생한다.

(2) 식신격에 편관을 용신하는 사주에 재성이 식신과 편관 사이에 있거나 운에서 재성이 들어오면 위의 경우와 같이 식상이 편관을 극하지 않고 재성을 생함으로 파격이 된다. 결국 편관이 일간을 공격하기 때문이다.

(3) 식신격을 이룬 명식에 사주의 구조상 정관이 식신 옆에 있거나 운에서 정관이 들어올 때는 정관이란 길신이 식신에 의해서 깨짐으로 불운하다. 파격(破格)을 판단함에 있어서 격이 직접 파극당하는 경우와 일간이 칠살에 의해 파극당하는 경우 그리고 정관(정관격이 아니더라도)이 식상으로 파극당하는 경우 등을 포함한다. 격을 불문하고 정관이 깨지면 파격이다.

乾命

↑ 앞서 甲목 일간을 설명할 때 예시했던 언론사 노조위원장을 지낸 남성의 사주 명식이다. 甲목 일간이 삼복 더위가 있는 未월에 태어나니 사주가 건조하고 뜨겁다. 게다가 연지와 일지가 모두 火이니 사주에 열기가 넘친다. 다행인 것은 시지 丑토가 亥子丑 수왕지절의 토이니 그나마 조후를 유지하고 있다. 未월 지장간 丁乙己 중 여기인 丁화와 중기 乙목이 투출되었다. 乙목은 일간과 같은 오행이므로 격이 될 수 없고 여기 丁화와 오행이 같은 丙화가 연간에 투출되어 식신격을 이뤘다.

식신격의 첫 번째 용신인 재성이 없고 편관도 없으니 격을 생하는 乙목 겁재를 용신하였다. 庚子 대운을 맞아 편관인 庚금이 丙화 식신으로 순화되니 조직으로부터 신뢰를 받고 주변 사람들의 도움으로 직책이 연등하여 단숨에 신문사 부국장까지 올랐다. 그러나 辛丑 대운에 들어 정관이 식신 丙화에 제극당하고 丁酉 세운에 丁화 상관까지 겹치면서 격이 파격되니 직을 잃고 한직에 머물다가 戊戌 세운에 노조위원장에 출마하여 당선되었다. 戊토 편재 운에 정관인 辛금 대운을 생하고 강한 식신 丙화를 설기시키는 효과로 노조위원장에 당선된 것이다. 2020년 庚子년을 맞으니 편관 庚금과 대운 辛금 정관이 겹쳐서 관살혼잡되어 파격될 것 같으나 丙화 식신이 庚금을 극하니 격이 다시 성격을 이루고 조직의 장으로 승급하여 복귀했다.

좋은 사주가 운에서 격이 파격되면 흉함이 백태(百態)로 나타난다고 했는데, 무뢰한들이 회사를 장악하여 경영 원칙을 버리고 불법적인 작태를 보이니, 불의에 몸을 던져 싸우는 식신격의 성품이 그대로 투영되어 투쟁하고 싸웠던 것이다. 다행히 庚子운을 만나서 격이 성격되니 투쟁에서 승리했다.

대운과 세운의 변화로 주인공의 길흉(吉凶)이 격변하는 것을 볼 수 있는 좋은 예다. 이 사주는 사주에 水氣가 전무하고 火氣만 강하니 오장육부 중 신장과 방광 등 하초의 건강을 먼저 챙겨야 하고 火氣로 인해 木의 기운이 설기되니 다음으로는 간과 담의 건강을 챙겨야 한다.

다. 식신격 비결(秘訣)

비결란은 명리 고수들이 숨겨놓은 비결들을 모아 놓았다. 식신격에는 금수식신격(金水食神格), 목화식신격(木火食神格), 수목식신격(水木食神格), 토금식신격(土金食神格), 화토식신격(火土食神格) 등 다섯 종류가 있으며, 나열한 순서대로 그 귀함에 차이가 있다. 그러므로 금수식신격이 최상이고, 다음이 목화식신격이며, 화토식신격은 다른 식신격에 비해서 그 귀함에 큰 차이가 난다.

식신이 천간에 투출되지 않더라도 지지에서 월지를 중심으로 삼합하여 식신격이 이뤄지면 크게 부귀하다.

2. 상관격(傷官格)

상관이란 일간이 생하는 오행이며, 일간과 음양이 다른 오행을 말한다. 상관은 식신과 같은 오행임에도 흉신으로 분류하는데, 상관의 내적인 흉함도 있거니와 길신인 정관을 파괴하는 성향이 강하기 때문이다. 상관(傷官)의 의미는 관(官)을 상(傷)한다는 뜻이다. 그러나 인성(印星)

으로 잘 조화된 상관격은 길신인 식신격보다 오히려 뛰어난 부분이 많으니 잘 살펴야 한다.

상관격의 첫 번째 용신은 상관의 흉함을 순화시키는 인성이다. 상관이란 일간이 생산하고 창조한다는 측면에서는 식신과 같으나, 천성적으로 반항적이고 질서를 어지럽히며 파괴 본능이 있다. 뿐만 아니라, 종종 자기보다 못한 사람이나 하급자를 무시하고, 용도가 사라진 사람은 냉정하게 떨쳐낸다.

그러나 잘 제어되어 성격된 상관격은 현달, 총명하고 두뇌가 뛰어나며, 기획력이 좋을 뿐만 아니라 박학다식하며 각 분야에서 다재다능함을 펼친다. 예술을 하더라도 기존 틀을 뛰어넘는 독창적이고 파격적인 창조성을 드러내며, 문학과 학문 연구 같은 분야에서도 기존의 틀을 깨는 혁신성을 발휘한다.

그러나 흉신으로서 나타나는 것들을 살펴보면, 자신의 이해득실을 따지는 계산이 빨라 도움이 되는 사람에게는 상냥하고 친근하게 대하지만, 도움이 되지 않는 사람에게는 매몰차게 냉대한다. 특히 상관의 흉함이 제화되지 않은 상관격은 이중인격자이거나 간교하고, 허세, 허풍, 허영심이 많다. 상관격의 대표적인 성품은 반골기질이며, 입이 가벼워 비밀을 지키지 못한다. 비밀을 지키지 못한다는 면에서 정보기관이나 비서직으로는 적당하지 않다.

상관의 직업은 고관대작부터 걸인(乞人)까지 다양하다. 상관격을 가진 사람은 닥치는 대로 무슨 일이든 할 수 있으며, 목적을 위해서는 수단과 방법을 가리지 않는다. 식신격이 안정적이고 순수한 사업가라면, 상관격은 기발한 아이디어로 상품을 만들거나, 비범하고 창조적인 사업을 한다.

남자의 사주에 상관이 많으면 연애를 잘하고, 이성으로부터 인기 있는 남자이나, 결혼생활은 변변치 못하다. 여자의 사주에 상관이 많으면 이 또한 결혼생활이 순탄치 못하다. 상관격이 허풍, 허세, 허영심이 많은 것은 관을 극하는 육친이지만 내심은 관을 갈구하는 마음도 있기에 나타나는 현상이다.

  상관격은 식신격과 같이 감성이 풍부하여 정도 많고 눈물도 많으며 토라지기도 잘하는 성품이니, 어디로 튈지 모르는 럭비공 같은 감성의 소유자. 그러나 상관격 사주에 인성이 있으면 훌륭한 인격자이며 좋은 직업을 갖고, 여성은 좋은 남편도 둔다. 강자에게 강하고 약자에게 약한 상관격은 약자에게 베풀고 도우려는 동정심이 있다. 많은 사람의 존경을 받을 수 있는 성품이지만 자신의 입으로 공치사를 하는 것 때문에 도리어 낭패를 보기도 한다. 상관격을 이룬 사주에 인성이 있으면 상관패인(傷官佩印)이라고 하여 대귀(大貴)한 사주로 분류한다. 상관격과 같은 흉격의 경우에는 격이 성격되면 흉함이 사라지고, 상관의 장점만 부각되어 사회적으로는 훌륭한 지도자, 가정적으로도 훌륭한 남편과 아내가 된다.

乾命

  ⇑ 甲목 일간이 未월에 생하여 지장간 丁乙己 중에 丁화를 투간하니 상관격이다. 상관 丁화의 흉함을 바로 옆에서 丁壬합하는 壬수가 이 사주의 용신이다. 壬수 편인이 지지 申에 착근하여(12운성으로 생지) 강하니 격이 훌륭하게 성격됐다. 壬수 용신은 未월의 뜨거운 열기를 식

히는 壬수가 조후용신까지 겸하고 있어 그야말로 상관패인격으로 최상급이다. 흉신을 제거하는 방법으로는 사주에 흉신을 극하는 오행이 있거나 흉신을 *합거(合去)하는 오행이 있어야 한다. 사주 내에 없으면 운에서 극 또는 합하는 오행을 맞을 때 그 시기에 크게 발전한다. 그 운이 지나면 다시 사주가 파격이 되므로 미리 준비하고 대비하면 크게 패하지 않을 것이다.

> *합거(合去): 여기서 합(合)은 천간의 甲己합, 乙庚합, 丙辛합, 丁壬합, 戊癸합을 말한다. 합의 작용은 다른 오행으로 化하는 것이고, 두 번째는 합하는 오행끼리 서로 묶여 움직이지 못한다는 의미다. 따라서 합거라는 것은 묶인 오행이 역할을 못하고 제거됨을 말한다.

가. 상관격의 성격 조건

격은 용신을 갖춰야 격으로서 완성된다는 원칙은 모든 격에 적용되며, 격은 있으되 용신이 없는 사주는 중하격(中下格)의 사주로 본다.

(1) 인성을 용신한다.

상관격은 흉격에 속함으로 상관의 흉함을 순화시키는 것이 우선이다. 따라서 상관격은 인성을 그 첫 번째 용신으로 삼는다. 이것은 상관패인(傷官佩印)이라 하여 사주 중 상격(上格)의 명식에 속한다. 상관패인(傷官佩印)이란 상관격이 인성을 사주에 지니고 있다는 뜻인데, 상관격에서는 인성을 그만큼 중히 여긴다는 의미다. 상관이 인성으로 순화되면 인품이 뛰어나고, 온화하며, 언행이 단정한 사람이다. 또한 상관의 기발한 아이디어나 창조성, 명석한 두뇌, 박학다식, 다재다능, 재치, 표현력 또는 어휘력은 남다르다. 훌륭한 인재의 명이다.

⇧ 癸水 일간이 寅월에 태어난 남성의 명이다. 월지 寅의 지장간 戊丙甲 중 정기 甲목이 시간에 투간되니 상관격이 분명하다. 또한 일지 酉금에 뿌리는 둔 庚금과 辛금 인성이 투출되어 상관을 제극하였다. 상관패인(傷官佩印)격이다. 상관패인격을 귀격으로 보는 것은 상관의 장점은 남기고 단점을 해소한 때문이다. 이 사주 명식은 우리가 잘 알고 있는 방송인 신동엽 씨의 사주로 알려져 있다. 상관격의 다재다능, 재치, 표현력 그리고 癸수 일간의 여성스러움(?)으로 인해서 여성 팬이 많은 연예인이다. 그러나 丙戌 대운에는 어려운 상황에 직면했음을 예상할 수 있는데, 이는 상관 甲목이 丙화를 보니 庚금과 申금 인성을 극하여 상관이 흉함이 나타나기 때문이다. 이때는 거침없는 언행이나 말실수, 묻지마 투자를 할 수 있고 그 결과는 큰 손실로 이어졌을 것이다. 그러나 乙목 대운에 오면 인성이 다시 제 역할을 하니 본래 하던 일을 할 수 있다.

일지에 酉금 도화(桃花)는 인기 연예인의 힘이고, 상관격은 말 잘하는 연예인으로 살아가는 근간이다. 대운의 흐름으로 보면 어릴 적에 편관 대운을 맞아 병치레를 많이 했을 것으로 보이며, 조후를 이루는 20대 이후 丁亥 대운부터 발달한 사주다.

(2) 재성을 용신한다.

　식상은 재성을 생조하기 때문에 식신격과 상관격에 재성을 용신하는 사주는 기본적으로 경제적 어려움이 없는 팔자다. 재성은 경제력이기 때문에 재성을 용신한다는 것은 성공한 사업가이거나 타고난 부명(富命)을 받은 것이다. 이때 사주에 인성이 있다면 재성과 멀리 있을수록 좋다. 왜냐하면 재성이 인성을 극하기 때문인데, 사주에 상관과 재성이 강하면 일간이 약해지는 것이 당연하므로 이때는 일간을 돕는 인성이 있어야 하며, 인성은 재성과는 멀리 떨어질수록 좋다. 이를 재인불애(財印不碍)라고 하며, 재인불애 사주는 대부(大富)의 명식이고, 재와 인이 붙어 있으면 소부(小富)에 그친다고 했다. 사주에 인성이 없이 재성으로 완성되면 상관격은 상관의 성품이 그대로 남아서 상관의 단점과 장점이 그대로 나타난다. (碍: 꺼리낄 애, 장애가 되다)

坤命

　⇧ 己토 일간이 酉월에 태어나서 酉 지장간 庚辛 중 庚금이 연간에 투간되니 상관격이다. 상관을 제극하는 인성은 없으나 월간의 乙목 편관과 庚금 상관이 合하여 합거(合去)되고, 시간에 壬수 정재를 남겼다. 이를 상관합살격(傷官合殺格)이라고 하며, 이는 상관격이 성격(成格)되는 조건 가운데 최상급에 해당된다. 상관합살은 흉신인 상관과 흉신인 칠살(편관)이 동시에 합거(合去)되는 효과가 있어서 더욱 절묘하다. 그러나 대운이나 세운에서 합이 풀리는 경우가 있는데 이때는 흉살들

의 영향을 받아 흉함을 면치 못한다. 상관의 흉함은, 남성은 명예와 직장을 잃을 수 있고 여성도 승진에서 누락되거나 퇴직할 수 있으며 또한 남편을 극하여 남편과 생리사별을 할 수 있다. 또 자유로워진 편관은 주인공에게 형(刑)과 질병을 가져올 수도 있다. 위 사례는 신라호텔 이부진 사장의 명이다.

(3) 편관을 용신한다

식신격과 상관격은 관살을 극하는 육친이므로 흉한 편관을 제극하여 순화된 편관을 용신할 수 있다. 이를 상관제살격(傷官制殺格)이라고도 부르며, 편관 칠살은 언제든지 일간을 극할 수 있으나 상관과 식신격에서는 칠살을 능히 순화하여 용신으로 삼는다.

나. 상관격의 파격(破格) 조건

(1) 상관격의 첫 파격 조건은 상관이 정관(正官)을 보는 것이다. 상관이 제어되지 않고 사주에 있는 정관을 극하는 것은 흉 중의 흉이다. 또한 사주 중에 정관이 없어도 대운이나 세운으로 정관이 들어와 상관의 극을 받으면 이 또한 흉이다. 이를 상관이 정관을 보는 것으로 상관견관(傷官見官)이라고 한다.

(2) 상관패인(傷官佩印)으로 성격된 사주에 재성이 나타나서 재성이 인성을 극하는 경우는 파격이다.

(3) 기식취살(棄食取殺)을 이룬 사주에 재성이 나타나면 파격이다. 이때도 재성이 인성을 극하여 기식취살격이 깨진다.

> *일러두기: 격이 파격되는 조건을 살펴보면 식신격, 정관격, 재격 등의 길격은 격이 파극당하면 파격이 되고, 상관격, 편관격, 편인격, 양인격 등과 같은 흉격은 흉을 제압하는 용신이 파극당하면 파격이 된다. 또한 일간이 편관의 공격으로 파격이 되는 것은 공통된다.

다. 상관격 비결(秘訣)

- 금백수청 사주와 목화통명 사주는 격만 강해도 성격이다.
- 겨울(亥子丑)에 태어난 金 일간은 사주에 반드시 火가 있어야 길(吉)하고, 여름(巳午未)에 태어난 木 일간은 사주에 반드시 水가 있어야 길하다. 이것이 조후용신이다.
- 상관패인 사주를 제외한 상관격의 여성은 사주에 관이 있거나, 운에서 관운이 들어올 때는 반드시 남자와 이별하거나 관계가 소원해질 수 있다.
- 여성의 명(命)에 식상은 자식을 표시하는데 식상이 태과(太過)하면 오히려 자식을 어렵게 얻거나 무자식이고, 남자 운이 박하며 이혼하는 경우가 많다.
- 상관격의 사주가 성격되지 않으면 남녀 모두 직장운이 좋지 않다.

3. 편재격(偏財格)

편재란 일간이 극하는 오행이며 일간과 음양이 같은 것을 말한다. 재성을 논할 때 편재든 정재든 구분하지 않고 길성(吉星)으로 구분하는 이유는 재성은 운의 희기(喜忌)가 같기 때문이다. 재성은 일간이 소유하고, 일간의 의지대로 움직일 수 있는 유일한 오행이기에 일간이 신강해야 좋다.

편재격은 방랑자다. 낭만적이고 풍류를 즐기며, 우정과 의리를 중시하고 대인관계가 좋으며, 화제가 풍부해서 사람들이 따르고 좋아한다. 편재가 천간에 투출되면 격과 상관없이 남자는 여자를 좋아하고 밝히는 경향이 있다. 그러나 편재가 지지에만 있는 경우는 그렇지 않다. 편재격은 돈의 씀씀이가 크고 반드시 필요한 곳에 돈을 쓰지만, 남자가 편재격을 이루면 주색을 좋아하고, 낭비가 심해서 재물로 인한 시비와 험담이 있을 수 있다. 사주에 재성이 많으면 재물에 집착이 강하고, 머리가 우둔하다. 편재의 성질엔 역마성(驛馬星)이 내재되어 여행과 유랑을 좋아하고, 개인적 성공도 고향을 떠나 외국 또는 타지에서 이루는 경우가 많다.

편재격에 식상이 재를 생하고 편재가 다시 정관을 생하면 낙천적이고 건강하며 부와 귀를 누린다. 편재격은 반드시 일간이 신왕하고 재성도 강해야 하며, 사주에 식상이 있다면 금상첨화다. 그러나 일간이 약하여 재다신약(財多身弱 일간이 약하고 재성이 많은 것)하면 재물에 강한 집착만 있을 뿐 오히려 빈곤하다.

그와 반대로 사주가 군겁쟁재(群劫爭財 재가 약하고 비견과 겁재가 많은 것)를 이루면 경쟁자들이 많아 사업을 하는 것은 절대 불가하고, 형제간 유산 다툼이 있으며, 부친과 관계가 좋지 않을 수 있으니 부친과 떨어져 일찍 분가하는 것이 좋다. 군겁쟁재 사주를 가진 자(者)가 만약 사업을 한다면 반드시 망한다. 또한 편재가 약하거나 형충(刑沖)을 당하면 육친적으로는 부친과의 인연이 박한데, 특히 편재가 연과 월에 있는 경우는 더욱 그렇다. 편재격이 운에서 비겁운을 만나면 아내에게 질병이 있거나, 손재가 있을 수 있다. 남자의 명식(命式)에 정재가 약하고 편재가 강하면 반드시 외정이 있으며, 정재가 편재보다 강하면 외정은 마음뿐이고 실현되기 어렵다. 그러나 어찌 되었든 남명(男命)에 정편재가 혼잡되면 여난으로 고생한다. 여명(女命)의 사주에 재성이 약하거나 비겁이 바로 옆에서 재성을 극하면 시부모와 갈등이 있다.

편재격의 직업은 사업가, 직장인, 공무원이 좋으며 역마성을 발휘하여 활동적인 여행업, 무역, 외교관, 금융, 유흥업, 레크레이션, 투자업에서 능력을 발휘할 수 있다. 편재격은 투자에 있어서 하이 리스크(High risk)-하이 리턴(High return)의 스타일이다. 즉, 한 방에 큰 이득을 취하려는 배짱과 무모함이 동시에 있다.

乾命

⇧ 辛금 일간이 卯월에 생하여 지장간 중 본기인 乙목을 투간시키니 편재격이다. 격을 생하는 연간의 식신 癸수를 용신하여 성격되었다. 재격과 관살격은 일간이 신강한 것이 좋은데, 위 사주는 辛금 일간이 약하지도 강하지도 않은 불약(不弱)한 사주라고 할 수 있다. 辛금이 卯월에 생하여 실령(失令)하였으나, 지지에서 酉丑이 삼합하여 금으로 化하니 태신약하지 않다는 것이다. 따라서 일간이 강해지는 대운에 계급이 연등하여 차관까지 지낸 옛 사람의 사주다.

가. 편재격의 성격(成格) 조건

사주의 격이 정해지면 용신을 갖춰야 격으로서 완성된다. 편재격도 격(格)이 생조하는 오행이 첫 번째 용신이 된다.

(1) 관성을 용신한다.

재성이 생하는 관성을 용신한다. 관성이 비견, 겁재로부터 재성을 보호하기 때문이다. 편재격에 정관을 용신하는 사주는 예로부터 손꼽히는 좋은 명식이다. 재가 관을 생하는 사주가 성격되면 부와 귀를 모두 누릴 수 있기 때문이다.

(2) 인성(印星)을 용신한다.

재성과 인성은 상극 관계지만, 사주가 재격일 때에는 일간이 신약해지기 때문에 인성을 용신한다. 이것을 재격패인(財格佩印)이라고 한다. 이때 인성은 재성과 멀리 떨어져 있을수록 거부(巨富)가 되고, 재성과 인성이 가까우면 소부(小富)에 불과하다.

⇧ 甲목 일간이 戌월에 태어난 여성의 명이다. 월지 戌의 지장간 辛丁戊 중 辛금과 戊토가 투출되니 정기를 우선하여 격을 삼는 원칙에 따라 戊토로 격을 삼아 편재격이 분명하다. 격이 생하는 오행을 용신하는 것이 순리이니, 연간의 정관 辛금을 용신하고 싶으나 일간이 신약하여 시간의 壬수를 용신하여 성격되었다. 일간 甲목이 辰토에 겨우 착근하였으나 실령(失令)하여 신약하고 재성이 사주에 많으니 재다신약(財多身弱) 사주다. 사주에 재가 많다고 하여 부자가 아니고 재성을 다룰 수 있도록 일간이 강해야 하는 것이다. 따라서 이 명식은 재성은 많으나 일간이 신약하여 경제적으로 넉넉치 못하다. 그러나 천간에 정관이 강하니 남편의 덕이 좋아 화목하고 공직자로서 바르니 어찌 재물에 비

유할 것인가?

(3) 식상을 용신한다.

편재격에 식상을 용신하는 것은 식신이 재물을 만드는 샘물과 같은 역할을 한다. 끊임없이 재를 생하는 식상을 용신할 때에는 비겁이 있는 것은 무방하나, 정관이 천간에 투출되거나 운에서 만나는 것은 좋지 않다. 그러나 편관이 천간에 있거나 운에서 만나는 것은 좋은 일이나 식상이 편관을 제극하지 못하고, 식상이 재성을 생하고 다시 재성이 편관을 생하는 구조가 되면 일간이 편관에 극제(剋制)되어 격이 오히려 파격(破格)되므로 잘 살펴야 한다.

坤命

⇧ 丙화 일간이 申월에 태어난 여성의 명이다. 월지 申금의 지장간 戊壬庚 중에 본기인 庚금이 투출되니 편재격이다. 丙화 일간의 활달한 성격과 총명함이 돋보이고, 시간의 식신 戊토를 용신하여 식신생재격으로 성격되었다. 그러나 일간 丙화가 戊토에 간신히 착근하였으나 申월에 태어나 실령하고 인성인 甲목은 庚금에 극을 당하여 일간을 생조하기 힘드니 신약한 명조다. 재격은 일간이 강함을 요하는데, 성격은 되었으나 재물을 모으기 힘든 명조다. 다행인 것은 자녀궁인 시주에 용신 戊토 식신이 임하니 자식 복은 넘칠 것이다. 용신이나 격이 자녀궁인 시간에 있으면 자식복이 있다. 특히 여자 사주에 식신이 자식궁에 있으니 자녀가 더욱 귀하게 된다.

(4) 양인합살, 식상제살, 군겁쟁재 등

 격이 성격이 되는 조건은 일간이 보호되고 격이 파격되지 않는 조건이다. 따라서 그 조건에 소용되는 모든 오행은 용신이다. 비록 그 오행이 칠살, 상관, 양인 등 흉살일지라도 그것을 합거하거나 제극하여 순화되면 용신의 역할을 하며 사주는 성격된다.

나. 편재격의 파격 조건

 (1) 재격을 극하는 오행은 비견, 겁재다. 따라서 군겁쟁재를 이루면 파격이다.
 (2) 재성의 바로 옆에 편관이 있는 구조에 식상이 없으면 파격이다.
 (3) 편재격이 일간 외에 다른 오행과 합(合)을 하면 파격이다. 내 재산을 겁탈당하는 형국이 된다.
 (4) 관살혼잡이 되는 경우는 파격이다. 식신격과 상관격을 제외한 대부분의 내격(內格)은 관살이 혼잡되면 파격이다.
 (5) 일간이 극신약(極身弱)하면 파격이다. 이 또한 대부분의 내격에 해당되지만 재격과 관살격은 더욱 일간의 강함이 요구된다.
 (6) 戊己토 일간이 亥子丑월(겨울)이나 巳午未월에 태어나서 재격을 이룬 경우는 조후용신을 갖춰야 하다. 조후가 맞지 않으면 파격이다.

다. 편재격의 비결(秘訣)

 ● 편재격의 첫 번째 용신이 정관이라면, 최대 흉신은 편관이다. 사주에 편관이 있으면 재격은 재생살(財生殺)하는 구조가 저절로 만들어지므로 칠살이 일간을 극하면 파격이다.
 ● 재격에 비겁이 강할 경우 파격이나 식상이 있으면 성격된다. 비겁이 식상을 생하고 다시 식상이 재를 생하는 구조가 되기 때문이다.

● 편재가 천간에 투출되지 않고 월지를 포함하여 지지가 삼합하여 재성을 이루면 재격이 된다.
● 편재격이든 정재격이든 사주에 정관이 있으면 정관이 비견과 겁재를 견제하여 군겁쟁재를 피할 수 있고 정관의 영향으로 부귀를 누린다.
● 편재격 사주의 주인공은 악의 없는 거짓말을 스스럼없이 한다. 뻔뻔한 면이 있다.
● 남성의 사주로 편재격을 이루고 일간이 신약하면 파격인데, 경제적으로 처의 덕으로 살던 남자가 운에서 인성이 들어오면 근거 없는 자신감으로 사업을 시작해 낭패를 본다. 신약한 사주가 인성운을 만났을 때는 시쳇말로 근자감(근거 없는 자신감)을 조심해야 한다.

4. 정재격(正財格)

편재격과 정재격은 일간이 취하는 조건과 희기(喜忌)가 같으므로 별도로 논할 것은 없다. 다만 정재격의 성품과 특성은 편재격과 사뭇 다르다. 정재격의 사람은 도덕적, 윤리적 측면에서 바른생활의 본보기이고, 근면, 성실, 신용의 대명사라고 해도 과언이 아니다. 절약 정신과 저축성이 뛰어나고, 모든 선택은 안정 지향적이다. 꼼꼼, 정확, 양심, 도덕 등등의 단어들을 떠오르게 하는 성품의 소유자다.
정재격인 사람은 안정적인 직장 또는 안정적인 사업에 종사하고 투기나 모험은 스스로 피한다. 정재격에 용신이 관성이면 직장인, 공무원으로 성공을 거두고, 정재격에 식상을 용신하면 사업을 선호하고 그 방면에서 좋은 결과를 얻는다. 고서(古書)에서는 정재격에 일간이 강하고, 격도 강하고, 용신인 식상이나 관성이 강하면 부귀함은 틀림없다고 했다. 그러나 정재격은 여유로운 유머가 부족하고 언제나 정확하고 빈틈 없는 생활 태도 때문에 스스로 스트레스에 노출되니 그로 인한 심각한 병을 얻을 수 있다. 정재격인 사람은 반드시 이 부분을 주의깊게 살펴야 한다.

 乾命

⇧ 甲목 일간이 未월에 태어나 천간에 未의 지장간 丁乙己 중 본기 己토 정재가 투출되어 정재격을 이뤘다. 己토 정재가 용신인 정관 辛금을 생(生)하니 사주가 아름답다. 이 사주는 중국 석숭이라는 거부의 사주다. 집안에 하인 800명, 첩(妾)이 100명에 이르렀다고 하니, 아시아의 전설로 회자될 만하다. 그러나 그런 대부도 역모의 모함으로 죽임을 당하니 丙寅 대운이었다. 추측건대 丙화가 정관 辛금과 합거되고 지지에서 寅巳 형살이 발동된 것으로 보인다(출처:《안국준의 사주학》). 정재격의 성격(成格) 조건과 파격(破格)의 조건은 편재격과 같으니 따로 논하지 않는다.

 坤命

⇧ 甲목 일간이 엄동설한 丑월에 태어났다. 월지 丑의 지장간 癸辛己 중 정기 己토가 투간되니 정재격을 이뤘다. 재격에 식상을 용신하는데, 연간의 丁화 상관을 용신하려고 하나, 월간 癸수의 극(剋)을 받아 여의 치 않다. 따라서 인성(印星)인 癸수를 용신하니 재격패인(財格佩印)으 로 성격되었다. 또한 흉신인 상관 丁화는 癸수의 극을 받아 순화되어 丑월의 추위를 녹여주는 온기(溫氣)로 작용하니 조후용신(調候用神) 이다. 앞서 말했듯이 재격에 인성을 용신함에 있어서는, 사주상 財와 印이 멀리 떨어져 있을수록 큰 부자라고 하였다. 상기 명식은 일간을 사이에 두고 재성과 인성이 떨어져있으니, 주인공은 크게 부(富)를 모 은 여성 사업가의 사주 명식이다.

가. 정재격 비결(秘訣)

● 천간에 투출된 정재로 격을 삼았으나 주변에 비겁이 왕(旺)하면 겉은 화려하나 정작 본인은 실속이 없다. 군겁쟁재다.

● 정재격을 이뤘더라도 대운의 흐름에 따라 운로가 바뀔 수 있는데, 대운의 흐름이 식상과 재성으로 흐르면 사업가의 길이고, 관성과 인성 으로 흐르면 관직과 직장인의 길을 간다. 이는 정편재가 같다.

● 재격에 재성이 건왕하면 처의 내조가 두터우며, 활동적인 처를 만 나고, 재성이 형충극을 당하면 처 또는 아버지가 질병으로 고생하거나, 처와 이별할 수 있다.

● 칠살은 흉살이므로 제극하거나 합거해야 하는데, 칠살을 합거하 는 경우는 천간의 오행끼리 붙어 있지 않아도 합으로 인정한다.

乾命

⇧ 癸수 일간이 寅월에 태어났다. 월지 지장간 戊丙甲 중 丙화가 투출되니 정재격이다. 정재격은 일간이 신강함을 요함으로 庚금 정인을 용신하고 싶으나 丙화 정재격과 충돌하니 시간의 戊토 정관을 용신하여 성격되었다. 천간에 정재, 정인, 정관 길신이 임하고 정재격에 정관을 용신하니 명예와 도덕성을 중시하는 성품이다. 격과 용신이 서로 생하고 戊토 정관이 午화 제왕지 위에서 강하며, 겨울의 끝자락인 寅월의 추위를 丙화와 午화가 조후(調候)하니 사주가 더욱 아름답다. 정재의 바름과 정직, 신용, 근면, 성실함과 용신 정관의 힘으로 대기업의 대표 직위에 올랐다. 단, 일간이 신약한 것이 이 사주의 아쉬움이다.

乾命

⇧ 甲목 일간이 午월에 태어나니 일간이 신약하다. 월지 午화 지장간 丙己丁 중 己토가 연간에 투간되니 정재격을 이뤘으나 편관 庚금은 일간을 극하고 겁재 양인(羊刃) 乙목은 정재격인 己토를 극하니 위태롭다. 그러나 편관 칠살 庚금이 양인 乙목과 합거되니 일간이 보호되고, 己토 정재격 또한 乙목 양인으로부터 보호되었다. 천간의 합은 합하는 오행

끼리 나란히 붙어 있어야 합이 성립되지만 칠살 편관의 경우는 상기의 예처럼 일간을 사이에 두고도 합을 한다. (출처:《안국준의 사주학》)

5. 편관격(偏官格)

편관은 일간을 극하고 오행으로 음양이 같은 것이다. 칠살(七殺)이라고도 하는 편관은 일간과 비겁을 극하는 대표적인 흉살(凶殺)이다. 그러나 흉살이라 하더라도 명조가 잘 짜여지고 격이 성격(成格)되면, 영웅호걸의 기세가 있고 다른 어떤 격보다 화려하고 진취적이며, 문무를 겸비한 군자(君子)라 할 수 있다. 편관격을 이루는 오행의 성질에 따라 조금씩 다를 수 있으나 편관이라는 기본적인 역할을 우선으로 평가해야 한다.

편관 칠살의 성질은 거칠고 파괴적이며, 남성적인 측면이 강조된다. 편관격을 이룬 사람의 직업은 주로 군인(무관) 또는 경찰, 검사, 판사, 정보기관 수사관 또는 장관, 국회의원, 대통령 등의 사주에서 많이 나타나는 격이다. 또한 의사, 약사, 간호사, 경호원, 안전요원 등 활인업(活人業)도 적성에 맞다. 남녀를 불문하고 부부관계가 좋지 않거나 이별하는 경우가 많은 격이 편관격이다. 이는 남을 제압하려는 기질과 지는 것을 싫어하는 성품이 한몫을 하기 때문이다. 따라서 편관격 사주와 천간에 편관이 중중(重重)한 사주는 매사에 자신의 성품을 살펴야 할 것이다.

사주에 편관이 많고 일간이 신약하면, 오히려 소극적이고 의기소침, 피해의식, 신경과민이 생기기도 한다. 편관격은 일간이 신강함을 요하는데, 일간이 약하고 편관이 강할 경우엔 일간이 편관의 극을 받아 심신이 허약하여 병치레를 많이 하며, 어릴 적엔 따돌림이나 폭력에 의한 피해도 생길 수 있다. 따라서 편관격은 이유불문하고 비겁과 인성의 도움을 받아서라도 일간이 신강해야 한다.

坤命

⇧ 庚금 일간이 巳월에 생하고, 巳의 지장간 戊庚丙 중 본기 丙화가 투출되니 편관격이다. 월간 癸수 상관을 용신하여 丙화 편관을 제살하고 丁화 정관을 남기니 사주가 아름답다. 거살유관격(去殺留官格)이다. 거살유관격(去殺留官格)이란 식신이나 상관이 편관 칠살을 제살(制殺)하고 정관을 남긴다는 뜻이다. 상기의 여명은 일간이 간여지동(干如支同)으로 강하고 지지에 巳丑이 있어 庚금의 뿌리가 튼튼하니 신강한 일간을 가졌다. 간여지동(干如支同)이란 천간과 지지가 같은 오행으로 구성된 것이다. 위 사주가 庚申 일주 간여지동이다. 편관격 사주를 가진 이 여성은 현재 검찰직 고시생이다. 천직(天職)이다.

가. 편관격의 성격(成格) 조건

(1) 식신과 상관을 용신한다.

사주의 격이 편관격으로 정해지면 식상이 첫 번째 용신이 된다. 식상으로 편관의 흉함을 제극하여 격을 완성시키면 성공한 삶이 보장되는 훌륭한 명식이 된다. 식상을 용신할 때는 천간에 재성이나 인성이 없어야 한다.

⇧ 己土 일간이 未월에 태어난 남성의 명이다. 未월은 화왕지절로 건조하고 뜨거운 계절이므로 조후가 시급한 사주다. 다행히 시간(時干) 癸수가 조후를 하니 안정되었다. 월지 未의 지장간 丁乙己 중 乙목이 투출되니 편관격이다. 乙목 편관을 식신 辛금이 제극하는 식신제살격으로 성격되었다. 그러나 지지에서 巳酉丑 삼합으로 金이 태강하고 편관격인 乙목이 약하여 오히려 관살이 위태롭다.

편관이 흉살일지라도 제극이 너무 강하면 편관을 생하는 오행이 길신이다. 약한 관살을 생하는 재성운과 관살운이 길운이다. 따라서 辛卯 대운 중 卯 대운에 미국 44대 대통령에 당선된 버락 오바마 대통령의 사주 명식이다. 편관이 흉살일지라도 사주 전체의 강약을 살펴서 편관을 극하는 용신을 선택할 것인지, 생하는 용신을 택할 것인지, 순화할 용신인지를 결정해야 한다. 위 사주처럼 약한 편관을 재성으로 생조하는 것을 재자약살(財滋弱殺)격이라고 한다. 편관격이 이처럼 성격이 되면 대단한 인물이라고 할 수 있다.

(2) 인성을 용신한다.

편관의 흉함을 어머니와 같은 품성으로 순화하는 것으로 편관이 일간과 비겁을 극하지 않고 인성을 생하도록 하는 것이다. 즉, 탐생망극(貪生忘剋)이다. 이를 살인상생(殺印相生)이라고도 한다. 편관이 인성을 생하는 것은 결과적으로 인성이 일간을 생하게 되어 선순환의 구조를 이룬다. 살인상생 구조를 가진 사주의 주인공은 편관격 중 가장 인품이 뛰어난 소유자. 여성이 이런 명식을 가지면 훌륭한 남편을 두고, 자신도 사회적으로 크게 성공한다.

 (3) 양인합살, 상관합살로 살(殺)을 합거하는 명식은 큰 인물들이 많다.

편관	일간	상관	편재
己	癸	甲	丁
未	亥	辰	未
편관	겁재	정관	편관

乾命

⇧ 癸수 일간이 辰월에 태어나서 지장간 乙癸戊 가운데 투간된 오행이 없으니 戊토 정기와 오행이 같은 시간의 己토를 격으로 하여 편관격이다. 편관 칠살인 己토를 甲목 상관으로 합살(甲己합)하니 상관합살격(傷官合殺格)으로 성격되었다. 위 사주는 편관격으로 풀이하였지만 태어난 월이 목왕지절인 봄철이므로 甲목을 격으로 하여 상관격으로 판별하여도 무방하다. 어느 격이든 상관합살로 성격된 사주다. 성품 또한 상관과 편관의 두가지 모두 나타났으며, 사주의 주인공은 육군 군단장까지 올랐던 남성의 명이다.

나. 편관격의 파격 조건
 (1) 재성이 편관 칠살을 생조하는 구조에 식상이 없을 때
 (2) 식상이 너무 태과하여 편관이 완전히 제거될 때

(3) 편관 칠살을 합살하여 성격된 명식에 운에서 합을 깨는 오행이 올 때
(4) 일간이 극신약하거나, 편관이 일방적으로 강할 때
(5) 편관이 식상으로 제극되어 성격이 되었더라도 운에서 인성운을 만나 파격이 되기도 하며, 그 운이 지나면 다시 성격되기도 하니 일을 도모하는 데 반드시 그때를 알아야 한다.

다. 편관격 비결(秘訣)

● 편관격이 여명(女命)이라면 성격이 되었다 하더라도 남편 또는 남자와의 인연이 박하다고 할 수 있다. 실전에서도 그러하거니와 논리적으로도 여성에게는 남편이 되는 편관을 제극 또는 제살하는 것은 곧, 남편을 극하는 것이니 육친간의 관계는 온전치 못할 것이다. 그러나 거살유관이나 합살유관으로 정관을 남기는 사주는 직장 운과 남편의 복이 크다.

● 편관격의 사주 중에서 여명(女命)에게 가장 좋은 경우는 살인상생(殺印傷生)하여 성격되는 명식이다. 이런 명식을 가진 여명은 인품이 뛰어나고 사회적으로도 크게 성공한다. 또한 남녀를 불문하고 살인상생의 명으로 성격되면 머리가 총명하고 정직하며, 학자적인 기품이 있고 훌륭한 사회성과 친화력으로 명성을 크게 떨친다.

6. 정관격(正官格)

정관(正官)은 일간을 극하는 오행으로 음양이 다른 것이다. 육신 중 옛 사람들이 가장 선호하고 중시했던 정관이 상징하는 것은 바른 성품으로 관직에 나아가 왕을 바르게 보필하는 것이었다. 정관은 바르고 공

정하며, 명예를 중시하고 도덕과 윤리, 준법정신, 책임감이 강하다. 정관격은 불법, 탈선, 기회주의, 부정행위 등을 혐오하고, 경제적, 물질적 욕심보다 명예와 사회적 품위를 더 중히 여긴다. 성품은 보수적이며, 자존심이 강하고 강직한데다, 원칙에서 어긋나지 않는다. 이렇게 공정하고 원칙적인 성품이 공직자의 자세라 생각했던 옛 사람들이 정관격을 가장 높게 평가했던 이유다.

정관격에 인성이 용신이 되면 관인쌍전(官印雙全)이라고 하며, 학문에 조예가 깊고 무예도 뛰어나니 문무를 갖춘 선비다. 관직에 나아가면 윗사람의 조력으로 승진이 빨라서 젊은 나이에 높은 지위에 오른다. 이러한 정관격이 식신, 상관에 충극되거나, 일간이 아닌 다른 오행과 합이 되어 제거되면 관직에서 파직되거나, 실직, 관재(官災) 또는 직업이 변동할 우려가 있다.

남자에게 정관은 육친적으로 자식을 의미하므로 정관이 형충되면 자식에게 우환이 있거나, 자식과 인연이 멀어질 수 있다. 또한 원국(사주)에서 정관이 형충되면 하급직 관료에 불과하다. 여명(女命)이 정관격이고 비겁이 많으면 남편의 애정을 느끼지 못하고, 의부증이 있을 수 있는데, 정관이 비견, 겁재와 간합하면 그 증상은 더욱 심해진다. 여명(女命)에 정관이 많으면 두 마음이 생기고, 유로에서 관살운을 만나면 색정으로 인한 남자관계가 복잡해진다.

 乾命

⇧ 丁화 일간이 亥월에 태어나고 지장간 중 정기 壬수가 투간되니 정관격이다. 정관을 생하는 辛금 편재가 정관을 생하고, 정인 甲목이 약한 일간을 생하니, 편재와 인성을 모두 용신하여 정관격으로 성격되어 아름답다. 그의 바른 품성과 총명한 머리, 인자함, 명랑 쾌활한 성품이 발휘되어, 현재 대기업의 대표이사로 재직 중인 사람의 사주이다.

乾命

⇧ 丁화 일간이 亥월에 태어난 사주 명식은 위 사례와 같다. 특히 천간의 구조가 같고 격이 같고 용신이 같다. 지지의 오행이 조금 다를 뿐 전체적으로 비슷한 이 사주 명식은 미국 대통령후보 조 바이든의 사주다. 젊은 나이에 정치에 입문한 그는 29세에 최연소 상원의원에 당선되고, 그 후로 승승장구하여 부(富)와 귀(貴)를 거머쥐었다. 안타까운 것은 상원의원에 당선되던 해인 경술(庚戌)년에 축술(丑戌) 형살(刑殺)의 영향으로 아내와 아기를 동시에 잃는 큰 아픔을 겪었다.

현재 기미(己未) 대운을 맞은 바이든은 79세의 고령의 나이로 미국 대통령에 도전하고 있다. 그의 성품은 질서와 법을 지키는 바른생활 지킴이이고, 명예를 중시하고 정이 넘치는 따뜻함과 예의가 바른 품성을 지녔다. 그러나 원칙주의자들이 대개 그렇듯 재미없고 무미건조한 스타일이며, 사소한 것까지 시시콜콜 신경을 쓰는 타입이라 소심하고 변덕이 심하며 예민한 성격이다. 이런 사례를 볼 때마다 명리의 뛰어남에 놀라지 않을 수 없다.

가. 정관격의 성격 조건

(1) 인성을 용신한다.

정관격은 길격이므로 격을 보호하는 인성을 첫 번째 용신으로 삼는다.

乾命

⇧ 위의 명식처럼 甲목이 巳월에 태어나 월지 巳와 丑은 왕지인 酉가 빠져 합할 수 없으나 천간의 辛금을 차입하여(삼합만 가능) 巳酉丑 합하여 金으로 化하고 투간된 辛금으로 정관격을 이뤘다. 辛금을 차입하지 않더라도, 巳의 지장간 戊庚丙 중 중기 庚금과 오행이 같은 辛금이 연간에 투출되니 정관격이다. 辛금이 생하는 월간 癸수 정인을 용신하니 관인상생(官印相生)으로 성격되었다. 격(格)을 이루는 辛금이 생하는 오행 癸수를 용신으로 하는 경우는, 운에서 격을 깨트리는 火를 만나더라도 癸수가 火를 극하여 격을 보호하는 역할을 하므로 길격이 첫 번째 용신으로 삼는 이유다. 뿐만 아니라 정관격에 인성을 용신하는 것은 학식과 관직을 모두 얻는 관인쌍전(官印雙全)의 명(命)이니 더욱 아름답다. 이 사주의 주인공은 현재 대학교수로 재직 중이다.

(2) 재성을 용신한다.

정관격을 생조하는 재성을 용신한다. 정관격이 재성을 용신하면 부와 귀를 모두 얻는다. 정관격에 재성이 있으면 인성은 용신으로 쓸 수 없으며, 식상이 있으면 자칫 정관을 극할 수 있어 위험하다. 이때는 재성이 월간에 위치하면 식신생재하는 통관(通管)구조로 정관을 보호할 수 있다. 통관이란 서로 대립하는 식상과 관성 사이에 재성이 있으면 식상이 재성을 생하고 재성이 관성을 생하는 생산라인을 뜻한다. **식신 ▶ 재성 ▶ 정관** 이러한 통관구조는 식신이 재성을 생하느라 정관을 극하지 못하니 성격된다.

(3) 정관이 형, 충되지 않고 일간 외에 다른 오행과 합하지 않으면서 정관이 강왕하면, 사주에 재나 인성 하나만 있어도 성격되어 귀한 명이다.

(4) 관살이 혼잡되었을 때는 합살유관(合殺留官)되거나, 거살유관(去殺留官)되면 성격된다.

천간에 정관과 편관이 함께 있는 것을 관살혼잡이라고 한다. 이때는 정관을 남기고 편관을 거살하거나 합살하면 사주가 맑아져 성격된다.

⇧ 천간에 정관 丁화와 편관 丙화가 혼잡된 사주다. 이때 癸수 상관으로 丙화를 거살(去殺)하고 정관을 남기니 거살유관(去殺留官)으로 성격되었다. 아직 20대지만 권력을 잡거나 높은 관직에 오를 수 있는 명식이다.

(5) 월지 정관이 삼합하여 인성으로 화(化)하고 식상 없이 재가 투간되면 대귀(大貴)하다.

나. 정관격의 파격 조건

(1) 인성이 없는 정관격에 식신, 상관이 있거나, 식신, 상관이 운에서 들어 올 때는 파격되며, 정관격이 파격될 때에는 흉함이 백태로 나타난다. 사주에서 정관은 군왕이고 지존으로 간주되며 형충극 또는 합거하는 것을 극히 꺼리기 때문에 그 흉함이 어느 때보다 극심하다.

乾命

⇧ 일간 己토가 寅월에 태어난 남성의 명이다. 월지 寅의 지장간 戊丙甲 중에서 정기 甲목이 투간되니 정관격이다. 그러나 천간에 상관과 식신이 중복되니 정관격이 파격되었다. 사주의 주인공은 30대에 잠시 직장을 가졌으나, 그 이후로 돈벌이를 하지 못하고 60세가 돼서도 낭인처럼 살고 있다.

(2) 정관격 사주에 편관이 함께 있는 것을 관살혼잡이라고 하는데, 남녀를 불문하고 관살이 혼잡되면 반드시 흉하다. 정관격에 운에서 편관이 들어와 관살혼잡이 되어도 흉하다. 이외에 정관격이 일간이 아닌 다른 육친과 合을 하거나 형, 충을 당하는 것도 모두 파격이다.

다. 정관격 고수들의 비결(秘訣)

● 정관이 길신이라도 사주에 정관이 많아 중중(重重)하면 살(殺)로 변하여 흉하다.

● 여명(女命)에 정관이 공망이면 독신이거나 이혼한다.
● 여명(女命)에 정관격을 이루고 재성이 생조하면 부부금실이 좋아 주변의 부러움을 산다.
● 여명(女命)에 정관이 중중(重重)하고 일간이 약하면 남자를 정하지 못하거나, 남자에게 거부감이 생겨서 독신생활을 한다. 남자로부터 피해가 늘 상존한다.
● 유아(幼兒)의 명에 관살이 건왕하고 일간이 신약하면 신체가 허약하고 질병이 많으며, 단명할 수 있다. 이를 살중신경(殺重身輕)이라 한다.

7. 편인격(偏印格)

　편인은 관성이 생하고 정인과 같이 일간을 돕는 길성으로서 작용을 한다. 그러나 흉격으로 분류를 하는 이유는 길성인 식신을 극(剋)하여 도식(倒食)한다는 이유다. 도식이란 밥그릇을 엎어 가난하다는 뜻이어서 고서(古書)는 편인을 대부분 흉신으로 분류했다. 일간이 신약하거나 편인이 약할 때는 편인격을 돕는 용신을 우선하여 삼고, 편인이 흉신으로서 작용을 할 때는 극하는 오행을 용신으로 삼아야 한다. 편인이 갖고 있는 속성을 판단하는 데 쉽지 않듯이 편인격의 성격(性格)도 알쏭달쏭하다. 편인격의 장점은 어느 분야의 전문적인 연구나 전문가로서 역할에 능하며, 논리적이고 이론적인 것을 좋아한다. 두뇌회전이 빠르고, 기획력이 뛰어나며 학문과 예술에도 능하다. 편인격이 갖고 있는 또 하나의 특징은 이중성이다. 마치 재물을 탐하지 않을 듯하지만 재물을 잘 모으고, 인격과 교양을 중시하면서도 정작 본인은 상대방을 이용하려는 도심(盜心)이 있다. 여기에 편인격의 격이 파격되거나 사주에 편인의 성향이 강왕하면 이중인격자, 임기응변에 능한 모략가, 사기꾼, 잔머리, 잔소리꾼이며 변덕, 실증을 잘 부리고 나태하며, 실천력과 행동력이 부족하여 시작은 있으나 끝맺음이 없다. 이상하리만치 편인격에 대한 평가는 매섭다. 좋은 것과 나쁜 것들을 다 갖추고 있는 편인격의 성품은 우리들의 모습인지도 모른다.

 乾命

⇧ 辛금 일간이 未월에 태어나서 지장간 丁乙己 중에서 정기 己토가 투간되니 편인격이다. 乙목 편재를 용신하여 성격됐다. 乙목이 일간 辛금에 극을 당하지만 지지의 亥未와 천간의 乙목이 합을 하여 木局을 형성했다. 천간의 乙목은 지지로 내려오면 卯목이 됨을 인정하여 亥卯未 삼합이 된 것이다. 따라서 乙목이 강한 己토 편인을 제극하여 격이 성격된 것이다. 다른 삼합의 경우도 이와 같으니 기억해두길 바란다. 이 사주의 주인공은 개인의 부귀영화를 쫒아 한평생 잘 살았으나, 그의 후손들까지 그리고 후대에까지 치욕의 불명예를 안겨준 부왜노(附倭奴) 이완용의 사주 명식이다. 부왜노(附倭奴)란 왜놈에게 붙어서 부역하는 노예라는 뜻으로 단재 신채호 선생이 처음 사용했다. 모든 편인격이 이완용같은 성품은 아닐 것이니 일반화하는 것은 극히 위험한 일이다.

가. 편인격의 성격(成格) 조건
(1) 편인격에 정관이 있고 재성이 없을 것.

이때는 편인성을 길성으로 판단하여 정관을 용신하는 것이다. 이를 두고 관인쌍전(官印雙全)이라, 문무겸비하니 귀하지 않음이 없다 했다.

(2) 편인격에 상관을 용신한다.

상관격에 인성이 있는 상관패인(傷官佩印)과 같다. 식신보다 상관을 용신하는 것이 실속 있다.

(3) 편인격에 편관과 상관이 나타나면 조건 없이 성격된다.

坤命

⇧ 丁화 일간이 卯월에 태어나서 卯의 지장간 정기 乙목이 투간되니 편인격이다. 식신 己토가 있는데 편인 乙목에 제압당하니 己토가 아닌 壬수 정관을 용신으로 성격되었다. 인수격(정인격, 편인격을 합하여 인수격이라 칭함)에 정관이 나타나면 관인쌍전(官印雙全)이라 귀함이 더한다.

(4) 편인격에 편관을 용신한다.

편인격에 편관을 용신하는 것은 살인상생(殺印相生)을 뜻한다. 편관 칠살의 흉함을 인성으로 순화하여 쓰는 것이니, 이때는 인성이 약하거나 일간이 약할수록 좋다. 인성과 일간이 모두 강하면 편관이 인성을 생하지 않고 일간을 극하려고 할 것이기 때문이다.

(5) 편인격에 재성을 용신한다.

인성을 극하는 재성을 용신하는 경우는 편인이 강하여 흉신으로 작용할 때이며, 강한 재성을 쓴다.

⇧ 癸수 일간이 申월에 태어나 申금 지장간 戊壬庚 중에서 투간된 것이 없으나 지지에서 巳酉丑 삼합을 하여 金이 강하고, 지장간 庚금과 오행이 같은 辛금을 격으로 삼아 편인격이 되었다. 이 사주는 강왕한 편인이 도식(盜食)하여 흉신이므로 월간 丙화가 흉신 辛금을 합거하여 성격되었다. 삼국지의 제갈공명의 命이다. 전략과 전술, 속임수에 능했던 제갈량의 능력과 잘 어울리는 격이다.

나. 편인격의 파격(破格) 조건

(1) 편인격이 약해서 정인과 같은 역할을 할 때는 재성이 편인성보다 강하면 격이 파극된다. 다만 재성이 편인보다 약하거나 재성이 강하더라도 약한 편인과 멀리 떨어져 있을 때는 성격으로 본다.

(2) 식상없이 편관만 나타난 사주에 일간과 인성이 모두 강하면 파격이다.

다. 편인격 고수들의 비결(秘訣)

- 편인격은 한가지 일에 매진하지 못하여 직업을 전전한다.
- 편인격은 컨설팅, 기획부동산, 카운셀러 등의 직업에서 빛을 발한다.
- 만약 편인격에 재성을 용신한다면 처의 내조가 두텁고 유능한 처를 둔다.
- 여명(女命)의 편인격은 식상을 극하므로 자식에게 불리할 수 있다.

● 편인격이 시주(時柱)에서 형성되면 말년에 고독하다. 시주는 인생 말년을 의미하고 동시에 자식궁이기 때문에 인성과 충돌한다. 시주(時柱)의 인성을 고독성(孤獨星)이라고 한다.

8. 정인격(正印格)

정인격은 관성이 생하는 길격 중의 길격이다. 정인격은 일반적으로 부모덕이 두텁고 본인도 귀한 자녀를 둔다. 성품이 온화하며, 인자하고, 사려가 깊고 박학다식하다. 용모가 단정하고 총명하며, 지혜롭고 예의가 바르며, 윗사람의 조력을 받아 성공한다. 정인격은 음식을 즐기며 몸체가 통통한 사람이 많은데, 자칫 식탐에 자제력을 잃을 수 있다. 정인격은 학자들이 많은데, 교육, 문화, 예술, 첨단 기술, 종교 등에 종사한다. 이런 면에서 식상격과 직업이 비슷하다.

사주에 관성이 강하면 고위직 관료가 되고 관성이 없으면 순수한 학자, 예술가, 발명가, 종교인이 된다. 정인격이 파극되거나 정편인이 혼잡되고 인성이 편중되면 게으르고, 실천력이 없으며, 독립심이 없어 다른 사람들에게 의지하려는 태도가 강하고, 이것저것을 따지고 잔소리를 하여 주변 사람들을 힘들게 하는 경향이 있다. 특히 남자의 사주에 인성이 많으면 아내와의 관계가 소원해지며, 특히 자식과 아랫사람에게는 잔소리꾼이 된다. 인성이 강한 남성은 마마보이일 가능성이 크기 때문에 결혼 후 부인이 힘들고, 아내와 시부모의 갈등이 있다. 인성격에 재성이 강하면 어려서부터 모친과 인연이 박하고 부친덕도 없다. 인성과 재성이 대결하는 사주는 모친과 부친과의 관계도 좋지 않으니 어릴 적 환경이 녹록치 않다는 것을 의미한다.

⇧ 乙목 일간이 亥월에 태어나 亥의 지장간 戊甲壬 중 천간에 투출된 오행이 없으니 월지 亥수 자체로 격을 잡아 정인격이다. 乙목이 추운 亥월에 태어났음으로 조후가 시급하다. 따라서 시간의 丁화가 조후용신이다. 강한 인성을 극제하는 편재 己토를 격국 용신으로 하여 성격되었다. 일간 乙목이 亥 중 甲목에 통근하여 강하고 월지 亥수가 격으로도 강하다. 또한 용신인 己토가 지지의 격(亥)을 직접 극하여 대결하지 않고, 조후용신 丁화와 격국용신 己토가 서로 조응하여 생하니, 정승의 지위까지 오른 옛 사람의 사주다.

⇧ 癸수 일간이 申월에 태어난 남성의 명이다. 월지 申금 지장간 戊壬庚 중 정기 庚금이 투출되니 정인격이 분명하다. 戊토 정관이 일간과 합(戊癸合)을 하고 연간의 비견 癸수가 격을 보호하니 아름다운 명식이다. 여기에 관성과 인성을 모두 갖추니 관인쌍전(官印雙全)이라. 머리가 좋고 품성이 바르고 겸손하며, 덕을 갖춘 덕장으로 인정받았다. 고 김대중 대통령과 민주화 운동에 투신했으며, 훗날 집권 여당시절까

지 포함하여 민주당의 총무(지금의 원내대표)를 3회씩이나 역임한 정균환 전 의원의 사주명식이다.

가. 정인격의 성격(成格) 조건

(1) 정관을 용신한다 – 관인쌍전(官印雙全). 일품의 격에 최고의 용신이다. 운에서 파격되지 않으면 부귀를 누린다.
(2) 편관과 식상을 동시에 용신하면 성격된다.
(3) 상관을 용신한다. – 상관격의 상관패인과 동일하다.

 坤命

⇧ 癸수 일간이 申월에 태어난 여성의 명이다. 申금 월지에서 정기 庚금이 투출되니 정인격이다. 정인 庚금이 상관인 甲목을 제극하고 시간에 乙목 식신을 남기니 명식이 아름답다. 식상이 강한 사주에 인성격을 이루니 그녀의 기예(技藝)는 세계의 장벽을 넘었다. 피겨스케이팅 김연아 선수의 사주로 알려진 명식이다. 또한 지지가 도화로 가득하니 그녀의 사회적 인기는 계속될 것이다.

(4) 정인격 사주에 비견, 겁재가 있으면 무조건 성격이다.
비겁은 재성으로터 인성을 보호하며 정인격의 최고의 용신이 된다.

나. 정인격의 파격(破格) 조건

(1) 정인격에 재성이 나타나면 파격이다.

- 탐재괴인(貪財壞印)이라고 하여 선비나 관료가 재물을 탐하다가 패가망신한다는 의미인데, 실제 정인격에 재성이 나타나면 파격되니 흉하다. 원국에 없던 재성이 운로(運路)에서 나타나면 위와 같은 흉액을 겪는다. 그러나 비겁이 사주에 있으면 위기를 넘겨 무사하다.

(2) 정인격을 이루고 격이 다른 오행과 합을 하면 파격이다.
(3) 정인격에 재성이 바로 옆에서 충극하면 하루벌어 하루를 살며 재성이 강할수록 힘든 삶을 산다.

다. 정인격 고수들의 비결(秘訣)

● 사주 중 귀인은 모두 좋아하지만 정인격은 천덕귀인과 월덕귀인을 만나는 것을 특히 기뻐한다. 아무리 큰 흉이라도 귀인들의 도움으로 극복한다.

● 정인격은 선천적으로 사업을 좋아하지 않는다. 이는 마치 선비가 장사를 하는 격이니 성품과 마찰을 빚는다. 차라리 전문성을 발휘할 수 있는 기획사나 부동산업이 좋다.

● 자식의 사주에 인성이 많으면 부모의 과잉보호를 염려해야 한다. 이를 두고 모자멸자(母慈滅子)라 하는데, 훗날 자식으로부터 원망을 듣게 된다. 모자멸자란 부모의 사랑과 관심이 지나쳐서 결국 자식을 망치는 것을 말한다.

9. 양인격(陽刃格 또는 羊刃格)

양인격은 천간의 陽 일간에서만 이뤄지는 격이다. 즉, 일간이 甲, 丙, 戊, 庚, 壬 중 하나이고 월지가 12운성으로 子午卯酉 제왕지(帝旺支)인 경우에 해당한다. 陰 일간은 양인격이 없으며, 陰 일간이 12운성으로 제왕지를 만나면 양인격이 아니라 월지겁재격이라고 하며, 간명의 방식도 다르다.

양인(羊刃)은 육친의 편관, 상관, 겁재, 편인과 더불어 흉살에 속한다. 양인격은 일간 스스로 극강(極强)하여 남의 도움을 원치 않고 오직 자신만의 힘으로 의지를 관철시키려는 성향이 강하다.

양인격에 羊 양 양字와 刃 칼날 인字를 쓰는 이유는 순한 양을 칼로 벨 수 있는 잔인성을 말하는데, 자기주장이 강하고, 독선적, 흉폭함, 폭력성, 성급함, 단호함, 주체성, 독립성, 강직함, 도전을 두려워 하지 않는 용맹성 등이 양인격의 특성이다. 직업적으로는 군인, 경찰, 검찰, 판사, 외과의사, 구급대원과 정치인 등에 많은 격이다. 드물게는 불세출의 영웅이나 열사(烈士)가 나오기도 하지만, 대부분은 파란만장한 인생행로를 걸으며, 격이 파격되거나 용신을 갖지 못하면, 형벌을 면치 못하는 폭력성으로 나타나기도 한다. 이러한 강렬한 양인도 인성을 용신으로 사용하면 성품이 순화되어 너그럽고 온화한 인품을 갖게 된다.

乾命

⇧ 壬수 일간이 子월에 태어나고, 子는 12운성으로 壬수의 제왕지이니 양인격이 분명하다. 양인격은 신강하여 반드시 두 개의 용신을 필요로 한다. 위 사주 경우는 필요한 두 개의 용신 중 辛庚금 오행으로 한 종류만 있으니 준성격된 사주라고 할 수 있다. 준성격된 사주인 관계로 운

에 따라서 사업이 잘 되다가도 갑자기 어려운 상황을 맞기도 하지만 주인공은 인수를 용신하니 인품이 너그럽고, 온순한 성품이다. 양인격에 용신이 다 갖춰지지 않은 데다가, 甲대운에 甲과 庚금 용신이 충(沖)하고 사주의 조후가 한랭하니 큰 수술을 했다. 지지로 午 대운을 맞는 내년은 한랭한 사주에 조후용신이 도래하니 사업과 건강이 회복될 것으로 본다.

가. 양인격의 성격(成格) 조건

양인격은 일간이 극신강하여 이를 제어할 용신이 반드시 두 개가 필요하다.

(1) 양인격의 첫째 용신은 편관 또는 정관이며 둘째는 재성이다.
(편관+재성이거나, 정관+재성의 구조를 갖는 것을 말한다.)
(2) 정관+인성이거나, 편관+인성의 용신구조.
(이때는 재성이 없어야 성격된다.)
(3) 재성+식상으로 용신을 한다. 또한 식상만 강해도 성격요인이 된다.
(이때는 양인격이면서 금백수청 사주, 양인격이면서 목화통명 사주를 말한다.)
(4) 양인격은 정관을 용신하는 사주보다 편관을 용신하는 사주가 더 크게 발복한다. (편관을 제극하지 않고 용신으로 사용하는 경우는 양인격이 유일하다. 오히려 귀하게 쓴다.)

乾命

⇧ 丙화 일간이 午월에 태어난 남성의 명이다. 午화의 지장간 丙己丁 중 투간된 오행이 없으니 午화 겁재 자체로 양인격이 되었다. 편관 壬수와 정재 辛금을 용신하여 성격되었다. 최근까지 군복무를 하다가 3성 장군으로 예편했다. 甲목이 편관을 보호하고 辛금이 壬수를 생하고 있으므로, 戊己토를 만나더라도 壬수를 극제할 수 없는 것이다. 다른 내격의 사주는 칠살 편관을 합거하는 것이 곧 성격의 조건이지만, 양인격 사주는 칠살이 합거되거나 극제되면 흉하다.(지지삼합을 제외한 천간합, 지지 육합, 천간沖, 지지沖 등은 해당 오행이 바로 옆에 있어야 작용한다. 따라서 위 사례의 사주에서 일간 丙화와 연간 辛금의 합은 불가하다.)

(5) 戊토 일간이 午월생일 때 양인격과 인수격을 구분하는 방법

戊己토는 화토동법(火土同法)에 따라 12운성 생로병사가 같으므로 戊토 일간이 午월에 태어나면 丙화와 같은 제왕지이니 양인격으로 판별해야 하지만 戊토 일간은 토의 성질을 감안하여 다음과 같은 방법에 따른다. 戊토 일간이 午월에 생하고 천간에 丙화가 없고 丁화가 투간되면 정인격이 되고, 丙화, 丁화가 투간되지 않고 己토가 투간되면 양인격이 되는데, 丙화가 없이 丁화, 己토 둘 다 투간되면 火를 우선으로 격을 잡아서 丁화 정인격이 된다. 또한 丁화, 己토, 丙화 모두 투간되지 않고 戊토가 투간되면 양인격이고, 丁화, 丙화 己토, 戊토가 모두 투간되지 않으면 월지 자체로 午화 양인격이다.

나. 양인격의 파격(破格) 조건

(1) 양인합살(합으로 편관이 제거되면 파격이고 흉하다.)
(2) 정관 또는 편관+식상으로 관성이 제극되면 파격이다.

다. 양인격 고수들의 비결(秘訣)

● 양인격은 용신이 두 개여야 성격인데, 사주에 정관이나 편관 중 하나만 있으면 준 성격된 것으로 간주하며, 운로(運路)에서 2차 용신을 받으면 크게 발복한다.
● 양인격에 편관을 용신하는 중에 운에서 정관이 오면 무방하나, 정관을 용신하는 중에 운에서 편관이 오면 관살혼잡이 된다. 편관을 우선하는 양인격도 관살혼잡은 흉하다.
● 양인격에 천간에 재성만 있고 식상이 없는 명식으로, 지지에서 합국하여 식상으로 化하면 성격된다.

乾命

⇧ 庚금 일간이 酉월 제왕지를 만나 양인격을 이뤘다. 천간의 甲목과 乙목 재성을 1차 용신하는 중에 지지에서 申子(辰) 반합(半合)을 이뤄 수국(水局)을 형성하니 식상으로 化하였다. 지지에서 강한 合이 이뤄지니 천간의 재성을 생조하는 귀한 현상으로 성격되었다. 사례는 공자의 命이다.

★ 오행의 생극(生剋)을 논(論)함에 있어서 지지의 오행이 천간의 오행을

생극하는 경우는 지지에서 삼합국을 이루어 化한 오행이 천간에 투출된 것으로 인정하여 천간의 오행에 영향을 준다. 그러나 삼합을 이루지 않은 지지의 오행은 아무리 강해도 천간의 오행을 직접 생극하지 못한다. 또한 천간의 오행은 지지의 오행을 생하거나 극하지 못하니, 지지는 지지끼리, 천간은 천간끼리 생극제화를 논(論)한다.

10. 건록격(建綠格) 및 월지겁재격(月支劫財格)

건록격과 월지겁재격을 함께 논하는 것은 격의 쓰임과 그 용신의 쓰임이 대동소이하기 때문이다. 건록격이라고 칭하는 것은 각 일간 오행이 12운성으로 월지가 건록지(建綠支)이기 때문에 붙여진 이름이다. 건록격의 일간은 스스로 강하게 태어났다. 이는 일간이 자기 계절에 태어났음을 의미한다. 예를 들어 甲목 일간이 寅월에 태어나거나 乙목 일간이 卯월에 태어나는 것, 또는 庚금 일간이 申월에 태어나거나 辛금 일간이 酉월에 태어나는 것, 丙화 일간이 巳월에 태어나고 丁화 일간이 午월에 태어난 것, 戊토 일간이 巳월, 己토 일간이 午월에 생하면 12운성이 화토동법(火土同法)이니 火에 준하여 건록지를 정한다. 즉, 戊己토 일간이 辰戌丑未월에 태어나는 것은 건록격이 아니라는 것에 주의해야 한다.

자기 계절에 태어난 건록격의 성품은 근거 없는 자신감, 독립심, 추진력, 사람을 모으는 매력과 조직력, 자수성가 등이 어울리는 단어들이다. 물질적이고 경제적인 것보다는 사람의 관계를 중시하고 친구와 조직의 동료, 동지 또는 국가와 인류 등 대의명분을 중히 여기는 성향이 있다. 건록격을 가진 사람은 자신을 굽혀 도움을 청하지 않으며 자존심이 강해서 승부욕이 넘치고, 지기 싫어하여 우격다짐하니 주변 사람들과 멀어지거나 때로는 사람들의 시선을 의식하여 군중심리에 휩싸이기도 한다. 그러나 명식이 잘 갖춰지거나 경험이 쌓여 자기 수양이 되면 국가 조직의 장, 기업의 고위 임원들에게서 많이 나타나는 격이다. 형제가 많거나 친구들이 많은 것은 건록격과 양인격, 월지겁재격의 공통점이다. 일간이 강하거나 비겁이 강하면 재성인 아버지와 인연이 약함으로 일찍 분가하는 것이 효도의 길이다. 또한 물려받는 유산으로 쟁재(爭財)가 일어나 형제간 다툼이 있을 수 있고, 의처증도 생길 수 있다. 이런 품성은 건록격과 월지겁재격이 동일하니 월지겁재격은 별도로 논하지 않는다.

★건록격과 월지겁재격, 양인격은 천간에 다른 격이 나타나면 다른 격을 우선한다.

정재	일간	식신	겁재
戊	乙	丁	甲
寅	卯	卯	辰
겁재	비견	비견	정재

坤命

⇧ 乙목 일간이 卯월에 태어나니 신왕하고 건록격을 이뤘다. 건록격이면서 동시에 천간에 丁화가 투출되니 목화통명이다 사주의 주인공은 여성이지만 건록격답게 조직의 수장이 됐으며, 목화통명의 기운으로 총명하고 사리에 밝으며 많은 사람들에게 인정을 받는 여성지도자다.

癸수 일간이 亥월에 태어나서 지장간 戊甲壬과 같은 오행이 투간되

지 않으면 월지겁재격이 된다. 그러나 亥의 지장간 甲목이나 같은 오행 乙목이 투간되면 식상격인데, 이때는 겁재격보다 식상격을 우선하여 식상격으로 격을 잡는다. 건록격과 월지겁재격을 논함에 있어서 월지가 寅申巳亥인 경우에는 사례처럼 투간된 오행에 따라 격의 변화가 있을 수 있음을 살펴야 한다. 천간의 乙목 일간이 寅월에 생하는 것, 丁화와 己토 일간이 巳월에 생하는 것, 또는 辛금 일간이 申월에 생하거나 癸수 일간이 亥월에 생하면 월지겁재격이다.

가. 건록격 및 월지겁재격 성격(成格) 조건

건록격과 월지겁재격은 양인격과 같이 용신 두 개를 모두 갖춰야 성격된다. 한 개의 용신만을 가질 경우는 준성격으로 봐야 하고, 성격된 사주보다 격이 떨어진다.

(1) 정관을 우선하여 용신한다. 1차 용신 정관만 강해도 성격된다. 양인격처럼 일간의 기세가 강하지만 양인격처럼 편관을 용신하지 못한다는 것이 다른 점이다.

(2) 정관+재성을 용신한다. 정관이 1차 용신이고 재성이 2차 용신이다. 정관을 용신하는 것은 강한 일간을 누름으로써 독불장군 같은 성품을 순화시키고, 비겁을 눌러서 재성을 보호하고 재성을 두고 비겁끼리 다툼이 생기는 것을 방지한다.

(3) 재성+식상을 용신한다. 이때는 관성이 없어야 한다. 식상으로 인해 정관이 제극당하는 것은 흉(凶)이다.

(4) 금백수청, 목화통명 사주는 식상만 강해도 성격된다. 앞서 말했듯이 귀격으로 다루는 금백수청과 목화통명은 식상만 강해도 성격이며, 부귀를 누린다.

(5) 식상+강한 편관. 천간에 편관이 두 개 이상이거나 관살이 혼잡되

었을 때는 식상으로 혼잡된 관성을 정리해야 성격된다.

나. 건록격 및 월지겁재격 파격(破格) 조건
 (1) 정관을 가장 먼저 살펴야 한다. 정관이 없으면 강한 일간을 제극하지 못해 파격이다. 그러나 정관이 없어도 천간에 식상과 재성이 함께 있으면 성격된다.
 (2) 관살혼잡은 파격이다. 모든 격국에 해당된다.
 (3) 천간에 정관과 상관이 함께 투간하면 파격이다.
 (4) 재성이 편관을 생조하는 구조는 파격이다. 이 구조는 양인격을 제외하고 모든 격에 해당되는 파격(破格)조건이다.

다. 건록격과 월지겁재격의 고수들의 비결(秘訣)
● 건록격과 월지겁재격을 이룬 주인공들은 국회의원이나 선출직에 많이 진출한다. 스스로 자신을 드러내는 성품 탓이다.
● 건록격과 월지겁재격은 사사로운 일보다 공적인 임무, NGO단체 또는 국가직 공무원 등에 많이 종사한다.
● 건록격과 월지겁재격은 비겁이 강할 경우, 남녀 공히 재산 다툼을 하거나 의처증과 의부증이 있을 수 있다.
여기까지 격국 중 내격을 모두 구분하고 그 조건들을 파악했다. 여기에 수록되지 않은 수많은 사례들이 있을 것이나, 자세히 살펴보면 앞서 말한 원칙에서 크게 벗어나는 사주 명식은 없다. 사주를 간명함에 있어서 격과 용신을 먼저 찾아내고, 격을 순용(길격)할 것인지, 역용(흉격)할 것인지를 판단할 수 있다면 사주를 정확하게 간명할 수 있을 것이다. 여기에 신살론, 일주론, 억부론, 궁성론 등은 격국을 보좌하여 사주를 더욱 세밀하고 섬세하게 감명하는 이론들이 될 것이다.

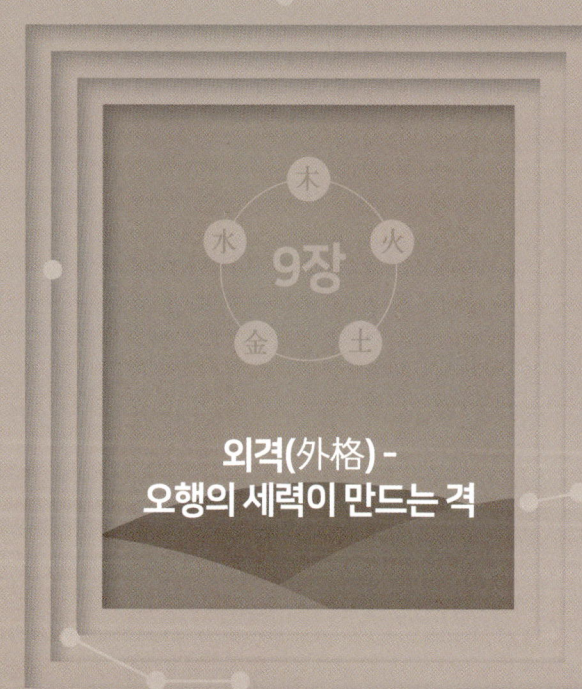

9장

외격(外格) - 오행의 세력이 만드는 격

1. 종격(從格)

　종격(從格)이란 강한 기세(氣勢)를 따른다는 것이다. 일간을 중심으로 강한 세력이 형성되면 종강격(從强格) 또는 종왕격(從旺格)이라 하고, 일간이 실기(失氣)하여 자신의 기(氣)를 버리고 왕성한 세력의 흐름에 따르는 것은 종아격(從兒格), 종재격(從財格), 종살격(從殺格)이라고 한다. 종격은 별도의 용신을 정하지 않고, 사주가 종(從)하는 오행이 용신이며 길신이다. 종격은 중심 오행이 어느 일방으로 몰려 있기 때문에 길흉도 극단적으로 나타나며 운로에 따라 그 격차도 크다. 종격의 원칙에 대해서 《적천수(滴天髓)》에서 논하기를 "양간종의부종세(陽干從義不從勢) 음간종세부종의(陰干從勢不從義)"라고 하였다. 이는 陽 일간은 세력을 따르기보다는 의(義)를 따르며, 陰 일간은 의(義)를 따르기보다 세력을 따른다는 원칙이다. 이 말은 陽 일간은 자신의 세력이 조금만 있어도 종(從)하기를 거부하고, 陰 일간은 강한 세력에 종(從)하는 것을 꺼리지 않는다는 뜻이다.

　《적천수》에서는 義라는 단어를 사용하여 심오하게 설명했는데, 여기서 논하는 의(義)는 옳고 그름을 뜻하는 것이 아니라 일간이 본연의 성질을 유지하려는 태도를 뜻한다. 따라서 일간의 陰陽에 따라 오행의 성질을 유지(義)하려고 버티거나 비교적 쉽게 자기 오행을 포기(從)한다는 뜻이다. 중국 사람들의 표현이 현란하고 사자성어나 멋진 단어로 치장되어 원래의 뜻을 놓치기 쉬운 대목이다.

가. 종강격(從强格)
　오행 중 어느 일간이 인성월에 태어나 인성이 투간되고, 지지에 인성의 삼합 또는 방합을 이루거나, 사주의 전부 또는 대부분이 인성으로 되어 있으면 종강격이다. 이때 재성이 인성을 파극하지 않아야 한다. 종격은 세력을 따르는 것이니 운에서 길흉을 감명함에 있어서도 인성과 비겁운은 대길하고, 식상운은 인성과 상극됨으로 흉하며, 재성은 인성을 극함으로 더욱 흉하다. 그러나 인성을 생하는 관살운을 만나면 길하다.

⇧ 이 사주는 甲 일간이 寅월에 태어나서 스스로 강하니 건록격처럼 보이지만, 지지의 편관 申금이 申子 삼합하여 水 인수로 化하였고, 천간은 일간을 제외하고 모두 水 인성으로 구성되니 종강격이 되었다. 종강격의 길흉은 일간과 격을 강하게 하는 오행이면 길(吉)하고, 일간과 격을 약하게 하거나 극하는 오행이면 흉(凶)으로 판단한다. 어린 초년엔 癸卯, 甲辰 대운을 맞아 부모의 사랑과 보살핌으로 애지중지 자랐으나, 乙巳 대운부터 식신 巳가 원국의 水 인성과 상극(相剋)하니 그 시기에 부모 모두 돌아가시고, 丙午 대운에는 원국의 인성 수기(水氣)와 수화교전(水火交戰)하니 물려받은 재산까지 잃고 말았다. 운로가 계속해서 불길하게 흐르니 끝내 극복하지 못하고 운명을 달리하였다.

※ 甲辰 대운은 辰토 재성이 원국의 水 인성을 극할 것 같으나, 원국의 申子수와 申

子辰 삼합하여 水 인성으로 化해서 무사했다.

나. 종왕격(從旺格)

종왕격은 비겁이 강한 것이며, 월지가 비겁이고 지지가 삼합하거나, 방합하여 비겁으로 化하거나, 천간에 비겁이 투간되어야 하며, 반드시 관살이 없거나 있더라도 파극되어 약해야 한다.

사주의 전부 또는 대부분이 비겁으로 이뤄진 명(命)을 종왕격이라고 한다. 종왕격의 길흉을 감명하는 기준이 종강격과 다른 것은 식상을 길신으로 하는 점이다. 종왕격은 강한 비겁의 기운을 설기(洩氣)시키는 식상운이 좋으며, 비겁의 세력을 돕는 인성운과 비겁운에 대발한다. 그러나 사주에 식상이 있으면 인성운에 안 좋고, 인성이 사주에 있다면 식상운에 안 좋다. 종왕격은 인성과 식상 둘 다 길신일 수 있으나, 서로 상극되는 운이 들어오는 것을 꺼린다. 관살운이 가장 흉하고 재성운도 흉신으로 보지만 사주에 식상이 있어서 식상이 관살을 극하거나 식상생재로 통관시키는 작용을 하면 극흉(極凶)은 면할 수 있다.

⇧ 壬수 일간이 亥월에 태어나고 지지는 亥子丑 방합하여 水로 化하

였다. 천간에 辛금 인성이 일간 壬수을 生하니 종왕격이 분명하다. 癸丑 대운까지는 종왕격으로 유복한 청소년기를 지냈다. 그 후로 甲寅 대운을 맞아 종왕격이 甲목 식신격으로 변격되었다. 변격의 원인은 월지 亥수의 지장간 戊甲壬 중 대운에서 甲목을 만나니 격이 변격된 것이다. 앞서 말했듯이 대운은 격의 변화뿐 아니라, 성격된 사주를 파격으로 만들 수 있고, 파격된 사주를 성격으로 만들 수도 있다. 수기(水氣)가 왕성한 사주가 甲목 대운을 맞아 식신으로 수기유행(秀氣流行)시키니 숨겨진 재능이 한껏 발휘되어 대과(大科)에 합격했다. 乙卯 대운에는 청운의 꿈을 이뤘으나, 丙辰 대운에는 다시 종왕격으로 변격되어 火水가 쌍전(雙戰)하니 변화가 심하였다. 다행히 火는 사주의 조후용신이니 그나마 그 직(職)을 연명하였다. (출처:《사주정설》)

⇧ 이 사주는 대부분 비견과 겁재로 되어 있고, 천간과 지지에 인성이 하나씩 있을 뿐이다. 따라서 종강격이 분명하다. 초년 甲寅 대운에 명문고를 합격하고 癸丑 대운에는 고시에 합격해서 관직에 올랐다. 이때 丑 대운은 재성이라 불리(不利)할 것 같으나, 丑은 습토(濕土)에 속

하여 일간과 비겁을 도왔으며 길운이 壬子 대운에까지 이어지면서 직급이 연등(連登)하였다. 辛亥 대운에는 辛금이 甲목과 旺한 비겁을 극하여 위기에 빠졌으나, 대운 정관 辛금이 천간의 癸水 인성을 生하고 인성이 일간과 비겁을 생하는 통관(通關)작용으로 위험에서 구제되었다. 통관작용도 있었지만 정관이라는 길신을 긍정적으로 해석한 것이다. 그러나 庚戌 대운에 이르러 庚금 편관 칠살과, 戌토가 木의 세력과 상극되니 스스로 관복을 벗고 퇴직하였다가 건강까지 잃었다.

다. 종아격(從兒格)

종아격이란 일간이 식상월에 태어나서 천간에 식상이 투간되고, 사주의 전부 또는 대부분을 식상이 차지하고 있는 명식이다. 여성 사주의 육친상 식상은 자식(子息)에 해당함으로 이를 종아(從兒)라고 명명(命名)한 것이다. 운에서 식상을 돕는 비겁운과 식상운을 반기며, 특히 사주에 재성이 있으면 부귀하지 않은 者가 없으니, 그 인물이 총명하고 학문이 뛰어나다. 사주에 재성이 있을 때는 비겁운은 불길하고 또한 식상과 상극되는 인성운과 관살운은 더욱 꺼린다.

⇧ 辛금 일간이 亥수 식상월에 태어나고 천간 辛금 비견을 제외하면 사주의 대부분이 식상과 재성으로 구성된 명식이다. 천간의 辛금 비견들은 지지에 뿌리도 없이 허(虛)하고 오히려 식상을 생조하니 종아격이다. 자칫 월지 亥수 지장간 중 壬수가 투간되니 상관격으로 볼 수도 있겠으나, 일간과 비견들의 허탈함 때문에 상관격으로 볼 수 없다. 따라서 종아격으로 잡는다. 종아격의 사주에 재성이 있으면 부귀하지 않은 자가 없다고 하였는데, 부유한 집안에서 유년을 보냈고 어려서부터 총명했으며 많은 유산을 물려받았다. 또한 甲寅 대운에 이르러서는 관직에 올랐으며 乙卯 대운까지 관운이 순탄하였으나, 丙辰 대운에 관성이 일간과 비겁 그리고 식상과 상극하니 관직에서 물러났다.

편재	일간	식신	비견
丁	癸	乙	癸
巳	巳	卯	卯
정재	정재	식신	식신

乾命

정관	편관	정인	편인	겁재	비견	상관
戊	己	庚	辛	壬	癸	甲
申	酉	戌	亥	子	丑	寅
정인	편인	정관	겁재	비견	편관	상관

大運

⇧ 癸수 일간이 卯월에 태어났으나, 癸수 일간과 투간된 비견의 뿌리가 없이 허탈하다. 일간이 극신약하니 천간에 투간된 乙목으로 식신격을 삼지 못한다. 따라서 일간의 오행 특성을 버리고 사주에서 가장 강한 木오행에 종(從)하였다. 사주 원국을 살펴보면 火기 외 木기의 세력이 비등하여 종아격과 종재격 중 하나를 선택해야 하는데, 월지가 목왕

지절이고 주변의 인성으로부터 생을 받고 있으므로 월지에서 卯목에서 투간된 乙목 식신으로 종아격이 되었다. 천간에 丁화 재성이 투출되니 대귀한 종아격으로 완성되었다. 유년시절 甲寅 대운부터 식상운으로 시작하여 癸丑, 壬子 대운까지 막힘이 없다가 辛亥, 庚戌 대운의 인성 辛운과 庚운이 격과 상충하여 큰 변고가 있어야 하나 다행히 일간과 비견이 통관역할을 하여 겨우 죽임을 면하여 귀양을 가는 등 파란을 겪었다. 어려서부터 총명하여 고려의 마지막 장원급제자로 이름을 알렸고, 조선 왕조에 들어서 정승 직위를 가장 오랫동안 역임했던 황희 정승의 사주 명식이다.

라. 종재격(從財格)

일간이 재성 월에 태어나고 지지가 재성 삼합이나, 방국을 이루고 사주의 전부 또는 대부분이 재성으로 되어 있으면 종재격이다. 종재격은 甲목, 乙목 일간인 경우는 주의해야 하는데, 甲목은 양간이고 土를 보더라도 쉽게 약해지지 않고, 辰월에 태어나면 辰의 지장간 乙목에 착근할 뿐만 아니라 辰월은 목왕지절이니 사주에 관살이 없으면 종재격으로 볼 수 없다. 辰토가 월지가 아니더라도 다른 지지에 辰토나 丑토가 있으면 辰토는 甲목의 통근처가 된다. 丑토는 수왕지절이 토이므로 인성으로 작용하여 甲목을 생하니, 관살의 유무와 생왕을 살펴 감명해야 한다. 또한 木의 묘지(墓支)인 未월도 지장간 중 乙목에 통근하므로 종(從)하지 않는다.

종재격은 재성운과 식상운, 관살운이 가장 좋고, 인성운과 비겁운이 가장 흉하다. 관살운과 식상운은 동시에 취할 수 없으니, 둘 중 하나를 취함이 옳다. 관살과 식상이 동시에 나타나면 오히려 흉하다. 종재격은 편재가 천간에 투출되는 것이 더욱 길(吉)하다.

 乾命

⇧ 壬수 일간이 식신 寅월에 생하였으나, 壬수 일간은 뿌리가 없어 허탈하다. 양간이더라도 허탈한 일간은 종할 수밖에 없다. 지지에서 寅午 삼합하여 재성으로 化하고, 천간의 편인 庚금은 丙화로 제극되니 식상이 있는 종재격이 되었다. 재성을 생조하는 식상을 용신하니 총명하여 20대 초반에 행정고시를 합격하고 그 관직이 차관에 이르렀다.

마. 종관살격(從官殺格)

 종관살격은 일간이 관살 월에 태어나고 관살이 천간에 투간되어야 하며, 정관보다 편관이 투간되는 것이 더 귀하다. 종관살격은 관살이 혼잡되어도 유일하게 허용되는 격이다. 지지의 오행이 삼합이나 방국으로 관살로 화(化)하고, 사주의 전부 또는 대부분이 관살로 이뤄지면 종관살격으로 판단한다. 만약 일간이 약하고 관살이 중중(重重)하더라도 지지에 식상이 있어서 관성을 파극하거나, 일간이 인성에 착근하고 있으면 살중신경(殺重身經 관살이 강한 중에 일간이 신약한 사주)한 사주이니 일반 내격으로 간명함이 옳다. 종관살격은 종재격과 더불어 일간이 약해지거나 일간을 극하는 운에 대발한다. 따라서 종관살격은 재성운과 관성운이 가장 좋고, 식상운과 비겁운이 가장 흉하다. 이는 비겁운은 일간을 강하게 하고, 식상은 관살을 극하기 때문이다. 사주에 식상이 있는 상태에서 인성운이 오는 것은 길하지만, 사주에 식상이 없는 경우엔 인성운은 일간을 강하게 하기 때문에 흉하다.

乾命

⇧ 癸수 일간이 정관인 戌월에 태어나고 戊토 정관을 투간했다. 일간과 壬수 겁재는 지지에 뿌리가 없어 허탈하고, 그 세력이 무력하여 종관살격이 되었다. 만약에 일간이나 壬수의 뿌리가 지지에 있었다면 일반 내격으로 간명해야 한다. 이 사주에 편관이 투간되었다면 더욱 좋은 명식이겠으나, 정관이 투간되어 아쉬움이 있다. 그럼에도 사주가 종관살격으로 순수하니 모 언론사의 고위 임원을 지낸 남성의 명식이다. 사례의 사주는 戌월 가을에 태어나 조후가 좋으나, 여름과 겨울에 태어난 모든 종격의 사주들은 조후를 반드시 살펴야 하며, 조후가 맞지 않은 사주보다 조후가 잘 이뤄진 사주가 더 훌륭한 귀격의 명식이다.

2. 일행득기격(一行得氣格)

일행득기격이란 일간과 같은 오행이 월지에 있고 사주의 대부분을 일지와 같은 오행이 차지하고 있는 사주를 말한다. 순일부잡(純一不雜)하여 다른 오행이 섞이지 않고, 오직 한가지 오행으로만 이뤄진 순수함 때문에 귀격으로 분류한다. 그러나 대운과 세운에서 이를 파극하는 운이 오면 그 흉함은 피하기 어려우니 순수함이 좋은 결과를 가져오는 것만은 아니다. 길흉을 감명하는 방법은 앞서 설명한 종강격과 대동소이하다. 오직 한가지 오행으로 이뤄진 사주라 하여 특이한 측면이 있으나, 희기(喜氣)를 판단하는 데는 종강격과 크게 다르지 않다. 다만 사주의 신법체계의 선구자인 서공승(徐公升)의 저서에서 특별히 취급 하였기에 오늘날에도 그의 이론에 따라 별도로 다룬다. 일행득기격에 는 곡직인수격(曲直仁壽格), 염상격(炎上格), 가색격(稼穡格), 종혁격 (從革格), 윤하격(潤下格)이 있다.

가. 곡직인수격(曲直仁壽格)

甲, 乙 일간이 종왕격을 이루면 곡직격 또는 곡직인수격(曲直仁壽格) 이라고 한다. 甲목의 바르게 자라는 직(直)의 형질과 乙목의 구부러지는 곡(曲)의 형질을 나타낸 것이며, 인수(仁壽)는 甲乙 木이 오행 중 仁에 속하여 붙인 이름이다. 甲乙 일생이 寅卯辰월에 태어나고, 지지에 亥卯未 삼합이나 寅卯辰 방합국을 이루거나 사주가 木 오행으로 순수하고, 사주에 金이 없어야 한다. 이때 亥卯未 삼합과 寅卯辰 방합국이 혼잡되지 않아야 복록(福祿)이 있다. 일기(一氣)로 이뤄진 특수함이 있어도 종왕격에 준하여 판단한다. 강한 木기운을 설기시키는 식상이 사주에 있거나 식상운이면 좋으나, 식상이 사주에 너무 강하면 격을 파(破)하기 때문에 내격인 식상격으로 간명해야 한다. 또한 재성인 土와 관성 金이 있으면 이 격은 파격된다. 이어 甲乙木이 목왕지절이 아닌 亥월에 태어나 亥卯未 삼합국(三合局)을 이뤘을 때도 격이 성립되는데, 이런 경우는 목왕지절(木旺之節)에 태어난 명식보다 하급하고, 未월은 木의 묘지(墓地)가 되므로 곡직인수격으로 인정하지 않는다. 곡직인수격은 조후(調候)를 반드시 따져야 하는데, 寅월생은 火식상으로 조후를 맞춰야 하는데 식상인 火가 없어 조후가 맞지 않으면 복록이 넉넉치 못하고 격이 떨어진다. 곡직인수격도 종강격과 마찬가지로 비겁, 인수운, 식상운은 대발하고, 관살운(金)은 아주 나쁜데 사주에 인성이 있으면 그나마 대흉은 피할 수 있다.

⇧ 이 사주는 甲木 일간이 卯월에 생하고 지지에 寅卯辰 방합국을 순수하게 이뤄서 곡직격이 성립되었다. 천간에 강한 木기를 설기(洩氣)시키는 丙화, 丁화가 있으니 길함을 더하는데, 어릴 적부터 총명하여 소년 급제하고 중직에 올랐다. 庚午 대운과 辛未 대운에 金운을 만나서 흉할 것 같으나 사주 천간에 丙丁火 식상이 있어서 관성인 金을 막아주니 무사하였다. 그러나 壬申 대운에는 壬수가 천간의 丙丁火를 극하고, 申금이 지지 木을 극하니, 관직을 잃고 귀향했다. (출처: 《사주정설》)

나. 염상격(炎上格)

염상격은 타오르는 불을 형상하여 붙여진 이름이다. 丙丁 일간이 화왕지절(火旺之節)인 巳午未월이나 火의 장생지인 寅월에 태어나고, 지지의 전부 또는 대부분이 火로 이루어지거나 巳午未 방국 또는 寅午戌 삼합이 있어야 한다. 이 또한 방국과 삼합이 혼잡되지 않아야 복록이 넉넉하다. 일행득기격 중 염상격을 가장 낮은 등급으로 취급하는데 그 이유는 조후가 맞지 않기 때문이다. 염상격 火의 조후를 맞추는 오행은 水氣인데 그것이 일간의 관살이고 격을 파격하는 오행이므로 조후가 맞을 수 없다. 그러나 火를 돕는 목생화 기운이 있다면, 이때는 水를 받아 조후를 할 수 있다. 수생목으로 통관하여 水를 쓸 수 있으니 길하다. 또는 사주의 천간에 뿌리가 없는 허탈한 한 점의 水가 있다면 조후용신으로 쓸 수 있다. 관성이든, 재성이든 그 오행이 조후를 조정하는 오행이라면 흉으로 감명해서는 안 된다. 염상의 火기운을 설기시키는 식상 土기운이 사주에 있으면 귀(貴)한데, 그 기운이 강하지 않아야 하며, 식상의 기운이 강하면 이 또한 격을 파하고 식상을 취하는 내격으로 감명해야 한다.

다. 가색격(稼穡格)

가색격(稼穡格)은 戊己 일간이 辰戌丑未월이나 巳午월에 태어나고 지지에 巳午未 방국이나 寅午戌 화국을 이루거나 지지의 전부 또는 대부분이 辰戌丑未 土로 이루어져 있어야 한다. 가색(稼穡)이라고 이름이 붙여진 이유는 땅에 곡식을 심고 거두는 농사를 의미한다. 이에 일행득기격 중에서 조후를 가장 중시하는 격이 가색격인데, 그 이유는 곡식이 자라는 환경이 알맞게 조성되어야 하기 때문이다. 따라서 巳午월생보다 未월생의 사주가 가장 아름답고, 그 다음은 戌월생, 그 다음이 丑월생이다. 辰월을 꺼리는 것은 辰월은 목왕지절(木旺之節)의 土이기 때문에 자칫 土를 극할 수 있기 때문이다. 火氣가 알맞아 조후가 되고, 土를 설기하는 金이 적절히 있다면 극히 아름다운 사주가 된다. 土를 설기하는 金이 왕하면 식상을 쓰는 내격으로 봐야 하며, 土를 생하는 화기(火氣)가 왕하면 인수를 취하는 내격으로 감명해야 한다. 만약 사주의 천간에 木이 있다면 지지에 木의 뿌리가 없이 허탈해야 하며, 巳

午월에 태어난 土라면 지지에 丑토나 辰토가 있음을 기뻐한다. 이는 丑토와 辰토가 조열한 열기를 식히는 土이기 때문이다.

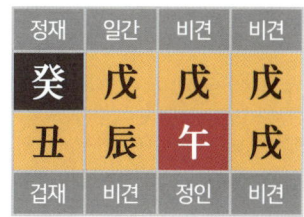

⇧ 戊토 일간이 午월에 생하니 얼핏 양인격으로도 볼 수 있는 명식이다. 그러나 지지가 모두 토로 이루어졌고, 천간의 비견이 강하다. 따라서 가색격이 분명한데, 시간의 癸수가 격을 방해할 듯하지만 가색격의 특성상 조후가 우선이니 癸수를 조후용신으로 쓸 만하다. 사주의 주인공은 강한 土기운을 설기시키는 庚金 대운, 辛金 대운에 사업을 크게 성공시켜서 그 덕으로 평안한 말년을 맞고 있다.

라. 종혁격(從革格)

종혁격(從革格)이란 金의 성정인 혁신(革新)의 의미를 담고 있다. 庚辛 일간이 금왕지절(金旺之節)인 申酉戌월에 태어나거나, 지지가 申酉戌 방국이나 巳酉丑 금국을 이루고, 사주 전부 또는 대부분이 금기(金氣)로 이루어졌어야 한다. 지지에서 방국과 삼합이 혼잡되지 않아야 복이 넉넉하다. 상황에 따라서 金의 생지(生支)인 巳월이나 丑월에 태어나도 종혁격이 성립되기는 하지만, 금왕지절에 태어난 것보다 격이 떨어진다. 종혁격 또한 왕한 금기(金氣)를 극하는 화기(火氣)와 金과 충하는 木기운을 매우 꺼린다. 만약 火나 木이 사주에 있다면 파격인데, 火金이 지지에 뿌리가 없이 허탈하다면 파격은 아니다. 종혁격은 금기운이 계절상 가을에 해당하기 때문에 조후가 시급하지 않고, 土金水 운을 모두 반긴다. 사주에 인성인 土가 있다면 운에서 오는 火를 土로 통관(通關)하여 받아들일 수 있다. 곡직인수격이나 가색격만큼 귀품격은 아니지만 염상격이나 윤하격보다는 좋은 격으로 평가한다. 또한 일행득기격을 논할 때는 가색격을 제외하고 여성의 명으로는 불리하다. 일행득기격이 가장 꺼리는 것이 관성인데, 관성은 여명(女命)에게 육친상 남편을 의미하기 때문에 인생이 순탄치 않음을 암시하고 있다. 이는 인성으로 격을 이루는 종강격이 남명(男命)에게 불리한 것과 같다. 종강격은 재성운에 불리하고 사주에 재성이 있음을 꺼리는데, 남명에게는 재성이 육친적으로 아내이기 때문이다.

⇧ 庚金 일간이 酉월에 태어나고 지지에서 巳酉(丑)합으로 금국(金局)을 이뤘으며, 천간과 지지가 대부분 金으로 이뤄졌다. 金을 극하는 巳화가 있으나 巳酉(丑) 삼합하여 金으로 化하였으니 종혁격이 분명하다. 유년 시절 庚戌 대운부터 부유하게 살았으며, 중년 시절 癸丑 대운까지 운로가 탄탄하여 기업을 크게 일으켰으나, 甲寅 대운에 이르러 金

木이 충극하고 격을 파(破)하니, 신병(身病)이 찾아와 병환으로 고생하고 있다.

마. 윤하격(潤下格)

　윤하(潤下)란 아래로 흐르는 水의 성정(性情)을 담고 있다. 윤하격은 壬癸 일간이 수왕지절(水旺之節)인 亥子丑월에 태어나고 지지에 亥子丑 방국이나 申子辰 수국(水局)이 있어야 하며, 이 또한 방국과 삼합이 혼잡되지 않아야 복이 넉넉하다. 사주에 水를 극하는 土가 없어야 하며, 경우에 따라서는 水의 장생지인 申월이나, 水의 고지(庫支)인 辰월에 태어나도 윤하격을 이루기는 하나, 수왕지절인 亥子丑 월생보다 격이 떨어진다. 윤하격은 관성인 土가 와서 극하는 것과 재성인 火가 와서 충극(沖剋)하는 것을 가장 꺼리지만, 지지의 丑토와 辰토는 천간에 戊己토가 없다는 전제 하에 수기(水氣)로 봐도 무방하다. 丑은 수왕지절의 土이고 辰은 申子辰 삼합의 고지(庫支) 즉 수장고(水藏庫)이기 때문이다. 윤하격 길흉은 水를 생하거나 강한 수기(水氣)를 설기(洩氣)하는 金水木 운을 반긴다. 이때 木기운이 있어서 재성인 火도 받아들일 수 있지만, 자칫 식상과 재성를 용하는 내격이 될 수 있음을 살펴야 한다. 윤하격은 추운 계절에 生하므로 조후를 반드시 살펴야 하며, 조후운으로 재성이 오는 것은 水와 火가 충극이 있지만 조후용신하여 무난하다.

비견	일간	겁재	겁재
癸	癸	壬	壬
丑	亥	子	辰
편관	겁재	비견	정관

坤命

⇧ 癸수 일간이 子월에 태어난 여성의 命이다. 子월에 生하고, 지지가 亥子丑 방합국을 이뤘다. 그러나 다시 子辰합으로 삼합을 이루고 있다. 유년 시절 辛亥 대운에 유복하게 자랐으며, 귀격의 命으로 총명하여 학문도 뛰어나 일찍 박사학위를 취득했다. 己酉 대운과 戊申 대운에 격을 극(剋)하는 관살운이 들어와서 불길하지만, 관살이 뿌리 없이 허탈하여 무사하였다. 그러나 丁未 대운에 이르러 신병이 나빠져 치료 중이다. 이 사주의 경우 원국의 지지가 방합과 삼합이 혼잡하였기에 본인의 학위가 사회에서 널리 쓰이지 못하고 본인의 명예도 높이지 못한 것이다. 일행득기격을 이루는 중에 지지에서의 합은 삼합이든, 방합이든 순수하게 이뤄져야 귀하다. 여명(女命)이 일행득기격을 이루니 그 또한 불리하다. 상론했듯이 여명의 경우에는 관성이 일행득기격의 격을 파하니 육친상 남자의 덕이 불리함을 의미한다. 현대에 들어서 여성이 사회적으로 중요한 위치에서 폭넓게 활동함으로써 남편에 해당하는 부분을 제외한 사회적 성공과 높은 직위에서 그 소임을 다할 수 있을 것이다. 따라서 남녀를 불문하고 일행득기격을 취한 사주는 귀격이다.

3. 종화격(從化格)

종화격(從化格)이란 합으로 화(化)한 오행을 따르는 것이므로 종격

(從格)으로 분류하여 종화격(從化格)이라고 부른다. 일간이 합(合)을 하여 화(化)한 오행에 종(從)하는 것이다. 이 격이 성립되기 위해서는 일간이 반드시 월간이나 시간과 간합(干合)하고, 化한 오행이 월지의 오행과 같거나 *득령하여 합화한 오행이 천간에 투간돼야 한다. 예를 들어 乙목 일간이 월간이나 시간의 庚금과 간합하여 金으로 化하고, 월지가 巳酉丑월이거나, 申酉戌월 금왕지절이고 천간에 金이 투간되면 화금격(化金格)이라 하여 귀격으로 간명한다. 巳월과 丑월은 오행상 金이 아니나 巳酉丑 삼합하여 金으로 化하므로 무방하다. 또한 천간에서 일간이 합을 하는 조건은 일대일 합으로 이뤄져야 한다. 예를 들면 乙목 일간을 사이에 두고 庚乙庚 구조이거나 乙庚乙 이와 같이 구성되어 있다면 간합이 불가하다. 이를 쟁합(爭合)이라 하여 합이 성사되지 못한다. 종화격은 합화(合化)하는 오행이 득령득세하여 강왕하여야 진격(眞格)이며, 쟁합, 투합하면 격이 떨어지거나 파격되어 내격으로 간명해야 한다. 종화격의 길흉은 모든 경우에 동일한데, 인성과 식상운 그리고 합화(合化)한 오행운은 길하고 관성, 재성운은 흉하다. 또한 운에서 일간의 합을 깨는 오행이 들어오면 일반 내격으로 간명해야 한다.

> *득령이란 일간이 월지의 사령(司令)을 얻었다는 것을 의미한다. 즉, 월지가 담고 있는 지장간에 뿌리를 얻은 것이거나, 계절의 기운을 얻음으로써 득세(得勢)함을 말한다.

가. 화금격(化金格)

乙목 일간이 庚월이나 庚시와 간합하거나, 庚금 일간이 乙 월간이나 乙 시간과 간합하여 金으로 화하고, 巳酉丑申戌월에 생하면 화금격이 된다.

⇧ 庚금 일간이 시간(時干)의 乙목과 합하여 金으로 화했으며 酉金 월생으로 득령하고, 천간에 乙庚합이 반복되니 서로 쟁합하지 않고 金으로 化했다. 사주에 金을 극하는 火가 없음으로 화금격이 성격되었다.

나. 화수격(化水格)

일간이 丙이나 辛 일간이고 시간이나 월간에 합하는 오행이 있고 월지가 申子辰亥丑으로 득령하고 천간에 水가 투출되면 화수격이다. 申월과 辰월은 오행상 水가 아니지만 삼합하여 水로 化하므로 무방하다. 이때는 사주에 水가 많고 土와 火가 없어야 한다.

⇧ 辛금 일간이 丙화와 합하여 水로 化하였고, 지지가 亥子丑 수방국

을 이뤘으나, 월지 辰토의 지장간 중 정기 戊토가 투간되니 진격(眞格)이 되지 못하고 가화격(假化格)이 되었다. 가화격이란 化한 오행과 상충하는 오행이 사주에 있는 것이다. 완벽한 화격을 이루지 못했으나 파격되지 않고 화격의 구조를 지니고 있으면 가화격으로 격을 잡는다. 위 사주의 주인공은 乙卯 대운과 甲寅 대운에 化氣인 水를 극하는 천간 戊토를 제극하고 화격을 완성하니 유년 시절부터 총명하고 집안 환경도 좋아 유복하게 지냈으며, 일찍이 행정고시를 패스한 이후에도 대운이 癸丑, 壬子으로 이어지면서 거침없이 승차하여 장관의 영(令)을 받은 사주다.

다. 화목격(化木格)

일간이 丁 또는 壬 일간이고 시간이나 월간에 丁壬합 화(化)하는 오행이 있으며, 그 오행이 월지 亥卯寅辰未월 태어나 득령(得令)하면 화목격(化木格)이다. 이때는 사주에 木이 많고 金이 없어야 길격이다.

⇧ 丁壬合化한 木오행이 월지 寅목에 득령하고 사주에 木을 극(剋)하는 금기(金氣)가 없으므로 화목격이 성격되었다.

라. 화화격(化火格)

일간이 戊 또는 癸일간이고 시간이나 월간에 합하는 오행이 있으며,

월지에 巳未寅午戌이면 득령하여 화화격(化火格)이다. 이때는 사주에 火가 많고 水가 없어야 길(吉)하다.

↑ 戊土 일간이 월간 癸수로 천간합을 하고 월지가 午월로 득령하니 일단 화화격(化火格)이다. 뿐만 아니라 천간과 지지에 火가 많고 巳午未 방국을 이루어 진화격(眞化格)으로 복록이 넉넉하였다. 천간의 계수는 뿌리가 없이 허탈하니 화격에 큰 방해가 되지 못한다. 운의 흐름이 化한 오행인 火기를 剋하는 壬戌, 癸亥 수기(水氣)로 이어지니 그의 가문은 귀했으나, 주인공은 변변치 못했던 인물이었다.

마. 화토격(化土格)

일간이 甲이나 己 일간이고 시간이나 월간에 합하는 오행이 있고 化한 오행이 월지 辰戌丑未로 득령하면 화토격(化土格)이다. 辰戌丑未월은 각 계절의 끝이고, 지장간이 잡기(雜氣)하니 辰戌丑未월의 여기(餘氣)나 중기(中氣)는 취하지 않고 오직 정기(正氣)만 취한다. 여타의 화격은 지장간의 같은 오행을 취하여 격을 완성시킨다. 예를 들면 화금격인 경우 월지가 丑토나 戌토이더라도 지장간 중 여기나 중기를 취했으나, 화토격은 辰戌丑未의 본기만 인정한다는 뜻이다. 이때는 사주에 土가 많고 木이 없어야 길하다.

⇧ 일간 乙목이 시간의 甲목과 합화토(合化土)하고 월지가 丑토로 득령하니 화토격(化土格)이다. 아쉬운 것은 월간에 乙목이 있어 화격의 병이다. 다행인 것은 乙목이 丑토 위에 있음으로 丑지장간 중 辛금 때문에 乙목이 편치 못하다는 것이 작은 위안이다. 또한 다행인 것은 운로가 격을 돕는 화토운으로 흐르고, 지지에 辰戌丑未를 갖추니 사고구전격(四庫具全格)이 되었다. 사고구전격이란 지지에 辰戌丑未 토를 모두 갖춤을 말하는데, 옛 사람들은 사고구전격을 갖춘 사람은 구오지존(九五之尊)의 자리에 오른다고 했으며, 명나라 태조 주원장의 사주가 이와 같았다고 한다. 이를 특수격으로 분류하지만 감명은 종화격과 다를 바 없다. 실제 사주의 주인공은 己未 일주의 단단함과 뚜렷한 주관을 가졌으며 주변의 많은 동지들이 그를 존경했다. 말년 庚辛운에 접어들면서 사주의 병(病)인 편관 乙목을 합거하거나 제극하니 대한민

국의 대통령이 되었다. 고 김영삼 대통령의 사주 명식이다. 재임기간에 IMF 외환위기로 국가 경제파탄을 불러와 무능한 대통령이라는 비난을 받기도 했지만, 각종 금융 비리와 부정부패 척결을 위한 금융실명제의 전격 실시, 군부 내 사조직인 하나회 척결, 광복 이후 '중앙청'이라 불렀던 일본총독부 건물 철거 결정, "성공한 쿠테타도 처벌할 수 있다."는 대법원 판례 등 민주화를 위한 중요한 업적도 많이 남겼다.

모든 화격에 적용되는 것은 일간이 습하여 얻은 오행이 사주에 많을수록 좋고, 만약 적다면 그 오행을 생조해주는 오행이 있거나 운에서 오면 좋다. 또한 습한 오행이 사주에 너무 많거나 강하면 그 오행을 설기하는 식상 오행이 있거나 운에서 오면 길(吉)하다.

4. 기타의 격

내격과 외격 그리고 일행득기격, 화격을 모두 논하고도 많은 특수격들이 있다. 예를 들면, 천원일기격, 지지일기격, 양간부잡격, 삼기격, 일귀격, 합록격, 형합격, 자요사격, 축요사격, 비천록마격, 정란차격, 임기용배격, 사생구전격, 사고구전격, 십간구전격, 오행구전격 등등 모두 거론하기 힘들 정도다. 그러나 이 모든 특수격들도 앞서 설명한 내격이나 외격으로 분류하여 간명할 수 있는 바, 격의 이름에 구애받지 않길 바란다.

신살(神殺)은 神과 殺의 합성어다. 神은 인간에게 상서로운 복을 주고, 殺은 재앙을 주는 귀(鬼)를 의미한다. 인간의 역사가 시작된 이후 세상만사에 길(吉)한 일보다 흉(凶)한 일이 더 많았을 것이기에, 신살에는 신(神)보다 살(殺)의 종류가 다 거론하기도 힘들 만큼 많다. 이처럼 수많은 종류의 살(殺)이 있으므로 흉살 없는 사주는 없을 것이다. 따라서 여기에서는 다른 역학자들이 취용하고 수많은 임상에서 검증된 것을 위주로 소개를 하니 독자 여러분의 양해를 구한다.

1. 삼기(三奇)

▲ 사주의 천간에 甲戊庚 전부가 있는 것을 천상삼기(天上三奇)라 한다. ▲ 사주의 천간에 乙丙丁 전부가 있는 것을 지하삼기(地下三奇)라 한다. ▲ 사주의 천간에 壬癸辛 전부가 있는 것을 인중삼기(人中三奇)라 한다. 삼기가 있는 사주의 주인공은 인품이 준수하고, 시험운과 관운(직장)이 좋으며, 영웅적 포부가 있어서 사주 구성이 좋으면 큰 인물이 된다.

2. 천을귀인(天乙貴人)

일간	甲戊庚	乙己	丙丁	壬癸	辛
천을귀인	丑未	子申	酉亥	卯巳	寅午

천을귀인은 길신 중의 길신이어서 천을귀인이 있는 사람은 사람됨이 유순하고, 인품이 훌륭하다. 어려움을 당할지라도 귀인의 도움으로

우연히 구제되며, 나쁜 일이 있어도 그것이 계기가 되어 더 좋은 기회와 상황을 맞이하기도 한다.

천을귀인은 일간을 기준으로 지지의 연월일시를 살펴 알 수 있다. 甲일간인 경우는 丑과 未가 천을귀인이며, 천을귀인과 동주하는 천간의 육신이 정관에 해당되면 관직(직장)운이 좋고, 재성이면 재물이 많다. 배우자를 구할 때 천을귀인에 해당하는 12지신의 띠를 만나는 것은 평생 귀인의 힘이 될 수 있다. 예를 들어 주인공이 甲일간이면 丑年에 태어난 소띠나, 未年에 태어난 양띠의 배우자를 만나는 것이 좋다.

위 표에서 살펴보면 일간과 함께 일간과 동주로 일지가 되는 천을귀인이 있는데, 丁酉, 丁亥, 癸卯, 癸巳 일주가 이에 해당한다. 이를 일귀격(日貴格)이라 하여 특수격으로 분류하지만, 앞서 말했듯이 내격이나 외격, 특수격으로 감명하면 되므로, 다른 사주보다 귀함이 더 있다는 것으로 이해하면 되겠다. 그러나 천을귀인이 합거되거나 형충파(刑沖破), 공망(空亡)을 만나면 그 귀함이 없어지고, 오히려 더 큰 흉이 닥치므로 없는 것보다 못할 때가 있다. 천을귀인은 평온해야 하고, 사주에 하나 있는 것이 가장 좋으며 두 개 이상이면 오히려 그 격이 떨어진다.

3. 월덕귀인(月德貴人)

월지	寅午戌	亥卯未	申子辰	巳酉丑
월덕귀인	丙	甲	壬	庚

월덕귀인은 지지에서 월지가 삼합하여 化하는 오행인데, 화한 오행

과 같은 오행이 천간에 있어야 하며 반드시 양간이어야 월덕귀인이다. 월지와 삼합이 될 수 있는 일기(一氣)를 의미한다. 월덕귀인이 있는 사람은 삶이 비교적 순탄하고 인덕이 있다. 큰 흉액을 만날지라도 그 흉이 훨씬 가벼워지며, 특히 여성의 사주에 월덕귀인이 있으면 정이 많고, 정절이 높으며, 현모양처 또는 사회적 성공의 자질이 있다.

4. 천덕귀인(天德貴人)

월	1	2	3	4	5	6	7	8	9	10	11	12
귀인	丁	申	壬	辛	亥	甲	癸	寅	丙	乙	巳	庚

천덕귀인은 태어난 월에 따라 귀인이 정해지는데 천덕귀인의 역할도 월덕귀인과 같으며, 모두 형충파해(刑沖破害)와 공망(空亡)을 꺼린다.

5. 공망(空亡)

공망이란 허(虛) 또는 무(無)를 의미하는데, 공망이 되는 오행은 사주에 있어도 마치 없는 것과 같다. 공망된 육신이 길성이라면 길함이 작용하지 못하고, 흉신이라면 그 흉한 작용도 멈추는 것이니 이때는 도리어 좋다고 할 수 있다. 공망이 만들어지는 것은 천간의 십간과 지지의 12지가 차례로 짝을 이루는데, 12지지 중 마지막 두 개의 지지가 짝이 없으므로 이를 공망이라고 한다.

甲乙丙丁戊己庚申壬癸
子丑寅卯辰巳午未申酉戌亥

　甲子부터 시작하여 癸酉까지는 천간과 짝을 이루었으나, 戌亥는 천간의 짝이 없음으로 戌亥를 공망이라고 했다. 다시 천간이 甲부터 시작하여 짝을 못이룬 戌亥부터 차례로 짝을 이루면 甲戌, 乙亥, 丙子, 丁丑, 戊寅, 己卯, 丙辰, 丁巳, 壬午, 癸未에 이르러 천간이 끝나면 짝을 못이룬 지지인 申酉가 남아 공망이 된다.

　이렇듯 천간과 짝을 못이루고 2개씩 남는 지지의 오행이 차례로 공망이 되는 것이다. 공망 되는 지지를 오행과 육친, 궁으로 나눠서 오행 공망, 육친 공망, 궁 공망으로 구분한다. 사주 간명에 중요한 공망은 육친 공망과 궁 공망이므로 오행 공망은 논하지 않겠다.

　공망은 일주(日柱)를 기준한다. 예를 들어 일주가 乙丑이면 그 다음으로 이어지는 순서대로 丙寅, 丁卯, 戊辰, 己巳, 庚午, 辛未, 壬申, 癸酉, 천간에 癸로 끝났음으로 지지의 나머지 戌亥가 공망이 되는 것이다. 乙일간 입장에서 보면 戌亥는 십성으로 정재와 정인이 공망이고, 육친으로는 아버지와 어머니가 된다. 따라서 부모의 덕이 많지 않을 수 있으며, 주인공은 부모의 덕을 받지 못하니 성공한다면 자수성가하는 인물임을 알 수 있다.

　공망된 오행은 지장간 중 여기나 중기는 공망이 아니며 오직 정기만 공망이다. 예를 들어 戌이 공망이면 戌은 지장간에 辛丁戊가 있는데, 본기인 戊토만 공망이 된다. 따라서 이때는 천간의 戊토도 공망이 되는 것이다. 남자 사주에 재성 공망이면 아버지와 인연이 박하고 부인과 인연도 애틋하지 못하다. 인성 공망이면 윗사람의 조력이 없고, 어머니와 인연도 약하며 문서, 계약을 하는 데 불리함이 있다. 또한 관성 공망이면 남자의 경우 자식과 인연이 약하고 직장운도 불리한 경우가 많으며, 직장을 들어가도 오래 다니지 못한다.

여자가 관성 공망이면 남편과의 인연이 약하다. 식상 공망이면 식복이 없고, 사업가는 사업이 풀리지 않으며, 여자의 경우는 자식과의 인연이 박하다. 궁(宮) 공망도 육친의 기준으로 해석하면 되는데, 시주가 공망이면 공망된 육친과 관계 없이 시주가 자식궁임으로 자식과 떨어져 사는 것이 좋다. 만약에 격이 공망이면 그 격이 다소 떨어진다고 해석한다. (격 공망이란 정관격에 정관이 공망인 사주를 말한다)

6. 원진살(怨瞋殺)

子未, 丑午, 寅酉, 卯申, 辰亥, 巳戌

원진살(怨瞋殺)은 일지(日支)를 중심으로 판단한다. 부부궁인 일지를 중심으로 이뤄지기 때문에 원진살이 있으면 특히 부부 금실에 불리한 것이니 주말 부부처럼 떨어져 사는 것도 좋다. 왜냐하면 원진살이란 서로 갈망하면서도 미워하는 이중적 감정이 섞인 것으로, 떨어져 있으면 보고 싶고 만나면 싸우는 관계다.

따라서 그리워지는 시간만큼 떨어져 사는 지혜가 필요하다. 원진살은 상대방의 장점보다 단점을 먼저 파악하고, 그것을 이유로 날카롭게 신경전을 벌이다가 이혼을 하는 경우가 많다. 일지와 시지, 일지와 월지에 원진이 형성되면 그 영향력은 더욱 강하다. 운에서 일지와 원진살이 만들어져도 그 기간 동안 부부간 갈등이 증폭되므로 미리 예방하는 것이 현명하다.

7. 귀문관살(鬼門關殺)

　子酉, 丑午, 寅未, 卯申, 辰亥, 巳戌

　귀문관살(鬼門關殺)은 원진살과 비슷한 조합이다. 子未와 子酉, 寅酉와 寅未만 서로 바뀐 형태다. 귀문관살이란 귀신이 출입하는 문을 의미하는데, 일지를 기준으로 연월시지를 본다. 운에서 들어와도 그 기간에 귀문관살이 발동하여 정신과적 질병이나 일시적인 착란 현상이 나타날 수 있다.

　사주에 귀문관살이 존재하더라도 살(殺)이 작동될 때에는 사주 원국이 金과 木이 상쟁하거나 金木 상쟁 운이 올 때, 水와 火가 상쟁하는 사주나 水火가 상쟁하는 운이 들어올 때, 그리고 인성이 파극될 때이다. 귀문관살이 발동하면 정신과적 장애, 공황장애, 우울증, 신경쇠약, 변태적 성애 또는 집착 및 편집증, 소외감 등이 나타날 수 있는 흉살이다.

8. 괴강살(魁罡殺)

　괴(魁)란 북두칠성의 제1별이니 우두머리이고, 강(罡)은 북두를 말한다. 천문을 관장한다는 지지의 辰과 戌이 괴강이다. 따라서 甲辰, 甲戌, 丙辰, 丙戌, 庚辰, 庚戌, 壬辰, 壬戌 8개의 괴강이 있으나, 이 중에 작용력이 가장 강력한 壬辰, 壬戌, 庚辰, 庚戌 4위를 괴강살로 보는 것이 일반적이다. 여기에 하나를 더 포함시킨다면 戊戌이다.

　괴강살은 천간과 지지가 동주해야 하며 일주의 괴강이 가장 강력하다. 괴강은 별 중의 으뜸 별이니 우두머리로서 군림하려 하고, 사람을 제압하려 하고, 흉폭, 재앙, 엄격, 극빈, 살생 등이 있는가 하면, 긍정적인 측면으로 대부귀, 총명, 어려움을 극복하는 의지, 인내심, 승부욕 등이 있어서 길흉이 혼재된 신살이라고 할 수 있다.

여성의 일주가 괴강이면 용모가 단정하고 총명, 정직하며 이론에 능하고 똑똑하나, 병이 자주 침범하여 아플 수 있다. 고서에서는 여성의 사주에 괴강이 있음을 꺼렸는데, 성품이 강하니 이별하여 과부가 되는 것을 염려해서이다. 현대 여성으로서 괴강살이 있는 사주는 장단점을 나눠 해석할 수 있다. 주인공이 사회로 진출하면 크게 성공할 수 있는데, 일을 밀어붙이는 뱃심과 통솔력이 있고 무엇보다 총명하기 때문이다. 다만 보수적인 남자를 만나면 집안이 적막할 수 있다.

坤命

⇧ 壬수 일간인 여명(女命)이다. 일주에 壬戌 괴강이 있고 월주에 壬辰 괴강이 나란히 붙었다. 격국으로 보면 辰월의 지장간에서 투간된 己토를 격으로 하여 정관격에 辛금 정인을 용신하는 관인쌍전의 좋은 명이다. 머리가 총명하고 난관을 극복하는 의지도 강하여 사업을 크게 일으켰으나, 젊은 나이에 이혼을 했고 이런저런 신병이 찾아와 고생하고 있다. 사회적으로는 크게 성공한 여성 기업인의 사주다.

9. 문창귀인(文昌貴人)

일간	甲	乙	丙	丁	戊	己	庚	辛	壬	癸
문창	巳	午	申	酉	申	酉	亥	子	寅	卯

문창은 하늘의 문성(文星)이다. 문창귀인은 학문과 문장, 중요한 시험을 관장하는 귀인으로, 사주에 문창이 있으면 머리가 아주 총명하고 글재주가 있으며, 풍류를 좋아한다. 문창이 있으면 학덕이 높거나 뛰어난 문장력으로 문학적 소질을 키울 수 있다.

乾命

⇧ 丙 일간에 시지의 申금이 있어서 문창귀인이 임했다. 사주의 주인공은 머리가 총명하고 글재주가 뛰어나서 광고대행사에서 카피라이터로 한때 이름을 날렸던 인물이다.

> ** 필자의 경우 문창귀인을 외우는 방식으로 "갑사 을오 병무신 정기 유의(矣) 경(見)해 신자임인계봉(峰)묘" 이런 식으로 띄어서 외운 기억이 있는데, 중간에 삽입된 의, 견, 봉은 의미가 없고 음율을 살리기 위해서 누군가 만든 것이다. 마치 주문처럼 중얼거리면 어느새 저절로 입에 붙는다.

10. 양인살(羊刃殺)

일간	甲	丙	戊	庚	壬
양인	卯	午	午	酉	子

　양인살은 양인격에서 설명했으므로 양인살이 갖는 특성에 대해서만 거론한다. 양인은 자기 고집, 주장과 살상의 기운이 있으며, 성품이 잔혹하며 혹독한 성정이 있다. 사주의 구조가 탁한 명식은 조폭 행동대장, 건달, 시정잡배가 될 수 있으나, 사주명식이 잘 짜여지면 군의 장군, 검찰총장, 외과의사, 경찰청장의 직위까지 누릴 수 있어서, 괴강살과 더불어 길과 흉을 함께 갖고 있는 살이다. 양인살은 겁재에 뿌리를 두고 있으니, 지치지 않는 추진력과 실패를 극복하는 힘이 대단하다. 따라서 양인의 기운이 긍정적인 쪽으로 흐르면 사회적으로 큰 성공을 거둘 수 있는 것이나, 반대쪽이라면 문제의 인물이 될 수 있다.

11. 백호대살(白虎大殺)

　戊辰, 甲辰, 丁丑, 癸丑, 丙戌, 乙未가 백호살이다.
　백호살을 백호대살이라고도 부른다. 백호살은 천간과 지지가 동주해야 하며 연월일시 어디에 있어도 백호살이 작동한다. 백호(白虎)는 호랑이 중 가장 사나운 호랑이를 의미하는데, 성질이 흉폭하고 급하여 다툼과 폭력을 일삼는 흉살이다. 백호살은 해당되는 육친에게 피해를 줄 수 있다. 백호가 인성이면 어머니, 재성이면 아버지와 처, 여자는 식상, 남자는 관성일 때 자식에게 질병이 있는 것으로 본다. 그러나 육친적 관계보다 본인의 급한 성미가 일을 그르치는 경우가 많다. 사주에 백호살이 있다면 미리 살펴야 할 것이다.

12. 홍염살(紅艷殺)

일간	甲乙	丙	丁	戊	己	庚	辛	壬	癸
홍염살	午申	寅	未	辰	辰	戌申	酉	子	申

　홍염살은 낭만부정(浪漫不正)이라고도 한다. 바르지 못한 낭만이라는 뜻으로 주색을 밝힌다는 의미다. 홍염살은 일간을 기준하여 지지의 오행으로 정해진다. 예컨데 甲목 일간이 지지에 午나 申이 있으면 午와 申을 홍염살이라고 한다. 물론 둘 다 있어도 강한 홍염살이다. 각 일간도 예시한 표를 참조하면 홍염살을 알 수 있다. 홍염살을 규정하면서 조심스러운 것은 홍염은 매력, 인기, 요염, 섹시, 음탕, 유혹 등 사람들이 갖고 싶어 하거나 사람들에게 꼭 필요한 것들을 담고 있기 때문이다. 사람들 간에 매력과 인기가 있어야 하고, 이성 간에는 유혹할 수 있는 요염함이나, 섹시함이 필수적인 요소여서 홍염을 살로 구분하는 것은 마땅치 않다. 실제 많은 명리학사들이 홍염살에 대해서는 폭넓은 시각과 해석이 필요하다는 의견이다. 결론적으로 홍염살이 있으면 많은 사람들로부터 인기를 누리며, 조직에서도 성공하는 예가 많다.

13. 12신살 (十二神殺)

　12신살은 겁살, 망신살, 도화, 역마, 지살, 화개살, 천살, 재살, 장성, 반안살, 육해살, 월살을 말한다. 12신살은 연지를 기준해서 타 지지를 비교한다.

가. 겁살(劫殺)

연지	申子辰	亥卯未	寅午戌	巳酉丑
겁살	巳와 천간 戊	申과 천간 庚	亥와 천간 壬	寅과 천간 丙

　연지를 기준으로 지지의 오행을 살피고 삼합하여 化하는 오행과 극하는 천간의 오행이 겁살이다. 예를 들면 子년생이 지지에 巳가 있고 천간에 戊가 함께 있으면 겁살이 되는데, 巳와 戊가 사주에 없더라도 운에서 巳와 戊가 들어오면 겁살이 작동된다. 겁살은 살(殺) 중의 살(殺)로서 재앙이 극심한데 사주에 겁살이 있으면 노력의 대가를 거두지 못하고, 가문을 파하며, 부모와 인연이 박하고, 남자는 처자를 지키지 못하게 된다. 질병, 형벌 등의 흉액도 염려가 되는 살이다.

나. 망신살(亡身殺)

연지	申子辰	亥卯未	寅午戌	巳酉丑
망신	亥와 천간 甲	寅과 천간 丙	巳와 천간 戊	申과 천간 壬

　망신살은 연지를 기준으로 한다. 예컨대, 연지 포함하여 申子辰으로 삼합하는 水 왕지(子)의 바로 앞글자 亥가 망신살이 되며, 亥의 지장간 甲목이 水를 설기(洩氣)시키므로 천간에 甲목이 있으면 망실살이 완성된다. 연지를 포함하여 亥卯未로 삼합하여 化하는 木의 왕지(卯)의 바

로 앞 글자 寅이 망신살이며, 寅 중 丙화가 木을 설기하니 천간의 丙화가 함께 있어야 망신살이다. 연지를 포함한 寅午戌은 삼합하여 化하는 火의 왕지(午)의 바로 앞 글자 巳가 망신살이며, 巳의 지장간 戊토가 火를 설기하니 천간에 戊토가 있으면 망신살이다. 연지를 포함하여 巳酉丑 삼합하여 化하는 金의 왕지(酉)의 바로 앞 글자 申이 망신살이며, 申의 지장간 壬수가 金을 설기하니 壬수이 천간에 있으면 망신살이다. 따라서 지지에 망신살이 있고 천간에 반드시 해당 일위(一位)가 있어야 망신살이 성립된다. (《자평진전》에 따른 안국준 선생의 해석)

다. 도화살(挑花殺) 또는 연살(年殺)

연지	申子辰	亥卯未	寅午戌	巳酉丑
도화	酉	子	卯	午

도화는 연살(年殺), 함지살(咸池殺) 등으로도 불린다. 삼합하여 화(化)하는 오행의 목욕지(沐浴支)에 해당하는 지지가 도화가 된다. 예를 들어 申子辰 삼합으로 化하는 水는 천간의 壬수이므로 壬수의 목욕지인 酉가 도화다. 또는 삼합하는 첫 글자의 뒤 글자가 도화다. 연지가 申, 子, 辰이라면 申의 뒷자리 酉를 말한다. 즉, 지지의 子午卯酉가 도화이고, 지지에 子午卯酉 도화가 있으면 천간의 癸丁乙辛도 도화의 작용을 한다.

도화는 복숭아 꽃이다. 봄날 피어나는 여인의 모습처럼 아름다운 자태를 연상케 하는 꽃이다. 일반인도 흔히 알고 있는 도화살은 대개 색욕, 풍류, 바람끼, 유혹, 화류계 등 세속적이며 부정적인 의미로 알려져 있다. 특히 '여자에게 도화살이 있으면 부정하고, 색을 밝히며 행실이

난잡하다.' 라는 이유로 예전에는 도화가 있는 사주를 기피했다. 그러나 도화살(桃花殺)에서 殺字를 빼면 아름다운 도화(挑花)이다. 도화란 남녀를 불문하고 주변 사람들에게 관심과 사랑을 받고 인기가 있도록 도와주는 신(神)이다.

사주에 도화가 있으면 의사소통 능력이 뛰어나고, 언제나 긍정적인 평가가 뒤따른다. 따라서 많은 사람들로부터 인기가 있는 것은 그 사람이 보여준 평소의 언행에서 비롯된 것이다. 그 언행이 맑고 예의 바르며, 사리에 맞고, 논리적 사고와 부드러운 화술 등이 도화가 갖고 있는 천성이다.

도화는 남녀 사주에 공통으로 있음에도 유독 여성에게만 부정적인 측면을 강조하여 천형(天刑) 같은 올가미를 씌워 사주를 감명했었다. 남성 중심의 치졸한 봉건의 잔재를 걷어내면, 도화는 殺이 아니라 아름다운 봄꽃이며 길성(吉星)으로서 성공을 돕는 신(神)이다. 특히 사람들의 관심과 인기를 갈망하는 배우, 가수, 작가, 예술가, 정치인은 물론이고 직장인까지도 사주에 도화라는 길신이 있으면 주변사람으로부터 관심과 사랑을 받아 각 분야에서 크게 성공을 할 수 있다. 그러나 남성의 사주에 도화가 재성에 해당하면 풍류와 주색을 탐하고, 자극적인 것을 쫓는 경향이 강해서 재산을 탕진하고 가정이 무너질 수 있으므로 주의해야 한다.

도화를 연지도화, 월지도화, 일지도화, 시지도화 등으로 나누거나, 육친상 도화가 관성이냐, 재성이냐, 인성이냐 등으로 세밀하게 나누어 이야깃거리를 만든 것을 보면 색욕과 풍류가 사람들에게 가장 인기 있는 분야인 것은 분명하다.

21세기에 이르러 여성이 사회에 대거 진출하는 지금은 도화가 있는 여성이 더 크게 성공할 것이다. 도화의 성정은 일지에 있을 때 가장 강하게 나타나고, 그 다음이 월지, 시지, 연지 순으로 정리할 수 있다.

라. 역마살(驛馬殺)

연지	申子辰	亥卯未	寅午戌	巳酉丑
역마	寅	巳	申	亥

　역마(驛馬)는 파발마(擺撥馬)라는 뜻과 같다. 파발마란 조선 시대에 공무(公務)로 지방으로 이동하는 사람들에게 제공되는 말이다. 각 역참에서 언제라도 떠날 준비가 된 말이고 보면, 역마의 명리학적 의미는 거처를 옮기거나, 살던 곳을 떠나 멀리 이동하는 것을 예상할 수 있다.
　역마는 위 표에서 알 수 있듯이 삼합의 첫 글자와 충(沖)하는 오행이 역마다. 연지를 기준으로 亥卯未년생은 亥와 충하는 巳가 역마다. 이때 巳가 역마면 천간의 丙도 역마가 된다. 연지 기준 申子辰년생은 申과 충하는 寅이 있으면 역마이고 천간은 甲이 역마다. 연지기준 寅午戌년생은 寅과 충하는 申이 있으면 역마고 천간은 庚이 역마다. 연지기준 巳酉丑년생은 巳와 충하는 亥가 있으면 역마고 천간의 壬도 역마가 된다.
　역마는 단순한 이동이 아니라 목적을 위한 이동을 의미하며, 상황의 동적인 상태를 표현하고 있다. 인간이 농사를 시작하면서 정착생활을 하고부터는 타지(他地)로 거처를 이동하는 것을 불미스러운 일로 여겼다. 군대에 소집되거나, 전쟁이나 전염병으로 피난을 하거나, 죄를 지어 귀양을 가거나 또는 떠돌이 장사꾼들을 귀하게 여기지 않았으니 殺로서 작용했다. 농경 사회에서는 본인이 태어난 고향을 떠나 객사하는 것이 가장 큰 흉사였고, 보통의 사람은 태어난 고향에서 100리 이상을 벗어나지 않고 생을 마감했다. 그러나 근현대에 이르러 산업화, 근대화가 진행되면서 "등 굽은 소나무가 선산을 지킨다."는 말이 생길만큼 똑똑한 사람들은 성공을 위해 모두 고향을 떠나 대처로 나갔다. 역마는 목적을 수반한 이동이기에 유학, 직장이동, 업무적 이동뿐만 아니라 상황의 변동까지를 포함한다. 세계가 하루권인 오늘날에는 殺로서 역마가 아니라, 吉神으로서 역마로 작용하고 있다. 역마는 도화와 마찬가지로 日支의 역마가 가장 강하고, 월지, 시지, 연지 순으로 약하게 나타나며, 역마가 길성이냐 흉성이냐 하는 단식판단을 유보하고, 사주 격국과 용신의 작용을 함께 간명해야 이동의 목적과 결과를 정확히 파악할 수 있다.

마. 화개(華蓋)

연지	申子辰	亥卯未	寅午戌	巳酉丑
화개	辰	未	戌	丑

화개(華蓋)란 '꽃가마'라는 의미도 있지만, '화려함이 끝난다'라는 의미도 동시에 품고 있다. 화개살처럼 대부분의 12신살이 길과 흉을 동시에 담고 있으니, 주의깊게 살펴야 한다. 화개는 연지를 기준으로 삼합의 마지막 글자이고 合의 묘지(墓支)에 해당한다. 따라서 辰戌丑未가 화개다. 각 계절을 마감하는 辰戌丑未는 다음 계절을 이어주는 전달자(환절기) 역할을 하기에 만인의 존경을 받는 자리에 있으나 외롭고 고독한 자리다.

사주에 화개가 많은 사람은 귀(貴)함이 있다. 土의 기능처럼 많은 것을 담고 있으므로 창의적이고 문장력과 예술성도 뛰어나다. 그러나 삶은 고독하고 가난하며, 종교에 심취하는 경우가 많다.

바. 천살(天殺)

연지	申子辰	亥卯未	寅午戌	巳酉丑
천살	未	戌	丑	辰

명리이론보다는 풍수적 요소가 많아 간단히 소개한다.

천살은 연지가 삼합하는 첫 글자의 바로 앞 글자가 천살이다. 천살은 하늘과 조상을 의미한다. 천살은 방향을 중요시하는 신살이다. 申子辰 년생은 未토가 천살이므로 남서쪽이 좋으며, 亥卯未년생은 戌토 방향인 서북쪽, 寅午戌생은 卯목 방향인 북동쪽, 巳酉丑생은 辰토 방향인 동남쪽이 유리하다.

사. 재살(災殺)

연지	申子辰	亥卯未	寅午戌	巳酉丑
재살	午	酉	子	卯

재살은 단어의 뜻대로 재난과 사고, 인재, 관재 등을 나타낸다. 연주를 기준으로 삼합하여 화하는 오행과 충하는 오행이 재살이다. 예를 들어 연지를 포함하여 申子辰년생은 午가 재살이다. 연지를 포함하여 亥卯未년생은 酉가 재살이다. 연지를 포함하여 寅午戌년생은 子가 재살이다. 연지를 포함하여 巳酉丑년생은 卯가 재살이 된다. 재살이 火에 해당하면 화재나 화학물질, 폭발성 물질, 인화물질로 인한 재(災)에 해

당하며, 재살이 金에 해당하면 금속제품, 칼이나, 기계 등의 액(厄)을 의미하며, 재살이 水에 해당하면 홍수, 약물, 수액(水厄) 등을 말하며, 재살이 木에 해당하면 나무와 관련된 재(災)로서 목조건물 붕괴, 추락 등과 같은 재액(災厄)을 당할 수 있다. 이러한 흉들은 사주 전체를 파악할 수 있는 격국와 용신의 흐름을 중시하여 참고할 수 있는 살(殺)이므로 종합적으로 판단함이 옳다.

아. 장성살(將星殺)

연지	申子辰	亥卯未	寅午戌	巳酉丑
장성	子	卯	午	酉

장성살은 강한 고집과 강직함을 나타내며 자존심, 권위, 출세, 승진, 번영을 의미한다. 申子辰년생이 타 지지에 子가 있으면 장성살이며, 亥卯未년생은 타에 卯가 있으면 장성살이고, 寅午戌년생은 타에 午가 있으면 장성살이다. 또 巳酉丑년생은 타에 酉가 있으면 장성살이 된다.

사주에 장성살이 있으면 머리가 총명하고 진취적이며 인내심이 강해서, 견디고 극복하는 힘이 남다르다. 장성은 군대의 통솔과 지휘 등 권력을 쥔 장군을 의미하므로 직업적으로는 경찰, 군인, 검찰, 운동선수 등이 잘 어울리는 직업이지만, 가정적인 부분은 녹록지 않다. 남편은 아내를 극하려 하고, 아내는 남편을 극하려 한다. 타고난 성품이 강하고 고집스러운 독불장군이기 때문이다.

자. 반안살(攀鞍殺)

연지	申子辰	亥卯未	寅午戌	巳酉丑
반안	丑	辰	未	戌

반안살은 살로 표현하지만 길신이다. 攀(반)의 한자 뜻은 더 높은 곳에 오르려는 것을 의미하고, 鞍(안)의 뜻은 말의 안장을 의미한다. 직역하면 큰말 안장에 앉으려는 것, 고위 관리가 되거나 과거시험에 합격해 말을 타고 앉는 것을 의미한다. 申子辰년생은 삼합의 가운데 글자의 다음 글자인 丑이 반안이며, 亥卯未년생은 삼합의 가운데 글자의 다음 글자인 辰이 반안이다. 또한 寅午戌년생은 삼합의 가운데 글자의 다음 글자인 未가 반안이며, 巳酉丑년생은 삼합의 가운데 글자의 다음 글자인 戌이 반안이다. 사주에 반안이 있으면 승진과 출세를 의미하고 말재주가 뛰어나고 임기응변에 능하며 대인관계가 좋다. 연지에 있으면 조상의 음덕이 있고, 월지에 있으면 부모의 덕이 좋으며, 일지에 있으면 배우자와 금실이 좋다. 시지에 반안이 있으면 훌륭한 자식을 둔다. 반안은 살(殺)이 아니라 오롯이 좋은 신(神)이다. 사주의 주인공이 노력하는 방향으로 도움을 주는 길신(吉神)이다. 그럼에도 그 이름에 살(殺)을 붙인 이유를 이해하기 힘들다.

차. 육해살(六害殺)

연지	申子辰	亥卯未	寅午戌	巳酉丑
육해	卯	午	酉	子

육해살(六害殺)은 육친과 관련한 살이다. 육해라는 뜻대로 육친 간에 해(害)가 되는 살이다. 연지가 申子辰 삼합하는 끝자리의 앞 글자인 卯가 육해살이며, 연지가 亥卯未 삼합하는 끝자리의 앞 글자인 午가 육해살이다. 또한 연지가 寅午戌 삼합하는 끝자리의 앞 글자인 酉가 육해살이고, 연지가 巳酉丑 삼합하는 끝자리의 앞 글자인 子가 육해살이다.

사주에 육해살이 있으면 육친(부모, 처, 형제, 자녀)이 어려움을 당하거나, 육친과 인연이 박하여 고독하고 외롭다. 특히 여명(女命) 사주의 일지나 시지에 육해살이 있으면 사이비 종교에 빠져 가정을 팽개치는 경우가 있다. 실제로 현실에서 빈번하게 벌어지는 일이다.

카. 월살(月殺)

연지	申子辰	亥卯未	寅午戌	巳酉丑
월살	戌	丑	辰	未

12신살 중 마지막으로 다루는 월살(月殺)은 고초살(枯草殺)이라고도 표현한다. 고초란 풀이 말라죽는 것을 의미하는데, 월살은 패배, 파괴, 고초, 분쟁, 소송, 신체적 불구 등을 담고 있으니 흉살이다. 연지가 申子辰 삼합하는 끝자리와 충하는 戌이 월살이다. 연지가 亥卯未 삼합하는 끝자리와 충하는 丑이 월살이다. 연지가 寅午戌 삼합하는 끝자리와 충하는 辰이 월살이다. 연지가 巳酉丑 삼합하는 끝자리와 충하는 未가 월살이다.

사주에 월살이 있으면 하는 일들이 막히고 순조롭지 못하여 중도포기하거나 마무리가 안 된다. 일지에 월살이 있으면 부부관계가 소원하다. 다행인 것은 월살의 영향력은 크지 않다.

14. 삼재(三災)

연지	申子辰	亥卯未	寅午戌	巳酉丑
三災年	寅卯辰	巳午未	申酉戌	亥子丑

　삼재(三災)는 삼합하는 첫 글자와 충하는 오행의 해부터 3년간 삼재가 시작되어 방합의 끝에서 끝난다. 申子辰년생은 申과 충하는 寅부터 卯辰년이 삼재고, 亥卯未년생은 亥와 충하는 巳부터 午未년이 삼재다. 寅午戌년생은 寅과 충하는 申부터 酉戌년이 삼재며, 巳酉丑년생은 巳와 충하는 亥부터 子丑년이 삼재다. 寅卯辰으로 이어지는 삼재는 첫 해인 寅년은 들삼재, 둘째 해인 卯년은 눌삼재, 마지막 辰년은 날삼재라고 한다. 삼재가 들어오는 첫 해의 흉이 가장 강하고 뒤로 갈수록 약해진다.

　일반인들도 많이 알고 있는 삼재라는 흉살은 알려진 것에 비해 그 영향력이 매우 미미하다. 9년마다 돌아오는 삼재는 사람들에게 경각심을 주어 안전을 도모하고, 행복함을 유지시키는 역할을 한다. 삼재의 의미에서 알 수 있듯이, 많은 흉살들이 생겨난 이유를 짐작할 수 있을 것이다. 따라서 필자는 명리적 논리성을 벗어난 것들은 과감히 배제했다. 명리는 수천 년의 역사적 경험과 음양 오행의 논리성을 함축하고 있기 때문에 검증과 임상이 부족한 것과 사회, 문화적 변화에 맞지 않는 신살들은 생략한다.

1. 건강은 음양과 오행의 중화(中和)

사주팔자로 사람의 운명을 간명할 수 있다면, 당연히 그 사람의 신체적, 정신적 건강도 판단할 수 있어야 한다. 사주 명식을 통해서 주인공의 건강성과 질병의 발생을 예측하는 것이야말로 사주 간명의 시작이다. 건강을 잃으면 어떤 부귀도 의미가 없기 때문이다.

동양 의학의 첫 키워드는 균형과 조화다. 음양론에서 자연계의 모든 것은 서로 대립되는 두 기운으로 존재한다. 대립이 없는 사물 또는 개념은 존재조차 할 수 없으니, 존재하는 것은 형식에 구애받지 않고 모두 음양으로 구분할 수 있다. 상과 하, 좌와 우, 천과 지, 움직임과 멈춤, 눕는 것과 바로 섬, 차가움과 뜨거움, 수(水)와 화(火), 명과 암, 낮과 밤, 오름과 내림 등등 사물이든 개념이든 모든 것은 대립한다. 동양 의학은 음양의 대립과 통일, 조화와 균형을 기준으로 질병의 유무를 살폈고, 치료 또한 그 원칙에 따른다. 어느 기운이 넘치는 것은 실증(實證)이고, 모자라는 것은 허증(虛證)이며, 실증이 있으면 대립하는 기운이 허해지니 질병을 살핌에도 신체의 모든 장기들의 상호작용을 전일체(全一體) 개념으로 파악한다.

2. 오행의 작용

음양이 대립과 통일, 균형과 조화를 이루듯 오행의 작용은 상생과 상극, 상승과 승모작용을 한다.

가. 상생, 상극작용

오행의 상생작용은 상론했던 오행 작용으로 다른 사물이나 기운에 대해서 촉진, 협력, 조달하는 작용이다. 상극은 한 기운이 다른 기운에 대해서 억제, 제약하는 것을 말한다. 이런 작용들은 자연 생태계의 정상적인 현상이며, 인체(人體)에서도 자연적 생리작용으로 간주한다. 따라서 우리 몸은 이 순간에도 상생과 상극의 작용이 일어나고 있으며, 그것이 생리현상을 주도하고 있는 것이다.

나. 상승작용(相乘作用)

상승작용의 승(乘)이란 강한 것이 약한 것을 침범한다는 뜻이다. 특정 오행 간에 정상적으로 주고받는 상극제화가 아니라, 지나치게 극제함으로써 상극의 개념이 깨지고 비정상적인 반응이 나타나는 것이다.

다. 상모작용(相侮作用)

상모작용에서 모(侮)의 뜻은 업신여기다라는 뜻으로 자신을 극하는 오행을 역(逆)으로 극하는 현상을 말한다. 이를 반극(反剋)이라고 하는데, 극을 하는 오행이 너무 약하고, 극을 받는 오행이 너무 강해서 일어나는 현상이다. 이때는 오히려 반대로 극을 하는 현상이 일어나는데, 목모금(木侮金)과 같이 목이 금을 업신여기고 강한 목이 약한 금을 극하는 것이다. 상승작용과 상모작용은 상생, 상극관계가 파괴되고 비정상적인 상극관계가 일어나는 현상들이다. (侮: 업신여길 모)

3. 오행의 응용과 인체의 오장(五臟)

가. 오행의 응용

오행학설의 응용은 인체의 장부와 경락, 각 기관의 속성을 분석하고,

오행의 특성에 따라 배속시켰다. 첫째, 각 오행에 따라 오장을 배속하고, 각 장부의 상생, 상극의 법칙이 유통하는 유기적 개념을 확립했다. 다시 말하면 肝, 心, 脾, 肺, 腎(간심비폐신)은 독립적으로 존재하지만 각 장부는 서로 상생, 상극관계로 생리작용을 하고 있는 것이다.

나. 오행 특성과 오장과 육부의 구분
(1) 오행 특성
- 木의 특성: 木은 굵고 곧게 성장하는 기운이고, 나무처럼 곧게 뻗어 나가는 성정이다.
- 火의 특성: 火는 염상(炎上)하는 기운이다. 염상이란 뜨겁고, 밝으며 상승하는 성정이다.
- 土의 특성: 土는 가색을 의미한다. 土는 키우고 거두어들이는 작용과 거둬들인 것을 수납(受納)하므로, 나머지 사행(四行)을 모두 담고 있다. 만물은 土에서 生하고 土에서 멸(滅)하니, 만물의 어머니다.
- 金의 특성: 金은 변혁하는 기운이다. 金은 청결, 숙살(肅殺), 수렴하는 성정이다. 숙살이란 가을의 쌀쌀하고 서늘한 기운을 말한다.
- 水의 특성: 水는 습하고 아래로 흐르니 윤(潤)하다. 차갑고 냉하며, 습하고 아래로 수렴하는 성정이다.

이러한 오행의 특성과 사물의 속성을 비교하여 각 사물들을 구분, 분류, 분석, 연역추론하여 오행으로 귀결시켰다. 이 기준에 따라 신체의 장기를 오행의 음양으로 구분하고 규정했다.

(2) 인체 오장의 분류
- **심(心)** 흉강(가슴)에 있고 모양이 거꾸로 매달려 아직 피지 않은 연꽃과 비슷하며, 겉은 심포(心包)가 보호한다. 심은 혈(血)과 맥(脈)을 주관하며 오행으로 火에 속한다. 심에는 신(神)이 들어 있어 기쁨으로 나

타나며, 심병이 생기면 마음이 번거롭고, 잠이 오지 않으며, 꿈을 많이 꾼다. 심병이 심해지면 정신이 혼미해지고, 안색이 창백하며 윤기가 없다.

● **폐(肺)** 흉강에 있고 좌우측에 하나씩 들어 있으며, 폐는 다른 장기에 비해 연약하다. 차가움과 열에 약하여 각종 균과 바이러스에 쉽게 침입을 받게 되는데, 대부분의 전염병은 폐를 통해 유행한다. 폐에는 백(魄)이 들어 있어 기(氣)를 주관하고 호흡을 담당하며 여러 맥이 모이는 폐는 기혈운행을 보좌한다. 폐는 위로는 목구멍을 통해 코로 호흡한다. 또 폐는 걱정과 근심을 슬픔으로 나타나는데, 액은 콧물이다. 오행으로 金에 속한다. 폐에 병이 생기면 기침이 나고 숨이 가빠지며 가슴이 답답하고 발성에 장애가 생긴다.

● **비(脾)** 중초(中焦)의 아래에 있고 비는 위장과 더불어 소화계통에 속하며, 장에서 흡수된 영양소를 더욱 정밀하게 분류하여 피를 통해 온 몸으로 보낸다. 또한 백혈구를 만들거나 적혈구를 저장하는 역할을 한다. 비는 소화기관이므로 입술에서 기운이 나타나고 비(脾)에는 사(思)가 들어 있어 뜻으로 나타나며 오행으로는 土에 속한다. 비장에 병이 나면 배가 더부룩하고, 복통이 나며, 황달과 설사를 한다.

● **간(肝)** 복부 횡격막 아래 오른쪽 옆구리에 있으며 간의 주요한 기능은 소통과 배설, 혈을 저장하는 것이다. 간은 눈에서 그 기운이 나타나고 근육을 주관하며, 간에는 혼(魂)이 들어 있고 그 뜻은 노(怒 노여움)이며, 그 액은 눈물로 나타난다. 간은 오행으로 木이다. 간에 병이 들면 현기증이 나고 눈이 흐려져서 백회혈 부근과 유방, 양 옆구리, 아랫배가 아프며, 관절을 원활하게 움직이지 못한다. 심하면 근육수축, 경련, 마비 현상이 따르며, 성정이 급해져서 쉽게 노여워 한다.

● **신(腎, 콩팥)** 하초 부위의 척추 양끝에 좌우로 하나씩 있다. 신은 생

명의 근원이므로 선천지본(先天之本)이라고도 한다. 신의 주요한 기능은 정기를 저장하고 생장, 발육, 생식 기능과 수액의 대사를 담당한다. 신은 또한 뼈의 골수(髓)가 자라는 것을 관장하며 겉으로는 머리카락 속에서 나타난다. 귀에서 그 기운을 보고 그 뜻은 노여움(恐)과 놀라움(驚)으로 나타나며, 오행으로는 水에 속한다. 신장에 병이 생기면 발기불능, 조루, 요통이 있으며, 이명, 천식, 식은땀, 야뇨증, 빈뇨증, 건망증 등이 나타난다.

(3) 인체 육부(六腑)의 구분

　육부란 담(膽), 위(胃), 대장, 소장, 방광, 삼초(三焦)를 말한다. 음식이 몸에 들어와 소화시키고 찌꺼기를 체외로 배출하는 것이 육부가 관장하는 기능이다. 음식물이 인체로 들어와서 체외로 배출되기까지는 일곱 개의 관문을 통과하는데, 입술로 자유로이 여닫아 넣는 것을 비문(飛門)이라 하고, 음식을 충분히 씹어서 삼키도록 하는 것을 호문(戶門)이라 했으며, 음식물이 내려갈 때 지나는 식도는 호흡의 문이기도 하니 흡문(吸門)이라고 한다. 또한 위장의 앞문을 분문(賁門), 음식을 담는 위장은 태창(太倉)으로 위장과 소장이 이어지는 문을 유문(幽門)이라 하고, 소장과 대장이 이어지는 것을 난문(欄門)이라 하며, 마지막 배설하는 곳을 항문(肛門)이라고 한다. 이러한 일곱 개 관문을 관장하고 조절하는 육부의 생리적 운동은 내용물을 담되 가득 채우지 않으며, 아래로 원활하게 통과시키는 역할을 한다. 따라서 너무 빠르게 내려가거나 막혀 내려가지 않는 것은 병이다.

인체 오행	오장 五臟	육부 六腑	오관 五官	형체 形體	정태 情態	오성 五聲
木	간	담	눈	근육	분노	탄식
火	심	소장	혀	맥박	기쁨	웃음
土	비	위장	입	기혈	생각	노래
金	폐	대장	코	피부, 모발	슬픔	울음
水	신	방광	귀	뼈	공포	신음

위 표는 오행과 인체의 기관과 장기 그리고 사람이 느끼는 감정까지 한눈에 볼 수 있도록 정리했다. 오장과 육부는 따로 떼어서 생각할 수 없는 관계다. 장은 음에 속하고 부는 양에 속하니 간, 심, 비, 폐, 신은 목화토금수의 음기(陰氣) 乙, 丁, 己, 辛, 癸이고 육부인 담, 소장, 위장, 대장, 방광은 양기(陽氣) 甲, 丙, 戊, 庚, 壬이 된다. 따라서 음과 양이 서로 대립, 소통하듯이 오장육부는 음양의 소통과 오행의 상생, 상극, 상모, 상승 작용을 한다.

4. 건강과 질병

동양 의학의 장기에 대한 개념은 하늘에는 五氣가 있고, 땅에는 五行이 작용하며, 인체에 있어서는 오장(五臟)이 된다. 따라서 우주의 질서 있는 운행과 같이 사주의 오행이 조화를 이루면 질병이 없고 평생 건강하게 지낼 수 있는 것이다.

乾命

⇧ 癸수 일간이 子월에 태어나고 일주 또한 간여지동(干如支同)하여 水기운이 태강하다. 水기운이 旺하니 자칫 월간의 丙화를 극할 것 같으나, 시주에 木기운이 강하고 연간의 甲목이 일지 亥수에 착근하고, 시지 卯에서 제왕지를 만나니 태강한 수기를 설기(洩氣)하고 있다. 따라서 水기운인 신장과 방광이 튼튼하고, 甲목의 생을 받는 丙화는 소장과 심장을 대신하니 이 또한 강건하다. 이에 木기운인 간과 담도 튼튼하여 60대에도 청년 같은 힘을 쓰고, 구순을 넘겨 백수(白壽)를 누렸던 옛 사람의 命이다.

비견	일간	정인	편관
甲	甲	癸	庚
戌	午	未	寅
편재	상관	정재	비견

乾命

상관	식신	겁재	비견
丁	丙	乙	甲
亥	戌	酉	申
편인	편재	정관	편관

大運

⇧ 甲목 일간이 未토 화왕지절에 태어나고 지지가 寅午戌 삼합하여 火로 化하니 식상격이다. 식상격답게 머리가 총명하고 공부에는 천재성을 가졌으나, 사주가 木火로 건조하고 천간에 癸수는 뿌리가 없이 허탈하다. 연간 庚금이 癸수를 생조한다고 하나 庚금의 뿌리인 戌토가 寅午戌 삼합하여 火로 변하여 배반하니 庚금 또한 뿌리가 사라져 허탈하다. 火가 태왕하니 水가 마르고(상모相侮작용), 또한 火가 金을 파극하

니 丙戌 대운에 이르러 폐와 신장이 나빠져 사망했다. 폐는 金이고 신장은 水의 기운이다.

5. 오행의 질병판단

가. 간과 담(膽)계 질환
● 木일간이 태왕할 경우 사주에 土가 있으면 위장 질환이 있고, 木일간이 태약한 사주에 土가 있으면 이 또한 위장 질환이 있다. 이런 현상은 실과 허 모두가 병이기 때문이다. 木이 실해도 간과 담에 질환이 온다.
● 木일간이 신약한 중에 일지가 형충된 사주는 반드시 간과 담의 건강을 먼저 살펴야 한다.
● 사주에 金이나 火가 태다한 命은 金이 木을 극(剋)하여 오는 간 질환과 木이 火로 설기(洩氣)되어 허(虛)로 인한 간 질환이 온다.
● 金과 木이 서로 상충하는 사주는 근골, 관절, 눈과 사지에 질환이 있다.
● 水가 많아 수다부목(水多浮木)한 사주는 반드시 피부 질환이 있다.
● 사주에 조토(燥土)가 많고 木이 극신약한 사주는 담낭과 안(眼) 질환이 있다.

 乾命

⇧ 甲목 일간이 寅월에 태어나 득령하고 천간과 지지에 木 비견이 태왕하니 천간의 戊토와 지지 戌토가 무력해져 위장, 비장에 병이 오고, 木이 강하여 실(實)하고 건조하니 간장 질환으로 고생할 수 있는 사주 명식이다. 음주까지 좋아하니 미리 대비하고 섭생에 주의해야 한다.

나. 심장과 소장 질환

● 火일간이 태약하거나 태왕한 사주는 오행의 조화가 깨지니 심장과 소장에 병환이 있다.
● 火일간이 신약한데 일지를 형충하는 사주는 반드시 수술한다.
● 사주에 水가 태다하거나, 土가 태다한 명국은 火의 허(虛)함으로 병이 온다. 수가 태다하면 심근경색이나 마비, 고혈압, 뇌출혈에 노출된다.
● 사주에 약한 丁화가 있고 土가 많으면, 빈혈과 같은 병이 있는데 이는 土가 火를 과잉 설기하기 때문이다.
● 사주가 목다화식(木多火熄이란 木이 너무 많아 오히려 火가 꺼지는 현상)하여 그 중 丁화가 극약하게 되면 심근경색에 주의해야 한다.
● 丙화는 소장을 관장하고 庚금은 대장을 주관하는데, 丙과 庚이 모두 약하면 장 질환으로 고생한다.
● 사주에서 丙화가 극강하거나 약하면 소장 질환이 있고 丁화가 극강하거나 약하면 심장과 혈압의 질환이 있다.
● 사주에 水가 태왕하거나 土가 태왕하면 심장, 소장 계통의 질환이 있다.

 坤命

⇧ 壬수 일간이 亥월에 태어나 水가 태왕한 중에 시간(時干)의 丁화가 위태롭다. 이런 명식은 뇌출혈, 심장질환, 빈혈, 한증(寒症)에 노출되는데, 운에서 水를 만나면 심혈관계 질환과 당뇨병을 주의해야 한다.

다. 비장과 위장 소화계통 질환
● 土일간이 태약하거나 태왕한 사주는 반드시 소화기 질환이 생긴다.
● 사주에 木이 태다하거나 金이 태다한 명국은 소화기 질환이 생긴다. 土가 극을 당하거나 金으로 극설(極洩)되기 때문이다.
● 土일간이 신약한데 일지가 형충(刑沖)당하면 수술한다.
● 土일간에 火가 너무 태왕하고 조열하면 소화기, 간, 신장에 질환이 생긴다.
● 己토가 약한 중에 강한 木의 극제를 받으면 비장에 질환이 생긴다.
● 土가 약하고 金이 태다하면 土의 설기로 위장의 질환이 생긴다.
● 사주원국에 辰戌沖이 있고, 운에서 다시 辰이나 戌을 만나서 沖하면 위장 질환과 피부병으로 고생할 수 있다.
● 사주원국에 丑未충이 있고, 운에서 다시 丑이나 未를 만나서 다시 충하면 비장의 병과 각기병(脚氣病)이 생긴다.
● 戊토와 火가 모두 약하고 사주가 습기(濕氣)로 가득하면 위궤양이나 위출혈 등이 발생한다.
● 사주 중 丙과 庚이 모두 약하고 조토(燥土)만 있으면 변비가 심하다.
● 戊토가 약하고 金기운이 과하면 土의 설기가 심해서 위하수 질환이 생긴다.

乾命

⇧ 乙목 일간이 목왕지절에 태어나서 丁화가 투출되니 목화통명(木火通明)의 귀격을 이뤘다. 머리가 좋고 기획력, 판단력이 남달라 사회적으로 출세를 이루고 있으나, 木이 강하여 土기운이 극약이다. 따라서 위장병과 소화기계통의 질환과 水가 지나치게 설기되어 생식기 질환까지 생겨 고생하고 있다.

라. 폐와 대장의 질환
● 金일간이 태약하거나 태왕한 사주는 반드시 폐, 대장에 질환이 있다.
● 사주에 火가 태과하면 폐와 대장의 질환이 있다.
● 庚금이 과한 土를 만나 매몰되면, 토왕금매(土旺金埋)라 하여 대장 기능이 원활하지 못하다. 토왕금매(土旺金埋)란 土가 많아 金이 묻히는 것을 뜻한다.
● 金일간이 신약한데 일지가 형충하면 수술을 한다.
● 庚금이 水에 의해서 설기가 태과(太過)하면 대장에 병이 온다.
● 사주에 金이 강하고 木이 태약하면, 폐와 간의 병으로 고생한다.
● 폐와 호흡기를 관장하는 金기운이 태과하거나 태약하면 온갖 전염병에 약한데, 특히 요즘 유행하는 코로나19 같은 바이러스에 주의해야 한다.

⇧ 辛금 일간이 申월에 태어나 득령하였으나 사주 전체에 火가 왕하고 월지 申금이 午화에 극을 당하니 신약으로 변했다. 거기에 시지와 일지가 巳亥沖을 하니 수술을 하였고, 辛금 일간이 강한 丙화에 극제되니 폐결핵으로 고생했다.

乾命

⇧ 丁화 일간이 화왕지절인 未토에 태어나니 火土가 왕하다. 화염조토(火炎燥土)다. 조후가 시급한 사주에 월지 未토에서 지장간 乙목이 투간되어 편인격을 이루고 庚금 정재를 용신하는데, 천간이 木生火하고 온통 火로 덮이니 용신 庚금이 무력해져서 폐 질환으로 사망하였다.

마. 신장과 방광계 질환
- 水일간이 태약하거나 태왕한 사주
- 강한 土에 약한 水가 극제 당하는 사주는 신장 질환에 노출된다.
- 화염조토(火炎燥土)한 사주는 水가 말라서 신장 질환이 생긴다.
- 水일간이 신약한 중에 일지를 형충하면 수술한다.

- 水기가 旺한데 水기운을 설기(洩氣)할 木이 없거나 약하면 요도염에 노출된다.
- 水기운이 약한 사주에 木이 태과하고 설기가 극심하면 방광이나 신장 질환이 있다.
- 사주에 壬수가 있으나 태약한 상황에 운에서 金기운을 만나면 요로 결석이나 신장 결석, 방광 결석이 올 수 있다.
- 사주에 水가 旺하고 金이 약하거나, 木이 왕하고 水가 약하면 노년에 당뇨병으로 고생한다.
- 여명(女命)에 癸수와 丁화가 모두 약하거나 모두 강하면 생리가 불순하다.
- 사주에 수성(水星)이 없거나 지지에 水의 약한 일원이 있으면 신장병과 당뇨에 쉽게 노출된다.
- 사주에 土가 과다하면 신장, 방광, 비뇨기계의 질환이 있고, 귀의 이명이나 청각 손상과 피부 질환이 있을 수 있다.

乾命

⇧ 丙화 일간이 卯월에 生하여 월지 자체로 정인격을 삼으려 하나 卯목이 酉금에 극을 당하니, 천간의 戊토로 가식신격을 삼았다. 정관 癸수를 용신하는 사주이므로 옳곧고 훌륭한 기자로 활동하였으나, 사주에 강한 火土에 정관 癸수가 말라서 신장 질환과 귀의 이명으로 고생하고 있다.

 坤命

⇧ 水일간이 태왕하거나 태약한 예로 들 수 있는 사주다. 壬수 일간의 지지가 온통 火土이니, 壬수 일간이 辰토에 뿌리를 간신히 의탁하여 위태롭다. 그나마 일간 壬수는 천간 乙목으로 설기를 당하니 방광염에 쉽게 노출되는 사주 명식이다.

12장

운명 감정, 실전에서 배운다

1. 대운 간명법(大運 看命法)

　명(命)을 항구의 배로 비교한다면 대운은 그 배가 항해하는 바다와 같다. 명에서 정한 격국이 10년씩 구분되는 대운 간지를 취해서 명의 희기(喜忌)를 살피는 것이 대운 간명법이다. 대운에서 만나는 간지를 천간과 지지로 구분하고 한 글자씩 따로 따로 명과 비교하여 총체적으로 판단한다. 대운의 천간 오행은 반드시 명의 천간과 대입하고, 대운 지지는 반드시 명의 지지에 대입하여 유불리를 판단하고, 길흉을 보며, 희기를 논하는 것이다. 대운의 10년 중에 천간 5년, 지지 5년씩 끊어서 적용하는 것이 일반적이지만, 천간 3년, 지지 7년으로 나누어 보는 학자도 있으니, 이 부분은 유연한 사고가 필요하다.

가. 정관격, 정인격, 재성격, 식신격은 길격이므로 보호하여 격을 돕는 운에 길하다.

　격을 충극하거나, 합거하는 운은 흉하다. 그러나 정관격과 재격은 일간을 약하게 하는 육친이므로 일간이 신약한 경우에는 격과 용신을 돕는 운이더라도 길하지 못할 수 있다. 그러나 일간이 신강하다면 길하다.

乾命

⇧ 사례의 사주를 살펴보면, 丙화 일간이 亥수 월에 생하니 실령하여 신약하다. 월지 亥 지장간 중 癸수가 투출되니 정관격이 분명하다. 유년기 壬戌 대운은 관살혼잡 운을 만났으나 시간(時干)의 丁화와 대운과 丁壬합하여 혼잡을 해소하니 무사하였다. 그러나 정관 癸수를 생하는 辛酉 대운과 庚申 대운의 재성은 약한 일간을 더욱 설기(洩氣)하니 학업을 중단하고 일찍부터 돈벌이에 나서야 했던 명이다. 재성은 인성을 극하는 육친이니 학문을 방해하는 육친이다. 청소년기에 재성운을 만나는 것은 특별한 경우가 아니면 학업에 불리하다.

⇧ 乙목 일간이 목왕지절인 辰월에 태어나 득령하고 천간에 丁화가 투간되니 목화통명격이다. 또한 월지를 포함하여 子辰 삼합하고, 亥子

丑 방합도 얽히니 지지에 水가 넘친다. 월지 辰의 지장간 중엔 투출된 오행이 없음으로 월지에서 합국을 이룬 子辰 水로 인성격을 삼을 수 있고, 천간에 투간된 庚금 정관을 용신한다. 또는 천간에 강하게 투간된 庚금으로 정관격을 잡아도 무방하다. 관인쌍전이기 때문이다. 乙목 일간이 신약한 듯하나 辰월 목왕지절에 태어나고 亥수 지장간 甲목에 착근하고 지지가 모두 인성이니 신강한 사주로 변했다. 원국의 丁화가 뿌리가 없이 허탈하여 庚금 정관을 극하지 못하고 있으나 유년기 巳午 대운에 천간 丁화가 뿌리를 얻어 강해지니 庚금 정관을 극하여 어릴 적 장(腸)에 관련된 병을 앓아 고생했다. 청소년기인 午 대운엔 부친의 사망과 학업을 잠시 중단하는 어려움을 겪었다. 乙卯 대운을 지나 丙戌 대운에 이르러 원국의 庚금 정관이 丙화에 剋을 당하니 다니던 직장을 일시적으로 잃었다. 그러나 세운으로 다시 庚子년을 맞아 천간의 정관을 돕고 있으니 직장에 복직되어 길하다. 이 사주는 정관을 극하는 火가 기신(忌神)이다.

나. 편관격, 상관격, 편인격, 양인격 등의 흉격은 격보다 용신이 더 중요하다.

운에서 용신이 지켜지고 용신을 돕는 운에 길하다. 또는 격과 용신, 일간 중 약한 것을 돕는 운이 좋은 운이다.

坤命

↑ 庚금 일간이 巳월에 생하고 巳 지장간 중 정기 丙화가 천간에 투출되니 편관격이다. 월간의 癸수가 편관 丙화를 제극하고 시간에 丁화 정관을 남기니 거살유관격(去殺留官格)으로 성격되었다. 이 사주는 용신도 강하고 일간도 강하니 귀격이 아닐 수 없다. 그러나 己丑 대운부터 용신 癸수가 정인 己토에 제극되어 흉함이 예상된다. 다만 편관의 뿌리인 원국 巳화가 申子수국에 극을 당하여 뿌리가 약하니 큰 피해는 없을 것이다. 필자를 찾아온 젊은 여성으로 눈빛이 맑고 빛나며 카리스마가 넘치니 그 기운으로 이미 사주를 보지 않고도 운명을 간명할 만했다.

↑ 戊토 일간이 丑월에 生한 여성의 명이다. 월지 丑토 지장간 중 중기인 辛금이 투간되니 상관격이 분명하다. 겨울인 丑월의 한기(寒氣)

를 녹여줄 丙화가 조후용신이면서 동시에 격국의 용신이다. 편인 丙화와 辛금 상관이 합하여 성격되었다. 戊戌 대운과 丁酉 대운이 도래하여 천간의 丙화는 戌토에 착근하고 丁화의 도움을 받아 크게 길할 것이다. 흉격은 격보다 약한 용신을 돕는 운이 길하다.

다. 길격 또는 흉격 어느 것에 해당하더라도, 제살하여 성격된 사주는 편관이든 식상이든 약한 것을 돕는 운이 길운이다.

편관이 이미 제살되었다면 편관이 약하면 편관을 돕고 식상이 약하면 식상을 돕는것을 말한다.

⇧ 庚금 일간이 辰월에 태어나서 辰토 지장간 중 癸수가 투간되니 상관격이다. 상관 癸수가 편관인 丙화를 바로 옆에서 제극하니 편관을 용신할 수 있다. 상관 癸수는 辰토 수장고에 뿌리를 두어 튼튼하나, 편관 丙화는 시지 未토 먼 곳에 뿌리를 내리고 있다. 편관 丙화를 돕는 운이 좋은 운이지만 안타깝게도 癸丑 대운과 壬子 대운이 기다리고 있어서 걱정이 앞서는 어느 청년의 명이다. 그나마 격이 파극되는 것은 아니어

서 다행이다.

라. 사주원국의 희신(喜神)을 돕는 운이 길운이다.
(희신이란 용신을 돕는 오행이며, 반대로 용신을 극하는 오행을 기신(忌神)이라고 한다.)

　희신을 돕는 운이란 정관격에 인성을 용신하여 상관을 누르고 있는 명식에서 용신인 인성을 돕는 운을 말한다. 또는 재생관(財生官)하는 사주에 일간이 신약하면 일간을 돕는 운이 길운이다. 상관패인(傷官佩印 인성이 상관을 극하는 사주) 사주에 관성이 와서 인성을 돕는 운, 양인격에 관살을 용신하는데 2차 용신으로 재성이 오는 운, 월지겁재격에 비겁이 왕한 사주에 식상운이 와서 재성을 생조하고 강합 비겁을 설기하니 이 모두를 희신(喜神)이라고 하며 길하다.

　⇧ 丁화 일간이 午 중 戊토가 투출되어 상관격이다. 강한 상관을 극하는 乙목 편인을 용신하여 성격되었다. 그러나 乙목을 극하는 庚申 재성 대운을 맞아 학업을 중단하고 학생 운동과 민주화 운동에 온몸을

던졌다. 자기 희생을 통해서라도 잘못된 권위에 항거하고 투쟁하며 당당하게 맞서는 자세는 상관격의 특성이다. 庚申 대운에 巳申 형살까지 겹치니 민주 인사로 투옥되어 옥고를 치렀다. 乙목 용신을 돕는 희신 壬戌 대운과 癸亥 대운을 만나니 정계로 진출하여 정치인으로 성공한 지인의 사주다.

마. 대운에서 흉운을 맞는 경우

(1) 기신(忌神)을 돕는 오행을 만나는 경우다. 인수격에 정관을 용신하는데 정관을 합거하는 오행이 기신이며 그 기신을 돕는 오행을 만나도 흉이다.

(2) 정관격을 이룬 사주에서 인성이 투간되지 않았는데, 운에서 상관이 오는 경우는 정관이 깨지니 파격이다. 정관격에 재성이 투간되지 않았는데 식신이 오는 경우 또한 정관이 다치니 흉하다. 이때 재성이 투간되어 있으면 식상이 재성을 생하며 재성이 통관용신이 되어 다시 성격이 된다.

(3) 정관격에 대운에서 편관이 오는 경우는 관살혼잡이라 흉이다.

(4) 식신격이 아닌 경우에 식신제살하는 사주에서 인성이 와서 식상을 제거하는 경우는 흉이다. 이때 사주가 식상격이었다면 기식취살격으로 성격이 된다. 상관패인격 사주에 운에서 재성이 오는 경우는 흉하다. 용신인 인성을 재성이 파극하기 때문이다.

(5) 양인격에 편관을 용신하는데 운에서 식상이 오는 경우는 매우 흉하다. 양인격은 편관이 중요한 용신이기 때문이다. 건록격에 정관을 용신하는데 운에서 상관이 오는 경우도 모두 흉운(凶運)에 해당한다.

⇧ 辛금 일간이 寅월에 태어난 여성의 命이다. 월지 寅목의 지장간 중 丙화가 투간되니 정관격이다. 그러나 연간에 다시 편관 丁화가 있어 관살혼잡될 듯하나, 편간 丁화가 다시 월간의 壬수와 간합하여 합거되었다. 소위 합살유관(合殺留官: 칠살을 합거하고 정관을 남기는 것)하니 命이 참으로 아름답다. 그러나 유년에 癸卯 대운을 만나, 癸수 식신이 丁壬합을 깨고 들어오니 관살이 다시 혼잡되어 어린 시절 죽을 고비를 넘기며 큰 병을 앓았다. 그러나 유년을 넘어서 20, 30대의 대운들은 모두 격을 돕는 운이니 좋았으나 다시 丙午 대운과 丁未 대운에 묶인 丁壬합을 깨트리니 삶의 곡절이 쌓이고 남자 문제로 이혼의 위기를 넘기며 살았다. 이후의 인생은 평탄할 것이다. 丁壬합이 깨지는 이유는 丙화는 壬과 충하여 합이 깨지고, 丁화는 원국 丁화와 쟁합을 하니 원래의 합이 깨지는 것이다.

⇧ 乙목 일간이 午월에 태어나 午화 지장간 중 丙화를 시간에 투출하니 상관격이다. 丙화 상관을 壬수가 제극하고 조후용신과 격국용신을 겸하여 성격되었다. 위에 상론한 상관패인(傷官佩印: 상관이 인성을 만나 순화되는 것) 사주의 전형적인 예다. 상관패인 사주에 대운에서 재성을 만나면 흉하다. 그 이유는 흉격인 상관을 인성이 막아주고 있는데 재성을 만나 인성이 무력화되고 흉한 상관이 살아나기 때문이다. 戊寅 대운과 己卯 대운에 인성 壬수를 극하는 재성을 대운에서 만났으나 무사하였다. 상관패인 사주가 재성을 만났음에도 무사했던 이유는 연간의 비견 乙목이 대운의 戊토와 己토를 제극하여 인성을 보호했기 때문이다. 만약 비견이 없었다면 직(職)을 잃거나 건강상으로는 신장과 방광 쪽의 병을 얻어서 힘들었을 것이다. 연간의 乙목 비견 덕분에 지금은 대그룹의 고위 임원을 지내고 있는 사람의 사주다.

바. 흉운을 만나 나쁠 것 같은 사주가 오히려 좋아지는 경우

대운에서 칠살 또는 상관의 흉운을 만났는데, 원국에서 이를 극복하면 오히려 크게 발전한다.

⇧ 甲목 일간이 未월에 생하고 未토 지장간 丁乙己 중 丁화와 오행이 같은 丙화로 격을 삼으니 식신격이다. 그러나 사주에 한방울 水기도 없이 메마르니 신장과 방광, 생식기에 병을 조심해야 하는 명식이다. 庚子 대운에 이르러 庚금 칠살을 맞았으나, 원국에 丙화가 강하니 칠살을 제극하여 순화했다. 따라서 운에서 오는 흉살을 극복하니 크게 발전하여 편관의 힘으로 조직의 수장으로 승급하고, 庚子 대운에서 子수가 들어와 木火로 메마른 사주에 단비가 내리고 조후용신까지 얻으니 계급이 연등했다.

사. 길운이더라도 천간으로 들어오는 운과 지지로 들어오는 운이 크게 다른 경우

예컨데 丙화 일간이 子월생이고 월지 자체로 정관격을 삼았을 때에는 일간을 강하게 하는 火가 길운이라 하더라도, 그 행운이 지지 午화로 들어오면 월지 정관격을 이룬 子와 충하니 흉하다. 일간 丙화가 신약하여 火운을 기다리는 중에 지지로 午화가 들어오는 것은 오히려 흉(凶)이다. 지지 자체로 정관격을 이룬 상황에 子午沖을 함으로써 길이 흉으로 바뀌는 것이다. 이와 반대로 천간으로 오는 것이 불리한 경우도 있으니 주의깊게 살펴야 한다.

아. 격을 합하는 대운은 대흉하다.

예컨데 아래 명식을 살펴보면 丁화 일간이 亥월생이고 연간에 壬수가 투간되어 정관격을 이뤘다. 그런데 운에서 丁화를 만나면 정관 壬수와 丁壬 합하여 정관을 제거해 버리므로 격이 파격되어 대흉하다.

乾命

자. 대운은 사주원국의 일부로 본다.

대운은 십 년 동안 작용하므로 그 시기엔 사주(四柱)가 아닌 오주(五柱)로 보는 것도 무방하다. 오주로 간주하고 연운을 살피면 그 흐름을 파악하기에 쉽다. 세운(연운)은 대운보다 강하고 구체적인 사건을 들고 오지만, 결국 1년씩 지나가는 세운이 10년 대운을 이길 수 없다. 대운은 큰 흐름이고 일간이 처한 환경이 되므로, 그 환경에서 원국과 더불어 세운의 구체적인 사건에 영향을 주는 것이다.

차. 대운은 격을 변화시킨다.

월지 정기(또는 본기)로 격을 삼지 못하고 여기(餘氣)나 중기(中氣)로 격을 삼았거나 가격(假格)으로 격을 삼았을 경우 또는 양인격, 건록격, 종격 등도 대운에서 만나는 오행에 따라 변격될 수 있다. 子午卯酉월은 대운의 흐름에 따라 격의 변화가 거의 없지만 寅申巳亥월이나 辰戌丑未월은 격의 변화가 나타난다. 파격된 격이 대운에서 길한 오행을 만나면 성격으로 바뀌어 크게 발전하기도 하며, 성격된 사주가 대운에서 기신(忌神)을 만나 파격되기도 한다. 그 운이 지나면 다시 원래대로 돌아가는 것이니 미리 준비하여 피흉(避凶)의 지혜를 발휘해야 한다.

⇧ 壬수 일간이 申월에 생하여 월지 申금 지장간 戊壬庚 중 여기(餘氣) 戊토가 천간에 투간되니 편관격으로 격을 삼았다. 시간의 癸수가 戊토와 합하여 칠살을 합거하니 양인합살격으로 성격된 명이다. 천간의 합은 바로 옆에 붙은 오행과 합하는 것이 원칙이나, 칠살 편관의 경우만 일간을 사이에 두고도 합을 인정한다. 그러나 여기(餘氣) 戊토로 성격된 사주가 庚戌 대운을 만나니, 庚금은 월지 申금의 지장간 중 정

기(正氣)이므로 정기를 우선한다는 원칙에 따라 편인격으로 변격되었다. 따라서 편인격에 편관을 용신하는 명식으로 바뀌므로 관인상생이 되었다. 이 기간 동안 박사학위를 취득하고 연구 교수로 임용되는 영광을 안았다. 이는 대운의 변화로 인해 격이 바뀌는 것을 보여준 사례다.

2. 세운 간명법(歲運 看命法)

　10년 단위로 구분되는 대운은 월주를 기준으로 간지와 지지를 정하고, 세운은 태어난 해, 즉 연주에서 시작한다. 태어난 해가 庚子년이면 그 다음은 해는 辛丑년, 壬寅년으로 순행하여 나가기 때문에 세운은 모든 사람이 같은 해에 같은 오행을 맞는다. 세운을 태세(太歲)라고 부르는 이유는 가장 윗어른으로 여기기 때문이다. 그것은 과거와 미래보다 현재가 가장 중요한 시기이고 주인공이 처한 현실 상황이기 때문에 태세라는 이름을 붙였다.

가. 세운의 천간은 왕(王)과 같고 지지는 왕을 보좌하는 신하로 간주한다.

　사주의 대운과 세운을 비교하면, 사주는 변하지 않는 상수이고 대운은 10년마다 변하고, 세운은 1년마다 변하는 변수다. 하늘에서 부여한 命(사주)이 대운이라는 환경 속에서 세운이라는 구체적인 사건을 만나는 것이다. 따라서 세운은 발생하는 사건들을 중심으로 판별하기에 동(動)하는 천간을 위주로 길흉화복을 간명한다. 천간은 동(動)하고 지지는 정(靜)하다는《자평진전》이론에 근거한 것이다.

나. 세운은 격국의 변화를 논하지 않는다.

대운은 격의 변화를 주도할 수 있지만 세운은 격의 변화에 영향을 줄 수 없다.

다. 세운은 원국과 간합을 잘 살펴야 한다.

세운이 원국의 어느 오행과 간합을 하면 반드시 변화가 일어난다. 격과 간합하면 격이 파격되어 흉하고, 흉살과 간합하면 흉을 합거(合去)하니 길하다. 용신과 간합하면 용신을 쓰지 못하니 흉하기 때문에 어떤 방향으로든 큰 변화가 일어난다. 또한 대운과 세운의 천간과 지지가 천충지충(天沖地沖: 대운의 천간과 세운의 천간이 충하고, 대운의 지지와 세운의 지지가 충하는 것)을 꺼리는데, 특히 대운이 세운을 沖하면 흉함이 더해진다. 그러나 충하는 오행 사이를 통관하는 오행이 있으면 무사하다. 예를 들어 甲木과 庚金이 沖을 하는데, 사주에 水가 있어서 金生水, 水生木으로 통관시켜주면 무사하다.

여성의 사주를 별도로 논하는 이유가 있다. 사주 명리학의 구법체계가 시작한 시기나 신법체계로 완성되는 시기가 모두 봉건사회였다. 따라서 사주명식을 간명함에 있어서 야만적인 남존여비 관습을 견지하는 이론들이 즐비하다. 시대가 변하고 발전하는 와중에도 고서들이 전하는 내용을 비판 없이 답습하여, 시대에 맞지 않는 해석을 내놓고 있다. 앞서 신살론 도화살에서 상론했듯이 명리학은 남녀를 구분하되 남녀의 차별을 두지 않았으며, 오직 음양오행의 작용과 그 작용이 생산하는 결과물을 해석하는 것에 충실한 이론이다. 명리 이론에 없는 전통적인 주장들을 살펴보면, 여자의 사주는 일간이 신약해야 貴하며, 여성 사주가 신강하면 천(賤)한 命이며, 사주에 나타난 관성(남편)과 식상(자식)의 상태로 여자의 빈부귀천을 논했다.

여자의 사주가 신강하면 여자의 활동성이 강하여 가정에 충실하지 않고, 결혼 생활이 원만치 않음으로 보았다. 이러한 해석은 다분히 과거의 시대적 관습과 문화를 반영한 것일 뿐, 명리학의 이론에서는 볼 수 없는 궤변들이다. 명리학 이론은 남자의 사주를 판단하는 방법과 여자의 사주를 판단하는 방법을 차별적으로 다루지 않음을 다시 한 번 분명히 한다.

1. 남편의 복, 내 사주에 숨어 있다

남자 사주에서는 재성이 아내 또는 여자를 나타낸다. 여성은 관성이 남편을 나타내기도 하지만 사주에 관성이 없거나 관성이 미약한 경우엔 그 사주의 용신이 남편 역할을 한다. 따라서 여성 사주에 관성이 없더라도 용신이 희신에 의해서 생조되고 있고 사주에 기신이 없으면 남편의 복이 있다고 판단한다. 즉, 자신을 돕는 오행이 남편이다. 이는 외조를 잘하는 남편을 의미한다. 육친으로 관성이 남편임에는 분명하지만 좋은 남편의 역할은 용신의 역할이다.

↑ 癸수 일간을 가진 여성의 사주다. 월지 申금의 지장간 戊토가 투출되어 정관격을 이루고, 정관이 일간과 戊癸 합을 하였다. 戊토를 생하는 연간의 丁화 편재가 용신이고, 丁화 용신을 생하는 시간의 乙목이 희신이다. 이 여성의 사주는 남편인 정관을 돕는 재성과 재성을 돕는 식신까지 갖춘 귀명을 얻었다. 또한 대운도 관성과 인성으로 흐르니 그 시기에 학식을 갖췄으며, 주인공은 훗날 총리의 부인이 되었다. 그 자식들도 대귀하다.

　⇧ 戊토 일간이 申월에 태어난 명이다. 월지 申금 지장간 중 庚금이 투간되니 식신격이다. 식신이 재성 癸수를 생하는 식신생재격을 이뤘다. 사주에 관성이 없으니, 이런 때는 용신이 곧 남편이다. 庚금 식신이 강력하여 용신 癸수를 생조하고 있으니 남편의 덕이 크다. 비록 가난한 농가의 여식으로 자랐으나, 귀한 남편을 만나 부귀를 누렸던 옛 사람의 사주다.

가. 관성이 미약한 중에 재성도 없고 식상이 강한 사주와 관성이 미약한데 비겁이 태왕한 사주는 남편의 복이 미미하다.

　⇧ 甲목 일간이 정관인 酉월에 태어났으나 천간에 온통 비겁으로 포위되어 있다. 또한 지지에서 정관격을 이뤘으나 卯酉 沖을 당하여 관성이 약해지니, 결혼을 원했으나 마흔이 넘도록 결혼을 하지 못했다. 관성이 약하고 비겁이 중중하면 많은 경우 의부증이 있을 수 있는데, 이 여성도 의부증으로 인해 연애에 실패한 경험이 있다.

나. 여성의 사주에 관성이 미약하고 재성이 없으면서 인성이 태왕하면, 약한 관성을 인성이 더욱 설기시키는 작용을 함으로 관성이 버틸 수 없다.

따라서 남편의 무능함으로 부부 이별을 예견할 수 있다. 관성이 오히려 태왕하고 일간이 약한데다가 인성까지 미미하면 남편의 폭력성이나 남편의 일방통행 성품 때문에 불화하여 부부 이별한다.

 坤命

⇧ 壬수 일간이 卯월에 생하여, 월지 卯 지장간의 투간이 없으니 월지 자체로 격을 잡아 상관격이다. 천간의 정관은 지지의 丑과 戌에 착근한 듯하나, 丑, 戌이 寅목과 卯목에 제극을 당하여 힘이 없다. 거기에 허약한 己토 정관이 연간의 庚금과 시간의 辛금, 두 인성에게 설기되고 격도 상관격을 이루니 정관은 더욱 허탈하다. 식신, 상관이 있어 자식은 있으나 무능한 남편과는 이혼했다.

다. 여성의 명이 관성이 미약한 중에 식상이 태왕하고, 인성이 있으나 재성으로 극을 당한 사주는 생리사별한다. 또한 비겁이 왕하고 식상이 미약하고 인성만 왕한 사주도 부부 해로 못한다.

 坤命

⇧ 丙火 일간이 卯월에 태어난 명이다. 卯월 지장간 중 정기 乙목이 투출되니 정인격을 이루고, 癸수 정관을 용신하니 관인쌍전으로 성격되었다. 정인격에 정관을 용신하니 학덕이 높고 유학하여 일찍이 박사학위를 득하였으나, 정관 癸수가 강한 정인에 설기되고 癸수 정관 뿌리인 丑토가 월지 卯목에 극을 당하니 정관이 더욱 약해졌다. 丙火 일간이 양인살로 강하고 비겁이 丙화를 생하여 더욱 강해지니 성격이 불과 같다. 이혼한 후 독신이다.

라. 여성의 사주에 편관이 도화와 동주하거나, 편관이 목욕지에 동주하면 남편의 외도로 부부 사이가 좋지 못하며, 여성의 명이 관살 혼잡되거나 식상이 태왕한 사주는 본인의 외도로 가정에 풍파가 있다.

坤命

⇧ 庚금 일간이 午월에 생하고 천간에 지장간 丙己丁 중 火가 모두 투출되었다. 투출된 관살이 모두 강한데다가 혼잡되었으니 관살 혼잡을 정리할 수 있는 오행이 없다. 본인의 외도로 현재 이혼 소송 중에 있다.

2. 자식 운

　여성의 장에 자식의 운을 함께 논하는 이유가 있다. 나를 찾아오는 내방객 중 남성들은 대부분 본인의 명운만 묻는다. 그러나 여성들은 먼저 자식의 명을, 다음에 남편의 명을, 그리고 난 뒤 마지막으로 본인의 명을 묻는다. 이런 것만 봐도 여성은 남자보다 이타심이 강하고 희생적이며, 착한 마음씨를 갖고 있음을 알 수 있다. 가정이란 여성의 넓고 깊은 사랑과 보살핌, 그리고 헌신과 희생으로 유지되는 게 아닐까? 하는 생각을 해봤다. 물론 모두 그런 것은 아니겠지만 내가 관찰한 대부분의 여성들은 비슷했다.

　그래서 '자식 운'을 '여성의 장'에 별도로 논하니 남성들의 오해가 없길 바란다. 여성에게 자식의 성은 식신星과 상관星이다. 따라서 자식의 길흉도 식상의 동태에 따르며, 연월일시 중에서 시주궁(時柱宮)의 육신과 사주원국의 용신을 돕는 희신(喜神)도 자식을 의미하니 함께 살펴야 한다. 따라서 여성에게 자식을 표시하는 것은 식신, 상관, 시주궁의 육신 그리고 희신이다.

● 여성의 명이 일간이 강하고 식상도 강하면서 재성이 있고 인성이 없으면 자식이 귀(貴)하게 된다. 또한 일간이 왕성하고 식상이 경미하나, 재성이 왕성하면 인성이 있더라도 많은 자식에 부자 자식들을 둔다. 이런 경우 강한 인성이 경미한 식상(자식)을 극할 수 있으나, 재성이 강하여 오히려 인성을 극하니 식상이 무사한 것이다.

● 일간이 강하고 관성도 왕성하면 현명한 자식을 둔다. 또한 일간이 강하고 관성과 식상이 없어도 재성이 왕성하면 재능이 있는 자식을 둔다.

● 일주가 약하고 식상만 있는 경우엔 관성이 없어야 좋은 자식을 둘 수 있고, 또한 일주가 약하고 식상이 약하더라도 재성이 없다면 자식을 얻을 수는 있으나, 이처럼 식상이 약한 경우는 결혼 즉시 아이를 가져야 좋다.

● 여성의 명이 일간이 강하며 인성이 있으나 재성이 없으면 자식을 어렵게 얻는다. 또한 일간이 강하고 비겁도 왕성한데 관성이 없고 인성이 있으면 자식을 얻기 힘들다. 일간이 강하고 인성이 중첩되는 경우, 일간이 약한데 식상만 강하고 인성이 약하거나 없는 경우, 일주가 약하고 재성만 많은 경우, 일주가 약한데 관성만 강하고 인성이 없는 경우, 사주가 과하게 습(濕)하거나 건조한 경우 등은 모두 중화됨을 잃었다. 이렇듯 일방의 오행이 지배하는 사주 명식은 모두 자식이 드물다. 앞서 상론했지만 여성이 아이를 갖는 것은 별을 품는 것이니 귀하고 신성하며 아름답다. 옛 사람들은 임신(妊娠)의 의미를 女에 辰 별을 넣어서 여인이 별을 품은 것(娠)으로 형상화했다.

3. 결혼 시기

남녀의 결혼 시기는 정확히 정해진 이론은 없다. 다만 운로에서 배우자에 해당하는 육친 또는 용신을 만나거나, 세운과 대운에서 일지를 포함하여 삼합을 하거나, 육합되는 해에 가장 많은 혼인이 이뤄진다. 사주의 구조로 조혼을 할 것인지, 만혼을 할 것인지를 우선 살펴야 한다.

● 조혼하는 여자 사주는 사주에 관살이 왕성하고 천간에 분명하게 관살이 노출되었거나, 일지가 관살이거나, 초년 대운이 관살에 해당하

는 경우다. 또는 사주에 간합, 육합, 삼합이 많으면 조혼할 수 있으나 이 경우는 결혼 생활이 순탄치 못할 수 있다.
● 만혼하는 여자 사주는 관성이 사주에 없거나, 관살 혼잡이거나, 사주에 비겁이 여러 개 있다. 또한 대운에서 불리한 오행을 만나도 결혼이 늦어진다. 다만, 사주에 관살이 전혀 없더라도 외격(종격, 일행득기격 등)에 속하거나, 용신이 좋으면 적령기에 결혼을 한다.

4. 자신의 사주로 배우자를 판단할 수 있다

배우자가 어떤 남성일지는 여자 자신의 사주 구조로 판단할 수 있다. 즉, 여자 사주가 혼탁하지 않고 맑으면 관록이 있는 남자임을 예단할 수 있고, 여자 사주에 재관이 아름다우면 관운이 좋은 현량한 배우자를 만날 수 있다. 여자의 사주에서 배우자의 부귀수요(富貴壽夭), 직업, 성격을 판단함에 있어서는 다음과 같은 사항들을 종합적으로 살펴야 한다.

아래 모두는 여성의 사주를 논한다.
● 戊午, 丙子 일주는 배우자가 미남이다. 용신 또는 일지가 정관일 때도 미남이며 용모도 장엄하고 수려하다.
● 식신이 용신일 때는 배우자 신체가 넉넉하고 마음이 너그럽다.
● 용신이 인성이면 배우자가 현명하다.
● 일지가 비견에 해당하면 배우자가 다재다능하다. 일주가 간여지동(干如支同).
● 용신이 지지에서 건록을 만나면 배우자가 건강하고 부귀하다.

- 관살이 지지에 귀인을 만나면 배우자가 아주 빼어난 미남이다. 천을귀인, 월덕귀인 등.
- 용신이 12운성 장생과 동주하면 배우자의 학식이 풍부하다.
- 용신 또는 일지가 편관이면 배우자의 성격이 까다롭다.
- 관살이 12운성 목욕지나 도화와 동주하면 배우자가 외도하기 쉬우며, 사주에 비견과 식상이 많을 때도 유사하다.
- 용신이 일간이 아닌 여타와 합을 하면 배우자가 외정이 있다.
- 여성의 사주가 종관살격이면 배우자가 명문대 출신이거나 부귀한 배우자다.

5. 미혼 또는 이혼하는 여성

가. 식상이 강하여 관살을 파극하거나 관살이 없어도 식상이 강한 사주

坤命

⇧ 乙목 일간이 午월에 생하여 지지와 천간에 식상이 중중하다. 우선 乙未 일주는 백호살이니 성격이 괄괄하다. 뿌리 없는 인성 癸수가 강한 식상을 감당할 수 없으니, 운에서 관성인 金이 오더라도 식상으로부터 보호해주지 못한다. 아직 독신이다.

나. 사주에 관살이 없는 경우

坤命

⇧ 戊토 일간이 戌월에 생했다. 인성과 함께 비견이 사주를 가득 채우고 있는 종왕격이다. 관살이 없는 무관사주이고, 운에서 관살이 오더라도 종왕격에 관성은 흉신이다. 미혼으로 지내는 여인의 사주이다.

다. 관살이 일간이 아닌 다른 육친과 합을 하고 있을 경우는 합이 깨져야 결혼을 한다. 단, 합이 깨질 때 관살이 깨지면 안된다.

坤命

⇧ 庚금 일간이 未월에 생하고 월지 未토 지장간 丁乙己 중 丁화가 투간되어 정관격을 이뤘는데, 정관 丁화가 식신 壬수와 합을 하니 격이 파격됐다. 첫 결혼은 실패하고 재혼한 여인의 사주다.

라. 일지궁을 중심으로 원진살을 이룰 때

원진(怨嗔): 子未, 丑午, 寅酉, 卯申, 辰亥, 巳戌 일지 중심으로 이뤄지는 살

 坤命

⇧ 癸수 일간이 寅월에 생하고 寅목 지장간 戊丙甲 중 정기 甲목이 시간에 투출하니 상관격이다. 일간 癸수가 정관 戊토와 합하는 것을 상관 甲목이 방해하고, 일지에 酉寅 원진살까지 있으니 이혼했다. 이런 경우는 주말 부부나 월말 부부로 지낸다면 가정을 원만하게 유지할 수 있다. 원진살이란 서로를 그리워하지만 순간적인 감정을 표출하는 살(殺)로 작용하기에 그 순간만 극복하면 위기를 넘길 수 있다.

마. 자매강강(姉妹剛强) 사주란 여성의 사주에 비겁이 중중하면 군겁쟁재도 일어나지만 관살에 대한 쟁탈도 일어난다. 이런 경우 귀문관살이 함께 있으면 의부증도 심하다.

 坤命

⇧ 丁화 일간이 午월에 생하고 천간에 비겁이 쟁쟁하다. 壬수 정관 하나를 두고 자매가 다투는 형국이다. 일지에 辰亥 귀문관살 겸 원진살도 있으니, 더욱 관계가 악화되어 이혼했으나, 본인의 외도도 원인이었다.

● 일주 괴강살에 관살 공망사주일 경우, 괴강살 : 壬辰, 戊戌, 庚戌, 庚辰 신살편 참조.

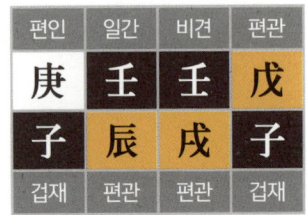

坤命

⇧ 壬수 일간이 가을 戌월에 태어났다. 戌토 지장간 중 정기 戊토가 투간되니 편관격이다. 庚금 편인을 용신하니 성격되었다. 이런 명식은 점잖고 학식이 높으며 인격이 좋은 사람들이 많은데, 이 명식의 경우 문제는 괴강살이다. 괴강살이 일주에 있을 때 가장 강하게 작용한다. 위 사주는 壬辰 일주가 괴강을 이뤘고, 壬戌 월주는 백호살이다. 또한 午未가 공망이니 천간의 己토 정관이 공망이다. 따라서 일찍이 이혼하고 70세가 넘도록 독신으로 살고 있다.

● 정관이 지지의 사지(死地)나 묘지(墓地)에만 뿌리를 두고 있는 경우엔 생리사별(生離死別)한다. 혹은 이와 같은 경우 대운에서 사지나 묘지가 들어와도 생리사별한다.
● 여성의 乙丑 일주가 지지에 여타 金의 뿌리가 없고 일지 丑토만 있는 경우는 독신이거나 이별한다.
● 재생살을 하는 사주는 대부분 이혼한다.

坤命

⇧ 乙목 일간이 亥월에 생한 여성의 명이다. 월지 亥수의 지장간 戊甲壬 중 투간된 오행이 없고, 여기 戊토와 오행이 같은 己토를 격으로 하기엔 戊토가 월지 亥수에서 12운성으로 절지이니 己토를 격으로 할 수 없다. 따라서 亥수 비견의 도움으로 월지 亥수 자체로 정인격이 되었다. 일간 乙목에게 시급한 것은 亥월의 조후다. 다행히 시간에 투출된 丙화 상관을 조후 용신하고 편관을 제살하는 사주로 성격되니 명식이 아름답다. 대기업의 여성 고위 간부로 있는 여성이다. 그러나 편관 辛금을 丙화로 제살하는 사주이면서 乙丑 일주는 정관의 묘지가 일주(부부궁)에 있으니 아직 독신으로 지낸다.

● 관살혼잡되고 혼잡이 정리되지 않으면 이혼한다. 관살혼잡은 천간에서 일어나는 현상이며 지지에서 관살이 혼잡됨은 혼잡이 아니며, 천간의 뿌리로 작용할 뿐이다.

坤命

⇧ 戊토 일간이 卯월에 태어나 실령(失令)하여 신약한 중에 사주에 관살이 강왕하고 천간에서 관살혼잡까지 되었다. 일찍부터 남자를 만나 동료들의 부러움을 샀으나 결혼생활은 실패했다.

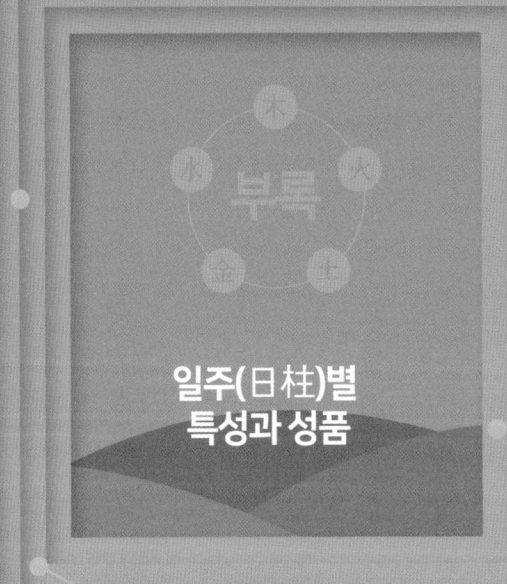

부록

**일주(日柱)별
특성과 성품**

年柱 月柱 日柱 時柱로 나뉘는 사주의 기둥 중에서 日柱에 대해서 논하고자 한다. 지금까지 사주의 중요한 핵심을 모두 관통하였으므로, 사주의 주인인 일주 중심의 특성을 살펴보고 전체를 아우르는 시각을 갖는 것이 필요하다.

일주가 차지하는 비중이 큰 이유는 일간을 기준으로 육친이 결정되고, 그 사람의 특성을 대표하는 궁(宮)이 되기 때문이다. 일주는 일간과 일지로 구성되었기에 일간의 특성을 살필 때는 일지와 연관하여 살펴야 한다. 많은 명리학자들이 일주론을 특별히 다루는 까닭은 일주가 사주의 중심이기 때문이다. 60갑자 중 하나가 일주가 되므로 오행별로 구분하여 살펴보는 것이 용이할 것이다. 우선 甲목 일간이 짝을 이루는 지지는 子, 寅, 辰, 午, 申, 戌 6개의 지지 중 하나가 조합된다. 무엇보다도 일간의 특성은 일지에 의해서 많은 영향을 받는다는 사실에 주목해야 한다.

1. 甲木

甲목의 대표적인 특징은 인자함과 리더십이다. 甲목이 일지(日支)에서 만나는 오행에 따라 그 성품과 성향이 어떻게 변화하는지 살펴보자. 甲목이 일지에서 짝을 이루는 지지는 子, 寅, 辰, 午, 申, 戌이다.

甲子 일주 甲목은 물질보다는 정신적인 것을 추구하는 성향이 강한데, 일지가 子수 정인이니 물질이 아닌 사회적 명예나 체면을 더욱 중시한다. 子수의 특성은 순수함이다. 일체의 혼잡됨이 없는 증류수와 같은 성향이 있다. 따라서 甲子 일주는 그 성품이 순수하고, 올곧음이 있으며, 공과 사가 분명하다. 무엇을 추구하든 근원을 알고자 하는데, 전문적인 기술이나 학문을 깊이 파고 들어 어느 분야든 전문성을 갖게 된다. 또한 지지의 정인으로 인해 자신감과 자존심이 강하고, 인정이 많아 대인관계를 원만하게 하려는 성품을 갖고 있다. 사주 중에 金이 있다면 편살이 작용하여 훌륭한 공직자가 되고, 火가 있다면 子수 정인으로 연구한 학문을 널리 유용하게 사용하여, 각 조직의 리더 역할을 할 수 있다.

식신	일간	상관	정인
丙	甲	丁	癸
寅	子	巳	卯
비견	정인	식신	겁재

坤命

甲子 일주의 여성의 명이다. 甲子 일주 子수 정인으로 이룬 학문으로 전문성을 가졌고, 천간의 丙

화 식신을 통해서 사회에 널리 쓰이는 사주 명식이다. 육친에서 인성이 Input의 역할이라면 식상은 Output 역할을 한다. 인성으로 배운 학문을 식상으로 세상에 내보내는 통관구조다. 국내 명문대를 졸업하고, 미국에서 박사학위를 취득하였고, 대기업에 입사하여 당시 보수적인 남자들의 편견과 부당한 처우를 돌파하고 현재 글로벌 기업의 글로벌 대표 지위에 있는 여성의 사주다.

甲寅 일주

甲목이 일지에 寅木을 두었다는 것은 이미 그 기세가 당당함을 말한다. 12운성으로 건록 위에 앉았으니 스스로 위엄이 있다. 중력을 거스르는 木의 기운이 천간과 지지로 임하니 배짱이 두둑하고, 난관을 뚫고 나가는 추진력이 강하다. 두뇌가 명석하여 판단력이 빠르며 리더로서 역할을 자처하고, 자기 주장과 고집이 강해서 주변과 마찰을 피할 수 없다. 사주에 火가 있다면 예술가, 문학가, 학자, 등 다양한 직업에서 두각을 나타내며, 거기에 火와 土가 함께 있다면 火의 활동이 재물로 쌓인다. 金이 있다면 공직자나 직장에서 인정을 받는 인물이 된다. 甲寅 일주처럼 천간과 지지에 같은 오행이 동주(同柱)하면 간여지동(干如支同)이라 하는데, 간여지동 일주의 공통점은 자존심과 자기 주장, 욕심, 추진력, 돌파력으로 대표된다.

편재	일간	편재	식신
戊	甲	戊	丙
辰	寅	戌	辰
편재	비견	편재	편재

乾命

甲寅 일주 남성의 명. 일주를 제외하고는 대부분 土로 이뤄졌다. 甲寅 일주의 특성상 판단력이 성급하게 빨라서 호텔의 요리사 직을 박차고 나와서 자기 사업을 시작했다. 자기 고집은 있으나 그의 솜씨를 인정하는 손님이 없다. 왜일까? 甲寅 일주가 간여지동으로 강해도 천지를 덮고 있는 재성을 다루지 못한다. 운로(運路)에서 木기운을 만난다면 일시적으로 성과를 얻을 수 있을 것이다.

甲辰 일주

甲목이 辰土 재성(財星) 위에 있는 형이다. 辰土는 寅卯辰의 목왕지절에 해당한다. 辰의 지장간 乙癸戊에 癸수 인성과 양인(乙)이 있어 그 기세가 당당하다. 또한 辰土는 습기를 머금은 陽土이므로 甲목의 뿌리로서 최고의 땅이다. 따라서 자존심이 강하고 외향적이며, 명예욕도 있어서 비겁을 거듭 만나면 남을 무시하고 오만한 태도를 보인다. 그러나 金이 사주에 있거나 火 오행이 갖춰지면 진취적이며 책임을 완수하는 긍정적인 측면이 발휘되는 인물이 된다. 甲辰은 백호살이니 그의 강한 성품도 반드시 살펴야 한다.

坤命

甲辰 일주 여성의 명이다. 재성이 많은 중에 신약하다. 다행인 것은 甲일간이 辰토에 뿌리를 내리고 시간의 壬수 인성이 보좌하고 있다. 월지 戌토 지장간 중 정기 戊토를 편재격으로 하고, 연간 辛금 정관을 용신하여 성격되었다. 정관이 용신이니 남편이 사회적 성공을 거뒀고 자신은 전업주부이면서 자기 계발과 진보적 사회활동을 꾸준히 하고 있는 진취적인 여성이다. 편재격에 인성을 가져 큰 부자일 듯하지만, 일간이 신약하여 부를 이루지는 못했다.

甲午 일주 甲목이 午화 상관 위에 있다. 형상만으로도 이미 자기를 불살라 표현하려는 의지가 강하다. 무형의 어떤 것이라도 火를 통해서 표현하고 결과를 얻으려는 노력을 한다. 가만히 앉아 있는 성격과는 거리가 멀어서 무슨 일이든 시작하거나 저지르고 본다. 머리가 총명하니 창의적이며 상상력이 풍부하고 예술, 문학, 교육 계통에서 결실을 얻기도 하지만, 시작은 있고 끝이 없는 빛좋은 개살구가 되기도 하는데, 사주에 水 또는 土가 있다면 그 노력들이 결실로 이어질 것이다.

乾命

甲午 일주 남성의 명이다. 언론사에서 오래 근무했고, 지금은 한국의 성(城)을 연구하는 학자이면서 강사로 활동 중이다. 甲午 일주의 부지런함과 사주의 火식상의 화려한 언변 탓에 전국에 그의 목소리가 낭랑하게 울려퍼진다. 불길로 휩싸인 사주를 천간 癸수(조후용신)로 다스리니 하는 일에 성과를 거두며 사주가 더욱 아름다워졌다. 여성의 甲午 일주는 午화가 상관이 되므로 남편궁인 일지에 관을 극하는 상관이 앉아 있으니 남편 복이 불리하고, 남성은 직장운이 불리하다.

 甲申 일주 甲목이 편관인 申금 위에 있다. 申금의 성질은 단호함, 의리, 차가움 등을 품고 있고, 甲목의 편관으로서 권위, 폭력, 카리스마, 위압감, 품위 등을 나타내기 때문에 주변의 오행에 따라서 많은 영향을 받는다. 甲목은 申금 편

관을 안고 있음으로 해서 주눅이 든 상태이지만, 사주에 水가 있으면 편관이 水를 생하느라 그 폭력성이 순화되니 인격이 고매해진다. 또는 火가 있어서 편관을 제살하면 카리스마와 품위가 있는 성품으로 변한다. 그러나 둘 다 없거나, 土生金하는 형식이 되면 병(病)과 스트레스에 시달리거나 사고를 당할 수 있다.

겁재	일간	편인	편인
乙	甲	壬	壬
丑	申	子	寅
정재	편관	정인	비견

乾命

甲申 일주 남성의 명이다. 일지의 申금 편관이 월지 子수와 삼합하여 편관의 성질을 잃었다. 이런 경우는 金의 성질을 버리고 水로 화(化)했으니 편관으로 취급하지 않는다. 壬수 편인격에 겁재를 용신하는 사주로 머리가 총명하며, 판단력이 빠르고, 임기응변도 뛰어나다. 민주당 우상호 의원의 사주로 알려진 명이다. 火土 대운에 발달하는 사주이며, 子월생이니 조후(調候)가 시급한 사주로 火 조후용신이 들어오는 대운에 대발한다.

甲戌 일주

甲목이 건조하고 한(寒)한 가을 기운의 戌토 위에 앉았다. 甲목이 착근하기엔 불편한 土가 분명하다. 무너질 것 같은 벼랑의 형상이라서 임기응변에 강하고 판단력도 빠르지만, 보수적인 성품도 강하다. 戌토는 가을날에 추수를 마무리하고 저장을 하는 성향을 가졌기 때문인데, 변화보다는 지키려는 성향이 강하고, 보수적인 자기 의견을 분명하게 표현하는 인물이다.

편인	일간	겁재	정인
壬	甲	乙	癸
申	戌	丑	丑
편관	편재	정재	정재

乾命

甲戌 일간 남성의 명이다. 甲목 일간이 지지에 뿌리가 없고 엄동설한 丑월에 생했는데, 사주에 온기 한 점 없이 냉랭하다. 정인격에 공부를 잘해서 좋은 직장을 얻었으나 승진을 못하고 있다. 참으로 안타까운 명이다. 다행히 甲戌의 보수성을 무기로 직장에서 버티고 있다. 그의 보수적인 성격이 아니었다면 진즉 직장을 잃었을 것이다.

2. 乙木

乙목은 세밀하며 부드러운 성품의 소유자다. 상황 판단이 빠르며, 강인한 생명력으로 현실의 난관을 극복하는 힘이 있다. 乙목과 지지에서 짝을 이루는 지지는 丑, 卯, 巳, 未, 酉, 亥가 된다.

乙丑 일주 생명력이 강한 乙목이 丑토 위에 있다. 乙목은 온순하고 부드러워 보이지만 의외로 자기 입장이 명확하고 논리적이다. 그 논리성과 온화함으로 설득을 잘 하고, 사람들로부터 인정을 받으며 조용하지만 흑백이 분명하다. 흑백이 분명한 덕에 사람을 가려서 사귀는 단점이 있다. 丑토는 乙목이 뿌리를 내리기 힘든 동토(冬土)다. 그럼에도 그곳에서 생존하는 생명력은 포기하지 않는 성품을 만들었다.

식신	일간	정관	정관
丁	乙	庚	庚
亥	丑	辰	子
정인	편재	정재	편인

乾命

乙丑 일주 남성의 명이다. 乙목 일간이 辰월에 생하니 목왕지절을 맞았다. 일간이 신약한 듯하나 목왕지절에 생하고 지지가 모두 亥子丑 방합과 삼합하여 水로 화(化)하니 강하다. 乙목이 丑토에서 강인하게 버티는 형국으로 어려운 어린 시절을 지냈으나, 목화통명의 사주로 총명하고 庚금 정관을 용신으로 하니 모 언론사 임원으로 재직했다.

乙卯 일주 乙목이 본인과 쌍둥이 같은 卯 위에 있다. 卯가 寅과 다른 점은 卯는 완전한 木으로서 완성이 됐다는 것이다. 寅목은 水氣로 콩나물처럼 길러낸 연약한 나무라면 卯목은 자기 뿌리와 잎으로 木의 형태를 완벽하게 갖춘 것이니 강하다. 따라서 乙卯 일주는 두려움이 없이 현실을 장악하며, 일방적이고 강한 자기 고집이 있다. 부드러운 외모지만 쉽게 설득되지 않으며 주체성이 강하다. 사주에 火가 있으면 대단한 능력자이고, 金이 있으면 조직에서 인정받는 인물이다. 그러나 상관견관이 되는 명식이면 법과 규칙을 가벼이 여겨 불법적인 것을 두려워하지 않는 인물이 된다. 남성의 사주가 乙卯처럼 간여지동 구조이고 관이 없으면 아내 복이 없다. 아내의 자리인 일지궁에 있는 비견은 재(財)를 쟁탈하는 형국이다. 모든 간여지동에 해당한다.

정재	일간	식신	겁재
戊	乙	丁	甲
寅	卯	卯	辰
겁재	비견	비견	정재

坤命

乙卯 일주 여성의 명이다. 乙卯의 당당함과 주체성이 돋보이는 여성이다. 특히 천간에 丁화가 투출되니 전형적인 목화통명을 이루어 머리가 총명하고 그 능력이 모든 면에서 뛰어나다. 현재 NGO 단체의 수장으로 당차게 일하는 여성 지도자다.

乙巳 일주

乙목이 巳화 위에 있음은 활짝 피어난 꽃에 비유한다. 이는 자기를 드러내고 감정을 표현하는 능력이 탁월하다. 한마디로 끼가 넘친다는 거다. 따라서 예술적 직업, 상관의 호승심이 발휘되는 운동 선수에게 많은 일주다. 甲午 일주와 유사하지만 乙巳 일주는 그 순환 주기가 더 빠르다. 음악을 하는가 싶으면 디자인 직업으로 바꾸거나, 조직을 자주 바꾸는 성향도 강하다. 사주에 金이 있다면 그 능력이 직장이나 조직에서 발휘되고, 水가 강하면 그 능력이 약하거나 잃을 수 있다. 水는 火가 강할 때 조후로 영향력을 발휘하는 것이 가장 좋다. 土는 乙巳 일주가 발휘하는 능력의 결과물이니 재물이 된다. 乙일간을 기준으로 巳는 상관에 해당하므로 여성의 사주라면 남편의 덕이 없음을 의미한다. 여성의 사주에 일지 宮은 남편의 자리이므로 식신, 상관이 남편을 극함을 살펴야 한다.

식신	일간	편관	식신
丁	乙	辛	丁
亥	巳	亥	亥
정인	상관	정인	정인

乾命

乙巳 일주 남성의 명이다. 乙목이 꽃을 피우는 형식이지만 지지가 온통 亥수로 가득하다. 일지 巳화가 巳亥沖으로 깨지니 천간의 丁화가 뿌리를 잃어 힘이 없다. 따라서 꽃이 피다가 시드는 형국이다. 지지 정인격에 식신 丁화의 도움으로 편관 辛금을 용신하는 사주로 카리스마와 위엄이 있으나, 한 정당에 뿌리를 내리지 못했고 그 꽃은 끝내 피지 못했다. 정치인 손학규의 사주다.

乙未 일주

乙목의 未토의 구조는 乙巳 일주와 유사하다. 未토에는 아직 열기가 뜨겁게 남아 있는 土다. 따라서 乙목이 꽃을 피우고 자기를 표현하고자 하는 열망이 강하여 엔터테이너, 예술가, 아이디어 기획자들이 많다. 그러나 未

土는 乙목의 편재이므로 財를 버리지 못하는 보수성과 수호성(守護性)이 乙목을 붙잡는 형식이다. 박학다식하나 드러내려는 욕망을 숨기고 감추는 성향도 강하다. 未토의 이중성이다. 사주에 火가 있으면 감성이 튈듯이 발현되어 모든 일에 빠른 결과를 원하고 조급해진다. 이때 水를 보면 안정적으로 火를 운영하여 흡족한 결과를 얻는 사주가 된다. 火와 金이 같이 있는 사주라면 직장생활이 길지 않다.

정관	일간	정인	정인
庚	乙	壬	壬
辰	未	寅	寅
정재	편재	겁재	겁재

乾命

乙未 일주 남성의 명이다. 아이디어맨, 엔터테이너, 박학다식을 표현하는 일주다. 인성인 水가 강하여 학식이 높고, 일간이 정관 庚금과 합을 하니 권력도 원한다. 이제는 정치인이 된 안철수의 사주다. 정치와 학문 어느 것을 선택해도 두각을 나타낸다. 그러나 정관과 정인을 용신하니 파격적이지 못하고 바른생활 어린이 모습이다.

乙酉 일주

乙목이 까칠한 酉금 위에 있다. 酉금은 깔끔, 단정, 단호, 냉정함을 품고 있다. 乙목에게는 편관인 酉금은 乙목의 부드러운 심성을 날카롭게 베어낼 수 있다. 그래서 긴장감과 경계심을 갖게 되는 심성은 다른 사람이 쉽게 접근하지 못하는 까칠함과 도도함으로 나타난다. 그래서 스스로 외롭고 자기 기준에 맞춰 세상을 보고 판단하려고 하며 우월감에 빠지기 쉽다. 외모가 단정하고, 감각도 풍부하며, 카리스마도 넘친다. 酉금 옆에 巳화가 있다면, 그의 조직에서 빛을 발하고, 지지의 午화는 그의 능력을 저하시킨다. 巳화는 酉금과 巳酉합하여 金으로 강해지는 관성의 덕을 보는 것이며, 午화는 酉금의 보석에 열을 가하는 것이니 酉금의 귀함이 깨지는 것이다.

정인	일간	편인	정인
壬	乙	癸	壬
午	酉	丑	午
식신	편관	편재	식신

坤命

乙酉 일주 여성의 명이다. 세상을 자기가 상상한 대로 만들고 재단한다. 자기 세계를 글 속에서 실현하므로 만족한다. 뛰어난 감각으로 성공한 작가다. 그러나 酉금 옆에 午화가 있어 보석에 흠집

이 생기는 것이니 성격이 예민하고, 남자의 덕이 여의치 못하다.

乙亥 일주 亥수는 12지지 중 마지막 순서의 오행이다. 모든 것이 끝나는 곳이며, 동시에 시작하는 곳이다. 子수가 깨끗한 빗방울이라면 빗방울이 땅에 떨어지는 순간 흙과 여타의 것들과 합쳐진 물이 亥수다. 亥수가 지향하는 것은 木을 통해서 꽃(火)을 피우는 것이니 목표가 분명하다. 계획을 세우면 철저히 실행하는 성실함이 있다. 亥수가 품고 있는 잡동사니 같은 많은 정보와 깊은 물속과 같은 비밀을 숨기고 있다. 응큼하다. 속을 알 수 없다. 지혜롭다. 亥수는 乙목에게는 정인이니 학문적 조예가 깊고 총명하며, 배려심이 깊어서 자애로움을 갖춘 乙목으로 만든다. 사주에 火가 있다면 훌륭한 동량(棟樑)이 된다.

  乾命

乙亥 일주 남성의 명. 亥수 정인으로 쌓은 자신의 학문을 丁화 식신으로 발산한다. 정보를 선별하고 생산하는 기자로 종사하고 있다. 그야말로 잡동사니 같은 정보들을 여과시켜서 기사로 만드는 것이 직업이다. 식신이 강하여 남에 대한 배려심이 있고, 일간 또한 강하니 배짱도 있는 명이다.

3. 丙火

丙화는 태양이다. 스스로 독보적인 존재이길 바란다. 성품이 밝고, 화통하며, 두뇌가 총명하고 판단력이 빠르다. 丙화 일간과 짝을 이루는 지지는 子, 寅, 辰, 午, 申, 戌이다.

丙子 일주 子수의 특성은 순수함이다. 동시에 丙화의 정관이니 그의 성품은 바르고 담백하며, 명예를 중시하나 고지식하여 타협함이 없다. 사주에 또다시 관성이 중첩되면 심약해지고 병마에 시달리며 여자의 경우는 외정이 있다. 그러나 寅,巳,午,未월 태어나고 천간에 癸수 정관이 투출되면 높은 관직에 오르고, 재성이 보좌하면 더욱 뛰어나다. 사업가로서 자질은 절대로 부족하다.

丙子 일주 여성의 명이다. 독보적인 존재이길 바라는 丙화 일간에 시간의 丙화가 쌍존하여 그 마음이 일정치 않다. 지지는 申子합과 巳酉로 합을 하여 사실상 모두 합으로 이뤄지니 실제 외정이 많고, 결혼을 했으나 주변에 남성이 끊이질 않는다. 子酉 귀문관살과 관성이 강한 탓에 잔병치레와 정신과적인 병에 시달리고 있다.

丙寅 일주 丙寅 일주는 성격이 명랑하고 쾌활하며, 낙천적이고 충동적이며 다혈질이지만 뒤끝이 없다. 丙화의 특성을 그대로 살려주는 일지 寅목의 영향이 크다. 12운성으로 丙화의 장생지가 되는 寅목은 강한 丙화를 더욱 더 강하게 추동한다. 자기 중심적인 생각을 버리지 못하고 주변 사람을 무시하는 경향이 강하다. 丙화의 편인이 되는 寅목은 丙화를 인성으로 다스려 총명한 머리로 학문을 하도록 끌어주고 인내심을 만들어준다.

丙寅 일주 남성의 명이다. 스스로 밝고 명랑한 丙화가 일지 寅목 위에 있다. 명석한 두뇌와 丙화답지 않은 인내심을 갖춘 명이나. 인성으로 다스려진 丙화는 총명함에 인내심까지 있어 훌륭한 의사가 되었다. 천간에 관성이 혼잡되었으나 월지 상관에서 격을 잡으니 편관의 흉함이 약하다. 그러나 대학병원의 교수직을 받지 못하고 동네의 명의(名醫)로 살고 있다.

丙辰 일주 丙辰 일주의 辰은 목왕지절을 마무리하는 환절기의 土다. 辰의 지장간 乙癸戊는 丙화 일간의 乙목 정인과 癸수 정관 그리고 戊토 식신을 모두 소유했다. 일지의 辰은 학문과 관직을 통해서 丙화의 꿈이 실현되도록 안내하는 유도등과 같다. 丙화로서는 최고의 일지를 만난 것이다. 따라서 성품이 겸손하고, 학문에 깊이가 있으며, 그것을 표현하는 필력과 언변이 뛰어나다.

편재	일간	정재	정재
庚	丙	辛	辛
寅	辰	丑	卯
편인	식신	상관	정인

乾命

정관	편인	정인	비견	겁재	식신	상관	편재
癸	甲	乙	丙	丁	戊	己	庚
巳	午	未	申	酉	戌	亥	子
비견	겁재	상관	편재	정재	식신	편관	정관

大運

丙火 일간이 정재격에 신약하니 인수 비겁운에 대발하는 명이다. 재격과 관성격은 일간이 신강함이 중요하다. 丙辰 일주의 대운이 30대부터 60대까지 火木운으로 흐르니 주인공에게 완벽한 환경이 주어지면서 47세에 국회에 진출하였다. 앞서 예를 들었던 사주명식이며 현재 甲午 대운을 맞고 있는 사주의 주인공은 동아일보 기자를 지내고, 전남도지사, 국무총리를 역임한 국회의원 이낙연의 사주명식이다. 甲辰 일주의 특성대로 성품이 겸손하고 자기 표현력이 좋다.

丙午 일주 丙화 일간이 12운성으로 午화 제왕지에 앉아 있다. 丙 양화(陽火)가 일주에서 간여지동하니 양인(羊刃)이라고 하며, 성품이 과격하고 폭발적이며, 목소리가 크고 자신을 나타내려는 성향이 강해서 어디에 있어도 티가 난다. 간여지동(干如支同) 중에서 일주가 양인으로 형성되는 丙午, 戊午, 壬子 등은 그 성품이 유사하다. 그 중 丙午 일주는 명랑하며 화통한 성격에 뒤끝이 없는 탓에 자기 것을 챙기지 못한다. 챙기는 것이 있다면 자존심을 챙겨서 온다.

비견	일간	정관	정재
丙	丙	癸	辛
申	午	巳	丑
편재	겁재	비견	상관

乾命

丙午 일주 남성의 명이다. 간여지동의 양인 일주에 辛금이 투출되어 정재격을 이뤘다. 뜨거운 사주에 癸수가 조후용신을 하니 완벽한 성격을 이뤘으나, 천간에 丙, 丙 태양이 두 개이니 마음도 두 개다. 명석한 두뇌이나 직장을 전전하여 결실을 얻지 못했다.

丙申 일주 丙화의 직관력과 申금의 순발력이 만났다. 사물을 관찰하고 표현하는 능력이 뛰어나고 申금의 영향으로 깔끔한 일처리와 임무를 완성하려는 의지가

강하다. 집념이 강해서 끝장을 보는 성격이다. 화려한 丙화 일간이지만 申금의 외로움과 사색의 성향이 있다.

정관	일간	정인	정관
癸	丙	乙	癸
巳	申	卯	丑
비견	편재	정인	상관

乾命

정재	편관	정관	편인
辛	壬	癸	甲
亥	子	丑	寅
편관	정관	상관	편인

大運

丙申 일주 남성의 명이다. 중학교 미술 교과서에서 배웠던 네덜란드의 화가 빈센트 반 고흐의 명이다. 정인격에 정관을 용신하니, 바르고 올곧은 성품의 주인공이 그림을 그린 것은 丙申 일주의 영향일 것이다. 직관으로 세상을 보고 표현하려는 의지가 그림으로 승화된 것이 아닐까? 그러나 그는 37세로 짧은 생을 마감했다.

원국의 卯申 귀문관살로 정신적 혼란이 있을 수 있고, 대운의 흐름이 유년기를 빼고는 모두 불리하다. 특히 壬子 대운에 이르러 관살이 혼잡된 고통의 나날을 보내다가 子대운에 子卯 형살을 만나면서 자살을 선택한다. 사주의 원국은 나무랄 데가 없으나 흉운의 흐름이 원인이었을 것이다. 사후에 그의 그림은 수천만 달러에 거래되고 있으나, 생전에는 딱 한 점의 그림만 팔았다고 하니, 경제적으로도 어려웠던 것 같다.

丙화가 戌토 식신 위에 있다. 식신은 인정이 넘치고 감성이 풍부하니 불우한 이웃을 그냥 지나치지 못한다. 권위에 반항적이고 성식함을 추구하며 화려한 것처럼 보이지만, 내심은 고독하여 외로움과 우울감에 시달리기도 한다. 戌토는 12운성으로 丙화의 묘지(墓支)에 해당하니 스스로 침잠하고 고요한 내심이 있기 때문이다.

편인	일간	정관	편재
甲	丙	癸	庚
午	戌	未	辰
겁재	식신	상관	식신

乾命

 大運

丙戌 일주 남성의 명이다. 아직 20대의 어린 나이지만 생각이 많다. 일지가 식신이고 지지의 식상이 강하다. 권위적인 것을 싫어하는 丙戌의 특성과 편인격에 酉금 재운을 맞고 있으니 혼란스럽다. 재성은 학업과는 거리가 먼 곳에서 생각이 머무는 것이니 그에게는 가장 힘든 시기다. 정직함과 올곧은 성격에 재성의 유혹은 고통이다.

●丁火

丁火 일간의 사람은 미남미녀가 많다. 예의 바르고 명랑하며, 총명하다. 사치심과 허영심만 없다면 완벽한 오행이다. 丁火 일간에는 丑, 卯, 巳, 未, 酉, 亥의 지지가 짝을 이룬다.

丁丑 일주 丁화는 물상으로 달빛이나 작은 모닥불, 촛불로 형상하기도 한다. 丑토는 동토(冬土)로 표현되는 땅이며, 사실상 水기운의 土이다. 따라서 丁화가 감당하기엔 버거운 일지다. 온순한 성격의 丁화가 火를 보면 丁화의 장점이 잘 나타나지만 다시 水를 보면 힘든 삶을 살아간다. 이런 이유로 어려움을 돌파하는 능력이 뛰어나고 인내심이 강하다.

 乾命 大運

丁丑 일주 남성의 명이다. 丑일지 동토에 앉아 있는 丁화가 엄동설한 亥월에 生했다. 다행히 천간에 비견 丁화가 투출되고 寅목에 뿌리를 두었다. 亥월에서 壬수가 투간되니 정관격이다. 辛금 편

재를 용신하니 성격되었고 壬수 정관과 일간이 합을 하니 좋은 직장을 얻었다. 그러나 용신 정재가 약하고 戊申 대운에 이르면 戊토가 壬수 정관을 파극하니 직장을 옮기거나 직장을 그만두고 사업을 할 것이 분명하다.

 丁화가 편인 卯목에 앉았다. 火를 열과 빛으로 나눈다면 丁화는 뜨거운 열을 나타내는 火다. 그러나 丁화가 빛으로 작용할 때는 가시광선이 아니다. 눈에 보이지 않는 빛이다. 엑스선, 감마선 등을 들 수 있는데, 보이지 않는 것을 보이게 하는 것을 의미한다. 즉 丁화는 영적인 능력, 감각적 기획력, 기상천외한 상상력을 발휘하기도 한다. 그런 丁화가 편인의 卯목 위에 있다는 것은 편인의 기획력과 합쳐져서 더욱 뛰어난 아이디어 뱅크가 된다는 말이다. 천재라고도 할 수 있으나 직관성이 뛰어난 것이다.

丁卯 일주 여성의 명이다. 월지 辰토 상관에서 乙목이 투간되니 편인격이다. 패션, 디자인, 부동산 등 닥치는 대로 일을 성사시키는 여성이다. 물건을 생산하지는 않지만 모든 상품은 주인공의 머리에서 출발한다. 丁화의 총명함과 편인의 꾀가 합쳐진 효과다.

丁巳 일주 간여지동의 일주다. 이 특성은 독단, 자기 위주, 자기 주장, 정복욕, 독립성, 돌파력, 거기에 火로 이뤄진 간여지동이니 총명함, 명랑함, 사교성이 있고 화끈하고 뒤끝 없는 성격이다.

정관	일간	겁재	정인	
壬	丁	丙	甲	乾命
寅	巳	子	戌	
정인	겁재	편관	상관	

丁巳 일주 남성의 명이다. 丁巳 일주가 편관 子월에 생하여 壬수가 투출되니 정관격이다. 정관격이지만 뿌리는 편관이다. 그의 내심은 편관에 있음으로 편관격에 가깝다. 높은 관직에 올랐으나, 자기 위주의 성격과 독단, 정복욕 등이 화(禍)가 되어 동료에게 피살당했다. 고 박정희 대통령의 경

호실장 차지철의 명으로 알려졌다. 1979년 己未년에 정관 壬수가 파극되는 해였다.

> ※ **일러두기**: 사주의 사례들은 언제나 좋은 사주만을 예로 하지 않는다. 예시된 일주의 특성을 나타내기에 유리한 명식을 소개하는 것이니, 모든 사주로 확대해석하는 것은 절대 금물이다. 그리고 좋은 명식도 운에서 크게 패할 수 있으니 사주의 명식만 봐서도 안된다는 것을 다시 강조한다.

丁未 일주

未토는 계절로 비유하면 아직 뜨거운 열기를 담고 있는 여름의 끝자락이다. 복사열의 열기는 마치 불처럼 들떠 있으며, 안정적인 상태가 아니다. 丁화의 뿌리가 되는 未토로 인해 丁화의 차분함이 흔들려 가끔 엉뚱한 행동을 하기도 한다. 그것은 未토 식신이 아닌 엉뚱한 상관적 기질이 나타날 수 있다는 것이다. 예의 바르고 진지하며 고지식한 丁화가 엉뚱한 짓을 할 때는 未토의 영향이다.

편인	일간	상관	상관
乙	丁	戊	戊
巳	未	午	申
겁재	식신	비견	정재

乾命

丁未 일주 남성의 명이다. 丁화 일간이 午월에 생하고 未토에 앉아 있다. 사주 전체가 열기로 가득하다. 지지에 巳午未 방국을 이루고 한점 수기(水氣)가 없다. 천간 戊토 상관으로 설기시키는 상관격을 이루고 독재적 권위를 절대로 인정하지 못하는 상관적 기질로 학생 운동권의 핵심 인사로 활동했던 어느 정치인의 사주다. 水기 대운을 맞는 시기에 조후용신을 갖추면 크게 발달할 사주다.

丁酉 일주

丁화 조명 아래 보석 같은 일주다. 酉금은 천간의 辛금처럼 보석으로 형상화한다. 따라서 강한 자존감, 세련된 외모에 품위가 있으며 깔끔하다는 느낌이 丁酉 일주의 특성이다. 酉금은 丁화에게 천을귀인이 되는데, 일지에 천을귀인을 두고 있는 명식을 일귀격(日貴格)이라 하여 귀격의 명으로 구분하기도 한다. 일귀격이더라도 일귀의 귀함을 취하고 사주 간명은 격과 용신의 행방이 기준이다.

편관	일간	정재	비견
癸	丁	庚	丁
卯	酉	戌	卯
편인	편재	상관	편인

坤命

丁酉 일주 여성의 명이다. 밝은 성품에 외모가 언제나 단정하다. 상관 戊토에서 辛금과 오행이 같은 庚금이 투간되어 재격을 이뤘으나, 시간의 편관 칠살을 제어할 오행이 없다. 또한 귀중한 천을귀인인 酉금이 지지 卯목과 충하고 있다. 다행인 것은 편관 丁화가 지지에 뿌리가 없으니 정관 같은 역할을 한다. 비견은 편관을 견뎌내는 버팀목이다. 편관 용신으로 현재 대기업의 중간 간부로 활동하고 있다.

丁亥 일주

丁亥 일주도 丁酉 일주와 같이 천을귀인을 일지에 두고 있다. 뿐만 아니라 亥수는 丁화의 정관이니 성품이 바르고 인자하다. 亥 중 지장간에는 戊甲壬이 있어서 일간의 정인과 정관으로 작동하고 있으니 고위 공직자로 성공하고, 식상과 재성이 발달하면 사업가로, 인성이 강하면 학자로 성공한다. 또한 亥의 지장간 壬수가 일간과 丁壬암합을 하니 부부금실이 좋다. 丁亥 일주는 이런 이유로 일찍 결혼하거나, 혼전임신, 연애의 달인이란 별칭도 붙는다.

편재	일간	정인	편관
辛	丁	甲	癸
亥	亥	子	酉
정관	정관	편관	편재

坤命

丁亥 일주 여성의 명이다. 월지 子수 지장간에서 癸수가 투간되니 편관격이다. 甲목 정인을 용신하니 살인상생의 사주로 성격되었다. 丁亥 일주의 바른 성품과 착한 이미지에 격까지 인품을 갖추니 명식이 참으로 아름답다. 亥수의 역마가 강하니 외국으로 진출하여 그 나라의 국립학교 교사를 하고 있는 젊은 여인의 명이다.

● 戊土

戊토는 인정이 많고 점잖으며, 성실하며 후덕하고 정중하다. 戊토의 형상은 큰 산과 같고 넓은 평야를 나타낸다. 일간 戊토와 짝을 이루는 지지는 子, 寅, 辰, 午, 申, 戌이다.

戊子 일주

戊토가 일지 子수 정재에 앉아 있다. 子수의 體는 陽이지만 쓰임은 陰이다. 따라서 戊토라는 큰 산에 子수는 옹달샘 같다. 戊토와 子수 지장간 癸수가 명암합하니 부부지정은 좋으나, 戊토가 넘치는 욕정을 풀지 못하니 戊子 일주를 가진 남녀 모두에게는 외정이 생길 수 있다. 성품은 인자하고 점잖으며,

子수 정재의 영향으로 치밀하며, 섬세하다. 큰 사업보다는 자영업이나 직장인이 어울리는 일주다.

坤命

戊子 일주 여성의 명이다. 일주를 논하기 전에 사주원국이 답답하다. 子卯 형살에, 子未 원진살, 子酉 귀문관살까지 겹쳐 있으니 길명으로 논하기 힘들다. 지지에서 卯酉沖으로 정관이 깨지니 무능한 남편을 데리고 살고 있다.

戊寅 일주

戊寅 일주의 형상은 큰 산에 심어진 나무의 象이다. 戊토는 건조한 땅이기에 사주에 반드시 水기가 있어야 완성되는 일주다. 戊토는 큰 산이지만 寅목의 칠살에 앉아 있으니 두렵다. 위엄은 있으나 사실상 겁이 많고, 소극적인 면이 있다. 戊토가 바라는 오행은 水이기 때문에 재물에 집착하고 재성을 탐하니, 남자는 여난이 생길 수 있고 공무원인 경우는 뇌물과 외정에 특히 더 주의해야 한다. 戊寅 일주는 천간에 甲목 편관이 투출되면 반드시 火나 金기가 있어야 사주가 평안하다.

乾命

戊寅 일주 남성의 명이다. 戊토의 형상처럼 몸집이 소처럼 크다. 사주 전체가 금기(金氣)로 이루어져서 甲목 편관이 설 자리가 없는 바위산이다. 지지에서는 편관이 寅申충으로 깨지고 천간은 식신상관이 뿌리를 잃은 甲목 편관을 극하니, 들어가는 직장마다 두 달을 채우지 못하고 뛰쳐나와 50살이 넘도록 직장이 없고, 결혼도 못했다. 한 점 水기가 없는 戊寅 일주의 명이다.

戊辰 일주

戊토의 건조함에 습기 가득한 辰토가 만났다. 土가 간여지동이니 산이 중첩되어 깊은 산중으로도 형상하는데, 그 품성은 언제나 조용하다. 戊토는 辰 중 癸수와 합하니 부부의 정이 깊고, 정직하고 원칙을 중시하고 안정적인 것을 추구하나 답답한 경향도 있다. 여자 사주의 戊辰 일주는 부부생활에 흥미가 없다. 무뚝뚝한 남편보다는 명랑한 남자를 그리워하는 象이다. 남녀 모두 재물에 욕심이 강하나 사업을 하는 것은 불리하다. 오히려 직장생활이 잘 어울린다. 점잖고 조용한 성품이지만 화가 나면 격노한다. 戊辰 백호살이다.

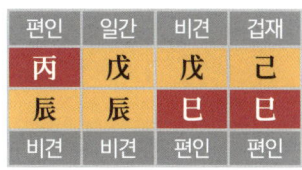 乾命

戊辰 일주 남성의 명이다. 월지 巳에서 투간된 丙화로 편인격을 갖췄으나 사주 전체가 火土이니 종강격으로 판별하는 것도 틀리지 않다. 이 사주의 주인공은 성품이 조용하고 자기 표현이 없으니, 진중하고 점잖지만 응큼한 곰이다. 남에게 감정 표현을 억누르니 속병이 생기는 타입인데다가, 사주가 火土로 이뤄지니 장(腸)과 위장병에 시달리고 있다. 金운과 木운엔 그 병이 호전될 것이다. 木운에 격과 상충되어 위험할 듯하나, 木은 火를 통해 土를 생하는 통관작용으로 무사할 것이다.

戊午 일주

戊午 일주는 화토동법(火土同法)에 의해 양인(羊刃)에 해당한다. 戊午는 午화가 육친으로 정인이어서 丙午 양인처럼 치열하진 않으나 양인의 성품을 나타낸다. 따라서 戊午 일주는 간여지동의 일주와 동일하게 무게감이 있고 냉정하며, 자기 주장이 강하고, 완고하여 유아독존이다. 특히 戊午 일주는 午화가 인성으로 작동하니 남자의 경우 마마보이가 많고, 아니더라도 아내가 시댁의 문제로 고생한다. 또한 午화는 도화이니 연예인이 아니면 여난을 피하기 힘들다. 그러나 사주에 木기운이 강하거나 金氣로 설기하면 좋은 명식이 된다.

 乾命

戊午 일주 남성의 명이다. 월지 丑토에서 癸수가 투출되니 정재격을 이뤘다. 재격과 관성격은 일간의 신강함을 요함으로 戊午 양인일주는 정재를 충분히 감당하여 자기의 것으로 만든다. 癸수 정재가 일간 戊토와 합을 하고, 살인상생하여 甲목 편관을 순화하니 그 직위가 총무처 장관까지 올랐다.

戊申 일주	戊토가 식신 申금 위에 있다. 戊토의 재능이 申금으로 발현되는 형국이다. 겉으로는 우둔한 것 같지만 머리 좋은 곰이다. 인정이 넘치고 예술적 재능이 있고, 논리적이며 앞뒤를 분명히 따져 결론을 내린다. 여성의 경우 식신이 일지에 있으니 관성 木기운이 들어오기 힘들어 남자가 접근하기 힘들다. 고서에서는 고란살(孤鸞殺)이라 하여 독수공방을 염려했다. 사주에 水가 있다면 관성인 木을 받아 들일수 있고 재물도 풍부하다.

겁재	일간	상관	정재
己	戊	辛	癸
未	申	酉	亥
겁재	식신	상관	편재

乾命

戊申 일주 남성의 명이다. 월지 酉금에서 辛금이 투출되어 상관격에 癸수 정재를 용신한 명식이다. 총명한 머리로 관직에 나가고, 승진하여 크게 성공하였으나 乙목 정관 대운에 파직당했다. 사주에 金기가 강하고 천간의 辛금 상관이 상관견관(傷官見官)한 탓이다. 이렇듯 정관이 원국 사주에 없더라도 운에서 들어와 깨져도 파격이 됨을 보여주는 사례다.

戊戌 일주	戊토가 가을의 戌토를 만났다. 戌토는 석양의 쓸쓸함이고 戊토의 큰 산에, 다시 戌토 큰 산이 겹치니 첩첩산중이다. 언제나 속세를 떠나고 싶은 심정이 상존하니 종교, 철학, 도인에 가까운 사람이다. 土의 기질처럼 과묵하고 포용력이 있으며, 남의 일은 자기 일처럼 하지만 정작 가정에는 소홀하다. 한없이 관대하다가도 괴강살의 흉함으로 화가 나면 무섭다. 戌토의 지장간에 丁화 인성이 입묘(入墓)되어 있으니 어머니와 인연이 박하다.

정관	일간	겁재	편재
乙	戊	己	壬
卯	戌	酉	戌
정관	비견	상관	비견

乾命

戊戌 일주 남성의 명이다. 월지 酉금 자체로 상관격을 이뤘다. 壬수 재성을 용신하려니 己토에 제극당하여 어쩔 수 없이 乙목 정관을 용신했다. 상관격이니 힘들게 乙목 정관(직장)을 유지하며 입산을 고민하던 차에 甲寅, 乙卯 대운에 관살이 강해지니 승차를 거듭하여 장관까지 올랐다. (출처, 《사주첩경》)

● 己土

己土의 특징은 안정적 성품에 포용력이 있으며, 戊土와 다르게 좋은 언변으로 설득하는 능력이 있다. 성격은 치밀하고 자기 원칙을 포기하지 않는 강단이 있으며, 己土는 지지의 丑, 卯, 巳, 未, 酉, 亥가 짝을 이룬다.

己丑 일주 土의 기능은 계절과 계절, 음과 양을 조절하며 중재하는 역할을 하니, 그의 성품도 사람들 속에서 입장은 늘 중립이다. 이런 성향이 포용력이 있다고 볼 수 있는데, 모든 고민상담을 들어주고 위로하는 사람이다. 己丑 일주는 희생적이지만 자기가 목적한 바를 쉽게 포기하지 않는다. 자기 관리가 치밀하고 일을 함에 있어서는 양보를 하지 않고 소신껏 진행한다. 간여지동의 독단과 자기 고집을 은근히 드러낸다.

상관	일간	겁재	정관
庚	己	戊	甲
午	丑	辰	辰
편인	비견	겁재	겁재

乾命

己丑 일주 남성의 명이다. 土기운이 왕하여 甲목 정관의 역할이 중요하다. 월지 辰토에서 투간된 甲목으로 정관격을 이뤘으나, 시간의 庚금 상관이 일지 丑토에 뿌리를 두고 정관을 위협하는 상이다. 己丑의 따뜻한 성품과 치밀함으로 대기업의 임원까지 지냈으나 癸酉 대운에 庚금 상관이 강해지면서 직을 파했다.

己卯 일주 己토가 편관 卯목 위에 있다. 土가 왕하면 편관의 상징인 자존심을 내세우고 독단적인 언행을 할 수도 있으나, 土기운이 약하면 강박관념이나 병약한 체질을 가질 수 있다. 겉으로는 밝고 쾌활하지만 쉽게 좌절하고 포기한다. 성품이 내성적이며 현실보다는 이상을 추구하는 경향이 짙다.

정관	일간	상관	식신
甲	己	庚	辛
子	卯	寅	丑
편재	편관	정관	비견

乾命

己卯 일주 남성의 명이다. 월지 寅목에서 천간에 甲목이 투간되어 정관격을 이뤘다. 그러나 천간

에 庚금과 辛금 식상이 강하니 격이 파격됐다. 주인공이 시작한 사업만 수십 가지에 이를 것이다. 그러나 언제나 쉽게 사업을 포기하고 끝낸다. 일간이 卯목 위에서 신약한 것과 점잖은 정관격을 가진 성품으론 거친 경쟁자들을 이길 수 없는 탓이다.

己巳 일주 己토가 정인 巳화에 앉았다. 일지에 인성이 있으면 받는 데에 익숙하고 그것을 당연히 여기는 경향이 있다. 그러나 인정도 있으며, 학문에 소질이 있고 식신과 같은 감정도 풍부하다.

乾命

己巳 일주 남성의 명이다. 월지 未土 지장간에서 乙목이 투간되어 편관격이다. 연간의 辛금이 편관 乙목을 제살하니 식신제살격으로 성격되었다. 일간도 강하고, 격도 강하고, 용신도 강한 멋진 사주 명식이다. 일지의 巳화 정인(어머니)의 사랑을 듬뿍 받고 자란 주인공은 미국 대통령을 지낸 버락 오바마의 사주 명식이다.

己未 일주 己토가 未토 위에 있는 간여지동 일주다. 일지가 간여지동이면 독단, 고집, 추진력, 사교적, 자존심이 먼저 떠올라야 한다. 그 중에서도 己未 일주는 고집센 일주로 꼽힌다. 그렇지만 심지가 굳고 믿음을 주며, 대체로 말수가 적은 편이다. 사교성이 있는 己未 일주는 마음이 맞는 사람들에게는 세심하게 배려한다. 己토의 특징이다.

정인	일간	정관	겁재
丙	己	甲	戊
寅	未	子	申
정관	비견	편재	상관

坤命

己未 일주 여성의 명이다. 여성이지만 남녀 혼성 모임에서도 리더격으로 활동한다. 특유의 사교성과 신뢰감으로 사람들을 모으고 세심하게 배려하여 감동을 준다. 그가 빠지면 그 모임은 동력을 잃는다. 지지 申子합하여 子월 자체로 편재격을 이루고 甲목 정관을 용신하니 놀기 좋아하는 편재의 영향으로 유흥도 즐기지만 바른 윤리관을 가진 여성이다.

己酉 일주

己토가 보석 酉금을 품었다. 酉금은 육친으로는 식신이니 감성이 풍부하고 성실하다. 酉금의 성질은 세밀하고 치밀하며 결단력, 단호함, 냉정함이 있다. 己酉 일주는 己토의 부드러움으로 포장되어 있으나 내면은 차가울 수 있다. 앞에 나서지는 않지만 착실하게 자기 내실을 채워 나가는데, 그것은 가을의 열매가 속살 가득 무르익는 형상이다. 酉금은 나무의 열매 같은 형상이지만 金으로서 날카로운 칼, 보석, 공예품으로 형상한다. 성격은 소극적이지만 깔끔하면서 예민한 성격의 소유자다. 여성의 己酉 일주는 남편보다 酉금 식신으로 자식을 더 우선한다. 자식을 낳으면 남편과 소원해질 수 있고 또는 남편을 자식처럼 여기는 경우도 있다.

정인	일간	편관	편재
丙	己	乙	癸
寅	酉	卯	卯
정관	식신	편관	편관

乾命

己酉 일주 남성의 명이다. 월지 卯목에서 천간에 정기 乙목이 투출되니 편관격이다. 연간의 癸수가 편관 乙목을 생하고 다시 편관이 시간 丙화를 생하니 살인상생으로 격성되었다. 편관의 왕성함이 丙화로 순화되니 인격이 고매하다. 己酉의 소극성과 나서지 않는 성격이 더욱 조용한 성품의 소유자로 만들었다. 그러나 酉금의 성품으로 자기 결단력과 단호함이 있으며, 일지 식신과 시간의 인성으로 훌륭한 기자로 활동 중이다.

己亥 일주

己토가 亥수라는 장강(長江)의 큰 물을 만났다. 오행상 土극水를 해야 하지만 亥수의 큰 물을 己토가 막아내기 힘드니 亥수의 흐름에 몸을 맡기는 형태가 된다. 현실적으로는 밀려오는 일(재성은 돈 또는 일에 비유함)에 시달리는 것이고, 남성의 경우 아내가 주도적인 역할을 한다. 평소 자기 주장보다는 모아진 의견에 따르는 순종적인 성품이지만 사주에 火와 土가 있으면 공과 사를 분별하여 자기를 피력한다. 따라서 예의와 언행이 바르며, 亥수 지장간에 甲목 정관과 壬수 정재가 모두 갖춰져 있음으로 정직하고 성실하며 원칙을 중시하고 준법정신이 투철한 성품이다. 그러니 답답한 면도 있는 것이다.

편인	일간	편관	식신
丁	己	乙	辛
卯	亥	未	酉
편관	정재	비견	식신

乾命

己亥 일주 남성의 명이다. 월지 未土 지장간에서 乙과 丁화가 투출되고 지지에서 亥卯未 삼합하여 木으로 化하니 乙목을 격으로 하여 편관격이다. 연간 辛금 식신이 바로 옆에서 乙목을 제살하니 식신제살격으로 성격되었다. 己亥 일주가 삼합으로 亥수가 木으로 化하니 정재로서 역할이 무력화되었으나, 소멸됐다고 할 수 없으니 재산을 차곡차곡 일지에 쌓고 있는 젊은 사업가의 명이다.

● 庚金

庚금은 제련되지 않은 원석의 철광석이다. 계절적으로는 초가을이니 아직 익지 않은 과실이다. 庚금의 성질은 의리와 의협심이 있으며, 순수하고 천진난만한 면이 있다. 성품은 강직하고 원칙을 중시하며, 겉은 냉정하나 속은 따뜻한 정을 품고 있다. 또한 논리로 따지기 좋아하고 자기 주장이 강하다. 지지의 짝으로는 子, 寅, 辰, 午, 申, 戌 이 있다.

庚子 일주

원석의 金이 子수로 설기되는 형국이다. 바위 틈에서 子수의 차갑고 깨끗한 물이 흘러나오는 형상이니, 庚子 일주는 피부가 희고 외모가 좋은 사람이 많다. 일간이 설기시키는 것은 자신을 밖으로 표현하는 것이니, 부지런하고 아이디어가 풍부하며 기획력이 뛰어나다. 일지 子수가 상관성으로 작용하니 표현이 거칠 수 있으나 개혁적이고 파격적인 해결책을 내놓는 능력자다. 그것은 子수의 깊은 생각과 고뇌에서 나오는 것이다. 庚子 일주는 나이에 상관없이 사색적이고, 자기 고민에 깊이 빠지니, 살펴서 대화를 해주는 것도 좋다. 庚子 일주는 子수의 도화가 강하니 사람들에게 인기도 좋지만 가끔은 남녀 모두 외정을 가질 수 있다.

겁재	일간	정관	정인	
辛	庚	丁	己	乾命
巳	子	丑	亥	
편관	상관	정인	식신	

庚子 일주 남성의 명이다. 월지 丑의 지장간 정기 己토가 투간되니 월간 丁화를 용신으로 정인격을 이뤘다. 지지는 亥子丑 방국으로 水局이 형성되어 정관이 위태롭고 수기로 인해 일간 庚금의 설기가 극심하다. 소심한 성격이지만 정관을 용신하는 그의 성품은 원리 원칙주의자다. 일찍이 직장을 그만두고 당구장을 운영하는 중에도 손님들이 매너가 없거나, 당구장에서 지켜야 하는 룰을 어기면 가차 없이 거부한다. 특히 '손님은 왕이다'라는 식의 무례한 태도를 보이면 더더욱 분개하는데 이는 상관의 태도다.

| 庚寅 일주 | 庚금의 우직함과 寅목의 강한 생명력이 만났다. 寅목은 庚금의 편재로 강한 활동력, 추진력, 개척정신, 소유욕, 지배욕 등이 강하여 庚寅 일주는 유명 정치인과 큰 기업을 경영하는 사람에게서 많이 나타난다. 庚금의 재성인 甲, 乙목이 일지 寅목에 제왕과 건록이니 식신이 사주에 잘 구성되어 있으면 큰 부자가 많다. 그러나 일지 寅목에 酉금이나 申금이 붙어 있으면 재물이 분탈되어 재물이 약한 사주가 된다. |

정인	일간	정재	정관
己	庚	乙	丁
卯	寅	巳	酉
정재	편재	편관	겁재

乾命

庚寅 일주 남자의 명이다. 월지 巳 중 지장간 丁화가 투출되니 정관격을 이루고 乙목 정재를 용신하는 사주다. 지지가 巳酉(丑)합하여 金국으로 편재 寅목을 극하니 사업은 불가한 명이다. 따라서 정관격 丁화가 강하고 용신 정재도 강하니 한 직장에서 35년 근무를 마치고 정년퇴직을 하는 영예를 안았다.

| 庚辰 일주 | 庚금이 일지에 辰을 만나면 괴강(魁罡)이다. 괴강은 양인과 더불어 흉살에 속하는데, 우두머리, 폭력, 파괴, 형벌 등이 먼저 떠오른다. 그러나 사주가 잘 짜여지면 똑똑하고 총명하며, 우직하지만 의리가 있고 자존심과 추진력으로 살아가는 인생이 된다. 일지 辰토에는 지장간 乙癸戊가 있으니, 일간 庚금은 일지에 乙목 정재와 癸수 상관 戊토 편인을 담고 있다. 속마음은 정재의 정직, 성실함이 있고, 戊토로 상관 癸수가 제극되니 권력에 욕심도 있다. 직업적으로는 무관, 형법을 다루는 직업, 경찰 등의 사주에 많다. |

편관	일간	상관	겁재
丙	庚	癸	辛
戌	辰	巳	巳
편인	편인	편관	편관

乾命

庚辰 일주 남성의 명이다. 아직 청년기를 지나는 남성이지만 그 성품이 남다르다. 격은 월지 巳에서 투간된 丙화로 편관격을 이루고 월간 癸수 상관을 용신한다. 일지 괴강의 성품과 상관의 반항

심으로 청소년기는 그야말로 비행 청소년이었다. 그러나 격이 갖춰지는 시기에 본인의 명을 훌륭하게 수행할 것이다.

庚午일주 庚금이 午화 위에 앉았다. 午화는 육친으로는 정관이지만 庚금을 추동하는 에너지다. 원석인 庚금을 제련하려는 午화는 강한 에너지를 갖고 있다. 子, 午, 卯, 酉가 도화가 되는 이유는 제왕지(帝王支)의 열정과 에너지 때문이다. 열정이 없으면 이성과의 관계도 만들지 못하며, 사람들의 인기도 끌어오지 못한다. 그런 면에서 庚午 일주는 활동성이 대단하다. 말보다 행동이 앞서고 금방이라도 뭔가를 만들 것 같다. 짧은 프로젝트에서 실력을 발휘한다. 인내심이 없는 탓이다.

편인	일간	정관	식신
戊	庚	丁	壬
寅	午	未	寅
편재	정관	정인	편재

乾命

庚午 일주 남성의 명이다. 월지 未토 지장간 丁乙己 중에서 투간된 丁화를 격으로 하여 정관격을 이뤘으나, 丁화가 일간이 아닌 연간의 壬수와 丁壬합을 하니 파격되었다(격국론에서 상론했듯이 식상격을 제외한 모든 격들은 일간이 아닌 타와 합을 하면 파격이다. 단, 격이 일간과 합을 하는 것은 성격이다). 주인공은 학생 운동권에서 핵심적인 역할을 하다가 국회의원 보좌관으로 잠시 몸을 맡겼으나, 정관이 묶이니 오래 하지 못하고 바로 뛰쳐나왔다. 그 이후로 庚午 일주의 영향으로 잠시도 앉아 있지 못하는 활동성으로 전국의 명산(名山)을 모두 돌아다니는 열정을 보였으나, 격을 중첩으로 깨고 들어오는 식신 대운에 큰 수술까지 했다.

庚申일주 庚申 일주 간여지동(干如支同)의 일주다. 자기 주장, 독단, 독립성, 돌파력, 친화력, 권력욕 등이 간여지동이 보여주는 이미지다. 사주에 火가 있다면 庚申 일주는 관직과 회사 직장에서 빛을 발하며, 水가 강하면 자기 표현을 하는 학문, 예술, 문학, 엔터테이너, 가수, 연예인 등이 어울리고, 水와 木이 함께 있으면 사업가의 기질을 발휘하지만, 동시에 정치인으로도 크게 성공하는 경우가 많다.

정관	일간	정재	식신
丁	庚	乙	壬
丑	申	巳	戌
정인	비견	편관	편인

坤命

庚申 일주 여성의 명이다. 庚금이 간여지동이기도 하지만 지지 모두에 庚금이 뿌리를 두어 신강하다. 특히 월지 巳에서 丁화 정관이 투출되니 정관격을 이뤘고, 乙목 정재를 용신하는 최고의 사주가 아닐 수 없다. 정재 乙목이 일간과 합하고 연간 壬수가 조후용신이면서 정재를 生하고 다시 정재가 정관 丁화를 생하니 더욱 아름다운 명식이다. 현재 언론사에서 인정받는 인재로 근무 중이다. 다만, 용신 乙목이 약하다는 것이 아쉽다.

庚戌 일주는 일주가 괴강살이다. 괴강살은 일주에 있을 때 가장 강하다. 카리스마와 리더십, 지배욕 또는 폭력, 무력 등으로 대표된다. 일지 戌은 申酉戌 가을 계절을 마감하는 戌토다. 단단하게 여문 씨앗을 땅속에 보관하는데 거간에 따뜻한 열기가 있다. 戌의 지장간은 辛丁戊이니 辛금은 껍질이고 丁화는 온기를 담아서 戊토 땅속에 거두는 것이다. 따라서 땅속에 묻힌 庚금은 침묵의 묵직함, 카리스마, 말보다는 눈빛으로 상대를 압도한다.

정재	일간	정재	정인
乙	庚	乙	己
酉	戌	亥	亥
겁재	편인	식신	식신

乾命

庚戌 일주 남성의 명이다. 庚戌 괴강이 월지 亥에서 투간된 乙목으로 정재격을 이뤘나. 성인을 용신하니 대기업에 입사하여 그 총명함과 기획력 그리고 괴강살의 배짱과 뚝심으로 대기업의 대표이사까지 역임한 인사의 명식이다.

● 辛金

辛금은 온유청윤(溫柔淸潤)하여 주옥(珠玉), 보석, 구슬에 비유한다. 따라서 辛금 일주는 미남미녀가 많다. 기억력이 좋고 예리한 결단력이 있으며, 庚금과 더불어 의리와 의협심이 있고, 강한 자존심의 소유자다. 辛금은 지지의 丑, 卯, 巳, 未, 酉, 亥와 짝을 이룬다.

| 辛丑 일주 | 보석 辛금이 丑토 위에 있다. 丑은 金의 창고이니 金을 생하는 편인 작용이 강하다. 辛금의 성품에 편인의 기능까지 합쳐지니 거의 완벽한 짝을 이룬 것이다. 위대한 연구 업적이나, 대업을 이룰 기획력을 발휘할 수 있으며, 직관력과 순발력이 뛰어나서 난관을 헤쳐나가는 데 능력을 발휘한다. 사주에 丙화가 있다면 그 보석이 빛을 발하여 높은 관직이나 명예를 얻고, 水를 본다면 뛰어난 학자나 대부(大富)가 될 수도 있다. 그러나 丑토의 편인은 잔꾀를 부려 자칫 사기꾼이 될 수도 있는 위험이 있다. |

정인	일간	상관	편재
戊	辛	壬	乙
子	丑	午	巳
식신	편인	편관	정관

坤命

辛丑 일주 여성의 명이다. 월지 午화에서 戊토가 투간되어 정인격을 이루고 상관을 제극하니 성격되었다. 상론했듯이 재인불애(財印不碍: 사주 명식에서 인성과 재성이 떨어져 있는 것)한 명식은 큰 부자의 명식임을 논한 바 있다. 財와 印이 일간을 사이에 두고 떨어져 있으면 대부귀하고, 財와 印이 붙어 있으면 소부(小富)에 그친다. 이 여성은 결혼생활은 실패했으나, 좋은 머리로 아이디어가 넘치는 사업을 하여 큰 재물을 모은 여성 사업가다.

| 辛卯 일주 | 辛卯 일주는 60갑자 중 재(財)에 가장 밝은 일주다. 辛금이 편재 卯목을 두었으니 강한 재성을 소유한 것이다. 특히 卯목은 세밀하고 치밀한 성질이 있는데다가 辛금의 날카로움으로 재성을 판단하니, 실수가 없다. 그러나 남자 사주에 庚금이 있고 재성이 투간하면 그 돈은 본인 것이 아니다. 여성의 사주에 丙화가 있으면 남편과 금실도 좋지만, 사회적으로 성공하는 일주다. 辛卯 일주는 공주처럼 집안에 머물지 않는다. 卯는 도화의 열정을 담고 있으니 그 역할을 다하려 든다. |

편인	일간	겁재	편재
己	辛	庚	乙
亥	卯	辰	巳
상관	편재	정인	정관

乾命

辛卯 일주 남성의 명이다. 재를 크게 일으키지만 본인 것은 없다. 천간 庚금이 재성 乙목과 합하니 동업자의 것이다. 또는 부부가 남남처럼 지내거나, 주말 부부나 외정으로 별거할 것이다.

辛巳 일주: 辛금이 빛나는 태양 丙화의 정기를 품은 巳화를 일지에 두었다. 스스로 빛나고 그 명예로움이 크다. 일지 중 정관과 명암합하는 일주는 丁亥 일주와 辛巳 일주다. 辛巳 일주는 강한 정관을 가졌다. 성품이 바르고 명예를 중시하는 천성을 갖고 태어난 것이다. 부부금실이 좋고 배우자의 덕을 서로가 보는 멋진 일주다. 여자는 공주병이 있어서 웬만한 남자에게는 눈길이 가지 않으니 오랫동안 고독하다. 그 고독이 염세적으로 빠지기 전에 눈높이를 낮춤이 옳다. 巳화는 辛금의 사지(死支)이니 스스로 침잠하기 쉬운 일주다.

정재	일간	정관	겁재
甲	辛	丙	庚
午	巳	戌	子
편관	정관	정인	식신

乾命

辛巳 일주 남성의 명이다. 辛巳 일주에 정관이 투출되니 격이 아름답다. 월지 戌의 지장간 辛丁戊 중 丁화와 오행이 같은 丙화가 투간되니 甲목 재성을 용신하는 정관격이 성격되었다. 辛금이 극혐하는 연간 庚금을 丙화가 막아주고 甲목이 정재를 이루니 좋은 직장을 다니다가 IMF 경제위기에 명예퇴직을 당했다. 그후 갖은 고생을 하며 부인의 희생으로 근근이 생활하다가, 卯 대운을 맞아 사업을 크게 성공시켰다. 지금은 매출이 수백억이 넘는 회사의 경영자다.

辛금이 건조한 사막 같은 未토에 있다. 未토는 丑토처럼 생금(生金)하는 능력이 없을 뿐만 아니라, 火氣가 남은 未토는 辛금에게는 예민함을 준다. 辛금은 더 이상 열기가 필요 없는 완성품이기 때문에 열기를 싫어한다. 未토가 육친으로 편인이니 어머니와는 인연이 깊으나 未토는 木 재성의 묘고(墓庫)이니 부인과 인연이 없거나, 아버지와 인연이 없을 수 있다. 성격이 까칠하고 욱하는 성미만큼 화끈하다.

정재	일간	정관	정관
甲	辛	丙	丙
午	未	申	申
편관	편인	겁재	겁재

乾命

辛未 일주 남성의 명이다. 월지겁재격에 丙화 정관과 甲목 정재를 용신한다. 양인격과 월지겁재격은 두 개의 용신이 필요하다고 앞서 말했다. 이에 따라 정관을 1차 용신, 정재를 2차 용신으로 성격되었다. 辛未 일주의 까칠한 성격이 그대로 드러나는 위인이고 젊은 시절엔 더 대단했다. 기자로서

관공서 출입처마다 파란을 일으키고, 기사는 그만큼 날카롭고 세밀했다. 그 후 민주당 대변인을 지내고 지자체장을 두 번씩이나 역임한 인사의 명이다.

辛酉 일주

辛금과 酉금은 火가 더 이상 필요 없는 완성된 제품과 같으며, 잘 익은 과일로 묘사한다. 辛酉 일주는 보석을 상징하니 미남미녀가 많은데 성격은 예민하고 까칠하다. 간여지동을 이룬 일주는 독단적, 자기 위주, 자기 주장, 융통성 없음이 대표적이고 긍정적인 측면은 돌파력과 난관을 극복하는 힘이 강하다. 酉금의 지장간이 오직 金으로 이루어져서 순수하다고 할 수 있지만 자기만의 세상을 꿈꾸니, 사람들과 쉽게 섞이지 못한다. 성품은 매우 섬세하고 예리하여 논쟁이나 게임에서 지지 않는다. 남성의 경우 강한 비견으로 인해 의처증이 있을 수 있고, 남녀 모두 결혼이 늦을수록 좋다.

편관	일간	정인	비견
丁	辛	戊	辛
酉	酉	戌	未
비견	비견	정인	편인

坤命

辛酉 일주 여성의 명이다. 월지 戌토의 지장간 辛丁戊 중 정기 戊토가 투간되니 戊토 정인격에 丁화 편관을 용신하는 명식이다. 일간이 너무 강해서 편관이 오히려 힘을 못쓰는 형국이다. 성품이 깔끔하고 단아하며 좋은 직장을 다니고 있으나 사람들과 쉽게 친해지지 못하니 외롭다. 결혼을 원하고 있으나 아직 독신으로 지내고 있다.

辛亥 일주

辛금이 亥수 상관을 보았다는 것은 辛금의 능력이 발휘된다는 의미다. 머리회전이 빠르고 논리적이며 언변이 좋다. 일지 亥수는 水의 기능상 많은 것을 뭉쳐서 저장하고 있는 상태이므로 정보가 많으며, 모아진 정보를 사용하는 능력도 뛰어나다. 金生水의 형식은 마치 컴퓨터에 사용되는 언어처럼 간략하고, 핵심적인 소통을 의미한다. 木生火처럼 화려하거나 미사여구 없이 기계적 소통에 능하다는 것이다. 따라서 辛亥 일주는 전산, IT업계, 컴퓨터 등에서 종사하는 사람이 많으며, 천간에 土가 있으면 인성의 역할이 더해져서 더 정확한 논리로 토론과 논쟁에 능하다. 火를 보면 관성의 힘으로 직장에서 인정을 받고, 木이 있으면 사업가로 성공한다. 그 이유는 일지 亥수의 지장간에 甲목이 있고 12운성으로 木의 장생지이기 때문에 든든한 지원군이다.

乾命

辛亥 일주 남성의 명이다. 지지에 일지를 포함해서 亥가 중첩되어 있다. 월지 未토 지장간에 丁乙 己 중 본기 己토가 투간되니 편인격으로 비견 辛금을 용신하여 성격되었다. 辛亥 일주의 총명한 두뇌와 논리적이고 유려한 언변에 편인격을 보태어 달변의 정치 평론가로 활동하고 있는 유시민 씨의 사주명이다. 사주명식으로 보아 정치인이나 조직의 장보다는 개인 사업가에 어울린다. 실제로 재물도 많이 모을 것이다.

● 壬水

壬수가 일간인 사람은 머리가 총명하고 지적 탐구를 즐긴다. 감성이 풍부하고 예술적 감각도 뛰어나다. 水는 생명을 잉태하고 있는 임산부와 같다. 모든 생명체의 근원이기 때문이다. 따라서 水는 창조적이고 매사에 적극적이며, 모험심이 강하다. 壬수는 지지의 子, 寅, 辰, 午, 申, 戌과 짝을 이룬다.

壬子 일주
간여지동 양인(羊刃) 일주다. 자존심, 자기 주장, 자기 위주, 추진력, 돌파력 등이 간여지동의 특징이다. 거기에 壬子 일주는 水기운이 넘침으로 머리가 총명하고 지적 탐구심이 남다르며, 일에 의욕적이고 목표를 위해서는 수단과 방법을 가리지 않는다. 이해 타산적이고 깊은 바닷속처럼 속내를 알 수 없다. 필자가 경험한 壬子 일주들은 이기적인 측면이 매우 강하다.

간여지동의 일주의 공통점은 남녀 모두 부부의 연이 약한 것이 흠이다. 壬子 일주는 水의 넘치는 색욕과 정력, 도화 子수가 어울려서 이런 남녀가 만나면 동짓달 밤도 짧다고 느낀다.

坤命

壬子 일주 여성의 명이다. 월지 寅목에서 丁화가 투간되니 정재격이다. 군겁쟁재(群劫爭財)로 정

재가 위태로운데, 월지 寅목 식신에서 투간된 정재는 튼튼한 지원군을 갖고 있기에 무사하다. 지지에 식신이 강하고 정재를 격으로 하니 식당을 운영하여 큰 돈을 모은 여성의 명이다. *정재격 편에서 상론했듯이 군겁쟁재로 파격된 사주에 식상운과 관성운을 만나면 성격되는데, 성격되지 못한 사주가 운에서 완성되면 더 크게 발복한다는 것을 다시 상기한다.

壬寅 일주

壬수가 寅목을 키우는 형상이다.《궁통보감》등에서는 寅목을 물상으로 표현하여 호랑이로 해석하려는 시도를 한다. 물론 쥐, 양, 닭 등 다양한 물상의 해석들도 딱딱한 공부에 재미를 더해주는 정도로 이해하면 될 것이다. 寅목은 壬수 일간의 식신이고 壬수의 임무를 수행하는 위치에 있다. 壬수가 木을 키우는 이유는 꽃을 피우기 위함이니, 壬수의 목적은 木을 통해 火에 이르는 것이다. 따라서 壬寅 일주는 火(財)가 목적이니 재복을 타고 났다. 寅목의 지장간이 戊丙甲이니 이미 丙화 편재를 품고 있기도 하거니와 천간에서 火를 보면 寅목의 활동이 곧 재물로 쌓이는 형식이 된다. 壬수의 지혜와 寅목의 역마적 활동성으로 처세술이 좋고, 전략적 사고를 하지만 자신을 너무 과시하는 품생품사의 성향이 강해서 고민거리가 있어도 지인에게 내색하지 못한다.

정인	일간	상관	정관
辛	壬	乙	己
丑	寅	亥	亥
정관	식신	비견	비견

乾命

壬寅 일주 남성의 명이다. 월지 亥수에서 지장간 甲목과 같은 오행인 乙목이 투간되니 상관격이다. 상론했듯이 亥 중 戊토는 乙목이나 甲목이 투간되면 木이 우선하여 격이 됨으로 己토는 격이 될 수 없다. 원국에 乙목 상관이 己토 정관을 견관(見官)하고 있어 위태로운데, 시간의 辛금 정인이 乙목 상관을 제극하니 성격되었다. 그러나 정관 己토가 언제든 파극될 수 있어 아슬아슬한 명식이다. 천간에 정관과 인성까지 투출되니 육사를 우수한 성적으로 졸업하고 임관되어 앞날이 창대하였으나, 원국의 정인 辛금이 극을 당하는 丁화 세운에 젊은 나이로 예편했다. 丁화가 辛금을 극하면서 乙목 상관이 己토 정관을 극하여 파격된 것이다.

壬辰 일주

壬수가 辰토에 있는데, 辰토는 水의 묘지(墓支)가 된다. 따라서 정신적으로는 조용한 사색가, 철학자, 시인 등을 생각할 수 있다. 그러나 壬辰은 戊戌, 庚戌, 庚辰과 더불어 괴강살이니 보스의 기질과 난관을 돌파하는 힘, 승부욕, 순발력 등이 좋은 반면 壬수 일간이 辰토에 입묘되니 건강이 좋지 않은 경우가 있다. 이런 경우 고서에서는 업상대체(業象代替: 업을 통해서 흉을 파하는 것)를 통해서 흉을 피할 수 있다고 했다. 직업 선택을 군인, 의사, 간호사, 검찰, 경찰 등으로 대체하면 그 흉이 사라질 수 있다는 이론은 믿어봄 직하다.

비견	일간	비견	정인
壬	壬	壬	辛
寅	辰	辰	丑
식신	편관	편관	정관

乾命

壬辰 일주 남성의 명이다. 壬辰이 월주와 일주에 반복되니 괴강살이 강하다. 월지 辰토 지장간 乙 癸戊 중에서 투간된 오행은 癸수뿐이다. 비견, 겁재로 격을 잡을 수 없어, 연간에 투간된 辛금으로 가정인격(假正印格)을 삼았다. 격국론에서 상론했듯이 辰戌丑未는 천간에 투간된 오행이 없으면 그 자체의 정기로 격을 잡을 수 없고, 비겁으로도 격을 잡을 수 없으니, 이때는 천간에 투간된 다른 오행으로 가(假)격을 정한다. 이 사주는 어릴 적엔 가정인격을 유지하여 공부를 잘해서 서울대를 졸업하고 기자로 활동하였으나, 통제되지 못하는 괴강의 힘에 조직생활을 파하고 사업을 시작했다.

壬수가 일지에 午화 정재를 두었다. 午는 단순한 정재가 아니라 도화의 열정을 품고 있는 오행이다. 壬수와 午 지장간 중 丁화와 암명합하니 부부금실이 남다르다. 午화의 힘이 강하기 때문에 사주에 水가 약하면 재성에 휘둘리는 명(命)이다. 즉, 부인이나 애인에게 끌려다니는 남자를 상상하면 된다. 치맛속에서 나오지 못하니 음란지합이다. 그러나 水가 강하여 午화를 재압하면 안정적인 경제활동이 가능하고 사주에 土가 있으면 관직이나 직장에서 능력을 인정받아 성공한다. 木이 있다면 식상의 힘으로 사업을 하는 명이 될 것이다.

겁재	일간	상관	편관
癸	壬	乙	戊
卯	午	丑	午
상관	정재	정관	정재

坤命

壬午 일주 여성의 명이다. 월지 丑토의 지장간 癸辛己 중 정기 己토와 같은 오행인 戊토로 편관격을 이뤘다. 동시에 乙목 상관으로 편관을 제극하여 용신하니 성격되었다. 壬수의 물처럼 부드럽고 겸손하지만 편관과 상관의 심성이 살아있는 당당한 여성이다. NGO 단체에서 고위직을 수행하고

있는 여성으로 戊토가 투간되어 조직에서 능력을 발휘하고 있다.

壬申 일주　壬수 일간은 일지 申금이 12운성으로 장생지(長生支)다. 申금은 단단한 金이지만 壬수의 튼실한 뿌리 역할을 하고 있다. 부드러운 水와 단단한 金이 조화를 이뤄 성질상으로 음양의 조합이다. 申금 편인의 특성처럼 다재다능하고 직관력이 있으며, 눈치가 빠르고 사리 분별력이 좋다. 억지로 자기 주장을 관철시키는 고집도 강하다.

비견	일간	상관	편재
壬	壬	乙	丙
寅	申	未	午
식신	편인	정관	정재

乾命

壬申 일주 남성의 명이다. 월지 未토에서 丁화와 같은 오행인 丙화가 투출되니 편재격이다. 未토 지장간 중 乙목도 투간되었으나, 乙목의 뿌리인 寅목이 申금에게 沖을 당하고 丙화는 午화가 제왕지니 강한 오행을 격으로 한다는 원칙에 따라 丙화 정재를 격으로 한다. 乙목 상관을 용신하여 성격되었다. 壬申 일주 편인의 아이디어와 다재다능함, 사리 분별력 그리고 상관생재(傷官生財)하는 사업적 총명함으로 사업을 크게 확장하고 있는 젊은 사업가다.

壬戌 일주　壬戌은 괴강살이면서 백호살이다. 壬戌 괴강살은 그 작용이 상대적으로 약한 편이다. 일지에 편관을 두고 있는 壬수는 일정한 강박관념이 있고 칠살의 자존심도 함께 있다. 戊토는 壬수의 재성인 火의 창고이니, 壬수에게 들어온 재물이 착곡차곡 창고에 쌓이는 격이다. 일지 戊토 지장간 중엔 辛금 정인, 丁화 정재, 戊토 편관이 있으니 부모의 덕이 대체로 좋다. 또한 辛금 정인으로 인해 계획적이고 丁화 정재로 꼼꼼하다. 부부관계는 쉽지 않은데, 여성인 경우는 부부궁에 칠살이니 남편의 성질이 사나울 수 있고, 남성의 경우 지지로 재성운이 오면 칠살 戊토를 생하니 이 또한 부담스럽다. 戊토는 하늘과 통하는 천문(天門)이어서, 직감력과 예지력 등이 있어 종교와 역학에 지대한 관심을 갖는다.

편인	일간	편재	상관
庚	壬	丙	乙
戌	戌	戌	未
편관	편관	편관	정관

乾命

壬戌 일주 남성의 명이다. 세계 제일의 부호인 빌 게이츠의 사주다. 월지 戌土 지장간 辛丁戊 중에서 오행이 같은 庚금과 丙화가 모두 투간했고 두 세력도 비슷하다. 이런 경우엔 戌이 계절적으로 申酉戌(가을)의 금왕지절(金旺之節)이므로 庚금을 격으로 하여 편인격으로 삼는다. 지지는 모두 관살이니 끝없는 고민과 역경, 배신을 딛고 왔음을 알 수 있다. 사주원국은 편인격으로 격만 있고 용신(비겁, 인성)이 없는 상황에서 대운에서 비겁과 인성이 대운으로 흐르는 시점에 이르러 천문학적인 재물을 얻었다. 천간에 투출된 乙목 상관의 파격적인 아이디어와 편인격의 총명함으로 세상을 바꾼 인물이다.

● 癸水

癸수는 지혜롭고 지모(知謀)가 뛰어나며, 표현능력이 남다르다. 사교적이며 부드럽다. 사람들 간의 분쟁을 조절하고 다툼의 여지를 남기지 않는 명석함이 있다. 癸수는 지지의 丑, 卯, 巳, 未, 酉, 亥와 짝을 이룬다.

 癸수가 편관 丑土에 있다. 그러나 丑土 지장간은 癸辛己이고 癸수 일간은 지장간에 癸수 비견과 辛금 편인이 있어서 일반적인 편관과 다른 점이 있다. 丑土라는 동토는 다음 계절인 寅목을 키우기 위한 땅이니 인내심으로 때를 기다릴 줄 알고, 고집과 끈기가 있다. 특히 癸丑은 백호살이니 승부욕이 강해 고집스럽게 보이기도 한다. 그러나 癸수의 성품은 마음이 여리고 눈물도 많은 편이며 친한 사람과는 수다떨기도 좋아하는 면이 있다.

정관	일간	정인	비견
戊	癸	庚	癸
午	丑	申	未
편재	편관	정인	편관

乾命

癸丑 일주 남성의 명이다. 모친의 사랑이 넘치는 사주 명이다. 월지 申금 지장간 중 본기가 庚금이 투간하니 정인격이다. 戊土 정관을 용신하니 명식이 아름답다. 고서(古書)에서 가장 훌륭한 사주로 보았던 바로 관인쌍전격이다. 문무를 갖춘 선비의 象이고 정관과 정인이 격과 용신으로 쓰이니 성품이 바르고, 학문도 깊으며, 관직에 나아가 원칙과 법을 지키는 청렴한 관료가 되는 사주다. 그러나 일주에 백호살이 있으니 늘 호인(好人)만은 아니다. 바르지 않은 것에는 누구보다 분노하고 반드시 바로잡는다. 고위 공직자로 근무할 때 그를 두려워하지 않은 자가 없었다.

癸卯 일주 癸수의 지지에 卯가 오면 천을귀인이다. 거기에 卯목이 길신인 식신이니 좋은 일주가 틀림없다. 옛 사람들은 '식신유기승재관(食神有氣勝財官)'이라고 하여, 식신의 기운이 좋으면 재와 관을 능가한다고 했다. 그것은 단순히 잘 먹고 잘 산다는 의미가 아니라, 더 높은 품격을 이룬다는 의미다. 癸卯 일주는 논리적이고 진취적이며, 글재주가 좋고 머리가 총명하며 깔끔하다. 어떤 일이든 쉽게 포기하지 않으며 두리뭉실 넘어가는 것이 없다. 또한 卯도화는 발산하는 木기운과 발산하는 식신이 합쳐지니 그 열정이 넘쳐나는 도화다. 남녀를 불문하고 색(色)에 빠지는 것을 주의해야 한다. 癸卯 일주의 최고점은 희생과 봉사정신이다. 가진 것을 나누고 베푸는 온정이 아름다운 일주다.

정관	일간	정인	정재
戊	癸	庚	丙
午	卯	寅	申
편재	식신	상관	정인

乾命

癸卯 일주 남성의 명이다. 월지 寅목의 지장간 戊丙甲 중 丙화가 투출하니 정재격이다. 일간이 신약하여 정인 庚금을 용신하려고 하나 정재가 호시탐탐 정인을 극제하니 정인과 정관을 모두 용신하여 격을 이뤘다. 천간에 정재 정인 정관을 모두 갖추니 명예와 대의를 알고, 바르고 정직한 성품이다. 대기업의 임원으로 근무하면서 신약한 일간과 자신의 곧은 성품을 유지하려는 마음과 卯申 귀문관살이 작용하여 정신적 스트레스로 힘들었을 것이다. 신약한 癸수 일간을 돕는 운과 癸卯 천을귀인의 도움으로 위기를 잘 넘기고 사장까지 역임한 인사의 명식이다. *월지 寅목의 지장간 戊丙甲 중 戊토가 아닌 丙화를 격으로 한 것은 지지에서 寅午합하여 火가 강하기 때문이다.

癸巳 일주 癸巳 일주를 포함하여 丁亥, 丁酉, 癸卯 이 사위(四位)가 천을귀인이다. 일주에서 천을귀인을 만나는 경우는 위 네 가지 경우밖에 없다. 따라서 60갑자 중 천을귀인 일주를 받은 사람은 모친께 효를 다해야 한다. 일지에 천을귀인이 있으면 예로부터 천한 사람이 없다고 했으니, 큰 복이 아닐 수 없다. 일지의 巳는 지장간에 戊庚丙이 있으니 癸수 일간은 정관, 정인, 정재를 모두 갖춘 것이다. 따라서 성품이 바르고 머리가 매우 총명하며 성실하다. 일간 癸수와 지장간 戊토가 암명합을 하니 부부지정이 좋아, 일찍 결혼하는 경우가 많다. 지장간에 정재가 있어서 재물복이 있으나 직장과 관료가 더 어울리며 일정한 수입으로 부를 모은다. 편재성 사업은 불리하다. 암합을 하는 일주는 외정에 빠질 수 있다.

乾命

癸巳 일주 남성의 명이다. 일지가 천을귀인이고, 월지 寅목의 지장간 戊丙甲 중 甲목 본기에 투간되니 상관격을 이루고, 丙화 정재를 용신하니 성격되었다. 식신 상관격의 총명함이 빛을 발하고 약한 일간을 돕는 壬戌년에 학력고사 전국 수석을 차지했다. 壬申년에 사법고시를 합격하고 37세 庚午 대운 국회의원 당선, 현 도지사에 이르기까지 거침없이 달려왔다. 약한 일간을 돕는 대운과 세운에서 대발한 사주다. 제주도지사 원희룡의 명이다.

癸未 일주 癸수와 未토는 상극관계다. 편관인 未토는 癸수 일간에게 편관 중에 편관이니 가장 강한 칠살이다. 癸수는 甲목으로 넘어가는 기운을 담고 있고, 未토는 여름의 열기를 마무리하여 申금으로 넘어가는 극점에 서로가 있으니, 두 기운이 상극한다. 편관의 성정으로 인생이 고달파 눈물은 많으나, 음양이 극에 이르러 가득차니, 사리 분별력이 남다르고 언변도 좋다. 그러나 남성이 癸未 일주면 재성이 편관 칠살을 생하니 부인의 덕을 기대하기 힘들고, 여성이 癸未 일주면 남편의 성질이 사납다. 未토의 열기를 식힐수 있는 水기운이 길신이다.

乾命

癸丑 일주 남성의 명이다. 이 사주 명식은 일주로만 간명하는 단편식 판단을 경계하라는 좋은 본보기의 명식이다. 癸수 일간이 지지에 편관이 즐비하게 깔고 있고 월지 丑토에서 지장간 중 己토 정기가 투출되니 편관격이다. 그러나 지지의 未토와 丑토가 서로 沖하여 편관의 성질을 잊어버리고, 천간 己토 편관은 庚금 정인을 생하여 살인상생격으로 성격되었다. 상론했듯이 살인상생하는 명식은 그 품성이 점잖고 고귀함이 있으니 존귀한 사주가 되었다. 특히 丑월의 동토를 연지 午화가 조후로 녹여주고, 정인을 용신하니 사주가 아름답다. 머리가 총명하여 학문을 업으로 하는 명식에 좋은 환경에서 태어나고 훌륭한 부모를 만났다. 서울대를 졸업하고 박사 과정에 있는 청년의 명이다.

癸酉 일주

癸수가 일지에 酉금을 두면 석간수(石間水)라고 한다. 바위 틈에서 흘러 나오는 물이다. 癸수의 부드러움과 까칠한 酉금이 만났다. 癸수가 부드러운 외모라면 酉금의 내심은 차갑다. 인성을 일지에 둔 癸수는 어릴 적부터 공부를 잘하고 머리기 좋고 나름의 독자적인 능력을 갖췄다. 사주에 火가 있다면 사회성을 불어넣는 역할을 하므로 癸수 일간을 돋보이게 하는 능력을 갖춘 것이다. 土가 있으면 관성을 얻어 직장생활을 하고 木이 있으면 자신의 개성을 살려서 자신만의 특성을 발휘하는 능력을 갖추게된다.

식신	일간	정재	편관
乙	癸	丙	己
卯	酉	寅	亥
식신	편인	상관	겁재

乾命

癸酉 일주 남성의 명이다. 이 주인공을 만나본 사람들의 평가는 다양하다. 까칠하다고 하거나, 능구렁이라고 하거나, 정이 넘친다거나, 의리가 있다고 한다. 癸酉 일주가 주는 인상 그대로이다. 癸酉 일주가 천간에 丙화 정재를 투출하니 그의 전문성이 사회적 객관성을 확보해서 인정을 받게 됐으며, 己토 관성의 역할로 직장생활에서 그 빛을 발하고 있는 것이다. 월지 寅목 지장간 戊丙甲 중 중기 丙화가 투출되니 정재격이다. 정재가 편관을 생하는 구조 같으나, 시간의 식신 乙목이 편관 己토를 제극하여 용신으로 쓰이니 성격되었다. 특출난 식신의 능력과 재성의 성실함으로 대기업의 대표이사직을 수행 중이다.

癸亥 일주

간여지동(干如支同)의 일주이며, 癸수와 亥수는 천간과 지지의 마지막 순서이고 마지막 글자다. 만물과 우주가 수축, 응축하는 마지막 단계에 이른 것이다. 머리 좋은 일주라면 乙巳, 己酉 일주도 뒤지지 않지만 辛亥, 癸亥 일주는 그 중에 으뜸이다. 癸수 일주는 음의 성정이 겹쳐서 치우치니 불리하다. 반드시 사주에 양의 기운이 있어야 癸亥 일주의 특출남이 돋보일 수 있다. 癸亥 일주는 너무 깔끔을 떨어서 주변에 사람이 모이지 않는다. 사주에 火가 있다면 뛰어난 머리로 재물을 모을 것이고, 木이 있다면 자신이 표현하는 여러 창조성으로 주변을 놀라게 할 것이다. 土가 있다면 관직에 나아가 높은 직책까지 오르는 것은 확실하다.

乾命

癸亥 일주 남성의 명이다. 癸亥 일주는 두뇌가 총명하기로는 따를 자가 없다. 천간에 金과 木이 투간되어 다툼을 하고 있는 형상이다. 월지 申금에서 지장간 중 辛금이 투간되어 편인격에 상관을 용신한다. 공부도 잘했지만 식상의 자기 표출욕구가 너무 강하여 그림을 그리는 화가가 되었다. 50세가 넘어서야 그의 작품성을 인정받고 작가로서 경제적 위기를 극복한 사람의 명이다.

11. 일주론의 결론

60갑자의 일주론을 사례별로 일일이 설명했다. 연주(年柱)가 나의 태생적 근거 또는 조상들이 남겨준 간접적 유산과 DNA를 포함한다면 월주(月柱)는 오늘의 나를 만든 환경과 부모, 형제, 친구의 자리다. 일주는 나의 공간적 현재 상황과 내가 갖고 있되 드러나지 않은 내면적 세계와 어느 시점에 불현듯 발현되는 현상을 일주에 담고 있다. 시주(時柱)는 연월의 영향으로 현재 만들어지는 것들, 즉 현재의 결과물이다. 그 결과물은 먼 과거에서 가까운 과거를 거쳐, 현재를 생산 공장으로 하여 탄생된 미래이므로, 시주는 자식의 복과 본인의 노후를 읽는다. 따라서 일주론을 상세히 이해하되 사주 전체를 읽어내는 재료 중의 하나로 사용해야 하며, 사주 간명의 중심에는 격과 용신의 파악이 가장 우선해야 한다. 격과 용신의 흐름과 변화를 살핀 연후에, 신살론, 일주론, 억부론 등으로 간명의 완성도를 높여가야 한다.

사주용어해설

득령(得令): 일간이 자기 계절에 태어난 것. 예컨데 甲乙 일간이 寅卯辰亥월에 생하는 것이니 일간이 신강할 조건이다. 일간이 신강해지는 조건은 연지나 일지, 시지보다 태어나는 월(계절)이 가장 중요하다. 따라서 득지(得支)와 함께 쓰인다.

실령(失令): 일간이 자기 계절에 태어나지 못하고, 일간을 생하는 인성의 계절도 아닌 재관식상의 계절에 태어난 것. 예컨데, 甲乙 일간이 亥월에 태어나면 亥수는 甲乙목을 생하는 인성이고 亥수 지장간에 戊甲壬 중 甲에 뿌리의 뿌리이며 12운성으로 장생지이므로 실령이라고 말하지 않는다. 그러나 未월에 태어나면 未토는 甲乙木 일간의 재성이니 甲乙목을 설기시켜 힘을 빼는 오행이다. 물론 未토 지장간 丁乙己 중 乙목의 뿌리를 얻는다 하여도 실령이다.

실기(失期): 실령의 의미와 같다.

육친(六親): 십성 또는 약칭하는 비겁, 인성, 재성, 관성, 식상을 의미한다.

도식(倒食) 또는 효신(梟神): 편인을 칭하는 또 다른 별칭이다. 길성인 식신을 극할 때에는 도식 또는 효신이라는 흉신으로 취급하지만, 길성으로 쓰일 때는 인성 또는 인수라고 한다.

강(强): 오행의 힘이 비교적 강한 편인 것.

왕(旺): 강함과 같음. 혹은 生해주는 오행이 많을 때는 强이라고 하고, 같은 오행이 많아 강해질 때는 旺이라고 부르기도 함.

태강(太强), 태왕(太旺): 오행의 힘이 지나치게 강한 것.

극왕(極旺): 오행이 힘이 태강보다 더 강한 것.

약(弱): 오행의 힘이 상대적으로 약한 것

쇠약(衰弱): 약보다 더 약한 것

태약(太弱): 오행이 힘이 매우 약한 것.

극약(極弱): 오행의 존립마저 힘든 정도로 약한 것.

건명(乾命): 남자의 사주 명

곤명(坤命): 여자의 사주 명

순행(순행): 순으로 차례로 나가는 것

역행(역행): 순과 반대 방향으로 가는 것

대운(大運): 10년마다 바뀌는 운

세운(歲運): 1년 마다 바뀌는 운

운(運): 대운, 세운, 월운, 일운을 모두 합칭하는 말

행운(行運): 사주의 명이 만나는 운

용신(用神): 사주의 격을 돕는 육친 또는 오행, 사주에 소용되는 오행

지장간(支藏干): 12지지에 숨겨져 있는 천간

암장(暗藏): 지지에 숨겨진 간(干)

암간(暗干): 지지속의 간, 즉 지장간

암합(暗合): 간과 지의 지장간의 간과 합하거나, 지지의 지장간끼리 합하는 것을 의미하는데, 예컨데 지지의 子와 천간의 戊가 암합하면 子 중 지장간의 癸수와 천간 戊토가 戊癸합하는 것이다. 또는 지지의 丑과 巳가 암합을 하는 것은 丑 중 辛금과 巳 중 丙화가 丙辛水로 합화하는 것이다. 암합은 반드시 지지의 정기끼리 합한다. 기타의 암합도 이에 준한다.

탐재괴인(貪財壞印): 인성을 용신하거나 인성격을 이룬 사주 명에서 재를 탐하거나, 재운이 맞으면, 오행상 인성이 극을 당하여 파격되기도 하지만, 현실에서는 재물로 인한 관재구설과 명예의 실추가 있다.

재인불애(財印不碍): 재격, 관성격을 이룬 사주는 일간이 신약해지기 쉬우므로 인성이 있어 일간을 생조하면 좋으나, 인성은 재성에 극을 당하므로 財와 印이 사주 위치상 떨어져 있어서 서로 방해가 안되는 것을 말한다. 재성과 인성이 일간을 사이에 두고 있거나, 연간과 시간에 있다면, 재인불애하며 재격패인(財格佩印)이라하여 대부귀의 사주다.

재격패인(財格佩印): 재성격을 이룬 사주에 인성으로 일간을 생조하는 사주를 말한다. 財와 印이 불애(不碍)하면, 대부귀(大富貴)의 사주이고, 財와 印이 붙어 있으면 소부에 그친다.

탐생망극(貪生忘剋): 생을 탐하여 극을 잊는 다는 뜻이다. 어느 오행을 극하는 것보다 생을 먼저 한다는 의미인데, 사실상은 극을 먼저 하는 경우가 허다하다. 물론 상극하는 오행 사이를 화해시켜주는 통관(通關) 오행이 있다면 탐생망극의 이론이 적확하다. 예컨데, 木土의 오행이 있는 중에 火 오행을 만나면 木은 土를 극하기 전에 火를 생하고, 火는 土를 생하는 선순환 구조가 된다는 것이다. 이 부분은 독자 여러분이 실전에서 확인해 가길 바란다. 탐합망극(貪合忘剋)도 합(合)을 탐(貪)하여 극을 잊는 것이니 같은 개념이 된다.

관살혼잡(官殺混雜): 사주의 천간에 정관과 편관이 함께 있는 것을 관살혼잡이라고 한다. 지지에 정관과 편관이 섞여 있더라도, 천간에 편관이나 정관이 하나만 있으면 관살혼잡이 아니다. 지지의 정관과 편관은 천간의 뿌리 역할을 한다.

거살유관(去殺留官): 사주에 정관과 편관이 모두 있어서 관살혼잡되었을 경우에 식상으로 편관을 제거하고 정관을 남기는 것이다. 이로써 격이 성격된다.

거관유살(去官留殺): 사주에 정관과 편관이 혼잡되었을 때 정관을 제거하고 편관을 남기는 것이다. 이로써 혼잡이 정리되니 성격되었다.

살인상생(殺印相生): 관살이 인성을 생하는 구조로 흉살인 편관이 인성을 생하느라 일간을 극하지 못하는 탐생망극의 상황이다. 이런 사주의 주인공은 성격이 온화하고, 인품이 뛰어나다.

관인상생(官印相生): 관성이 인성을 생하는 사주 구조를 이룬 것이다. 혹, 정관격의 사주에 인성을 용신하는 사주는 관인쌍전이라하여 문무를 갖춘 선비이고, 지식을 갖춰 높은 관직에 오르는 사주다. 인성격에 정관을 용신하는 사주도 같은 방법으로 간명한다.

거류서배(去留舒配): 관살혼잡된 사주를 거살(去殺)하거나 거관(去官)하고 혹은 타와 합하여 오직 관성 일위만 남기는 것을 의미한다. 관살혼잡을 정리하는 것을 통칭하는 용어다.

재기통문(財氣通門): 일간이 신왕하고 재격을 이루거나 재성을 용신하는데 식상을 만나는 것이다. 부자의 사주다.

원류(源流): 사주의 구조가 연주궁부터 월주궁 일주궁까지 상생으로 이어지는 것을 말한다. 예컨데, 연간이 水오행이고 월간이 木이며, 일간이 火로 이뤄진 구조로 연주부터 일주까지 生生해가는 것이다. 연주궁은 조상이나 조부모에 해당함으로 조상에서부터 부모를 거쳐 본인까지 순조롭게 내려오는 복을 누리는 것이다.

생화불식(生化不息): 원류의 논리와 같다. 생생불이(生生不已)도 같은 뜻이다.

군겁쟁재(君劫爭財): 사주에 비견, 겁재가 왕하고 재성이 약한데, 비겁이 재를 두고 다투는 현상을 말한다. 만약 사주에 강한 식상이 있거나 관성이 있으면 군겁쟁재가 해소된다.

재다신약(財多身弱): 군겁쟁재와 반대의 개념으로 일간이 신약한 상황에 재성이 강한 것이니 빈곤한 사주가 된다. 재를 거머쥘 힘이 없는 것이다.

제살태과(制殺太過): 식상이 태왕하여 약한 관살을 극하는 상황을 말한다. 이때는 관살을 생하는 재성이 용신이다.

진법무민(盡法無民): 제살태과가 되었거나 식상이 태왕하여 관살이 사주에 존재할 수 없는 상황에 이른 사주는 마치 국가나 사회에 법치가 없는 것을 뜻함으로 사주의 주인공은 무뢰한이거나, 준법정신이 없는 불법자다.

목화통명(木火通明): 甲乙목 일간이 자기 계절인 寅卯辰월에 생하고 천간에 丙화나 丁화를 투간하면 목화통명 사주라 한다. 사주의 주인공은 사리가 밝고, 총명하며, 학문에 조예가 깊고, 화술이 남다르게 뛰어나고 예술적, 문학적 소질이 있다.

금백수청(金白水淸): 庚辛금 일간이 자기 계절인 申酉戌월에 태어나고 천간에 壬수나 癸수를 투간하면 금백수청 사주다. 사주 중 가장 훌륭한 명식 중 하나이며, 머리가 총명하며, 성품이 고강하고, 미남과 미녀가 많고, 부귀를 누리는 명식이다.

조후(調候): 사주의 한난조습(寒暖燥濕)을 말한다. 조후가 심하게 불균형할 때 시급히 필요한 것이 중화. 한난조습의 중화를 이루게 하는 오행이 조후용신이다.

억부법(抑扶法): 일간의 신강식약을 기준으로 용신을 정하여 사주를 간명하는 방법이다. 또는 강한 오행이나, 약한 오행을 극하거나 생하여 사주의 중화를 꾀하는 것이다.

절처봉생(絕處逢生): 12운성중 절지(絕地)에 해당하는 곳에서 生을 만나는 것을 의미한다. 예컨데 甲목이 申금에서 절(絕)인데, 모든 것이 단절되고 끊어진 곳에서 생명을 얻는 것이다. 마치 地支의 음기로 가득찬 子월 동지(冬至)에서 하나의 陽이 생기는 것과 같은 이치다.

고관무보(孤官無輔): 정관격을 이루거나, 정관을 용신하여 쓰는데 정관을 보호해줄 육신이 없는 것을 말한다. 예컨데, 운로에서 식상을 만나더라도 인성이 있으면 상관을 제극하니 정관이 안전하지만, 인성이 없다면 정관이 깨지게 되니, 고관무고 사주는 고서에 이르기를 7품 이상의 벼슬은 못한다고 못박았다. 현대에서도 이런 경우는 쉽게 직장을 잃거나 승진이 어려운 명으로 간명한다.

맺·는·말

　명리 이론을 처음 접하는 독자라면 책을 읽는 내내 힘들고 고역스러운 시간이었을지도 모르겠다. 생소하고 익숙지 않은 단어와 개념 그리고 외워야 할 공식들은 공부를 가로막는 큰 방해꾼이다. 필자가 명리를 접하고 2년여 쯤 지났을 무렵, 철벽 앞에 마주선 듯 공부가 좀처럼 앞으로 나아가지 못하자 마음속에선 이미 학습(學習)을 포기하고 낙담하던 시기였다. 그때 강호의 연세 지긋하신 분이 필자에게 해주었던 조언의 한 문장을 여기에 옮긴다. "모든 시작이 어렵고 힘든 이유는 성급함과 자만심에서 오는 것이오. 특히 명리 공부는 콩나물시루에 물을 주듯 해야 할 것이오." 라고 말씀하셨다.

　콩나물시루에 물 한 바가지를 부으면 물은 하나도 남지 않고 밑으로 모두 빠져버리는데, 그럼에도 콩나물시루에 물 주기를 계속하면 콩나물은 어느새 시루의 덮개를 밀고 올라와 노란 머리를 내민다. 이런 비유는 마치 어제 공부한 개념과 이론이 오늘은 머리에서 모두 사라져버린 허망한 느낌이 물 빠진 콩나물시루와 같은데, 명리를 공부하겠다고 나선 독자분들께 콩나물시루의 조언을 전해드리는 것은 모두가 이와 같은 과정을 거쳐가는 것이라 여기고, 부디 멈춤없이 정진(正進)하시기 바라는 마음에서이다.

누군가의 사주를 보고 감히 그 사람의 운명을 살펴 간명(看命)을 전하는 일은 아무리 진중하고 또 진중해도 부족함이 없다. 그러기에 배움의 과정에서 부딪히는 돌부리를 걸림돌이 아닌 디딤돌이라 여기며 참고 인내하면 훗날 누군가의 운명을 살피는 데 더욱 밝은 눈을 가지게 될 것이라고 확신한다. 이 책을 쓰는 내내 좀 더 쉽고 바르게 전달하려고 노력하였으나, 필력이 일천하여 독자들께 더 친절한 글로 전하지 못함에 죄송한 마음이 앞선다.

이 책을 쓰기까지 곁에서 격려와 응원을 보내준 아내 이선희와 항상 허심탄회한 의견 개진으로 공부의 폭을 넓혀준 한국 최고의 주역학자 백오 김성욱 선생, 그리고 언제나 자신의 일인 양 응원해 준 든든한 후배 지정구 씨, 또한 격국과 용신론의 비결을 아낌없이 내주신 자평 안국준 선생께 깊은 감사의 말씀을 전하고 싶다. 더불어 '보기 좋은 떡이 먹기도 좋다.'고 까탈스러운 원고를 읽기 쉽고 보기 편하게 깎고 다듬어, 돋보이게 편집해준 생각굽기 출판사 관계자께도 깊은 감사의 뜻을 표한다.

– 필자 書